WOOTTON

KAMPFFLIEGER
DES ERSTEN WELTKRIEGS

KAMPFFLIEGER DES ERSTEN WELTKRIEGS

von Ezra Bowen

UND DER REDAKTION DER TIME-LIFE BÜCHER

BECHTERMÜNZ

DIE GESCHICHTE DER LUFTFAHRT

Redaktionsstab des Bandes
Kampfflieger des Ersten Weltkriegs:
Redakteur: Thomas H. Flaherty jr.
Designer: Albert Sherman
Leiterin der Dokumentation: Pat Good
Bildredakteur: Richard Kenin
Textredakteur: Russell B. Adams jr.
Vertragsautoren: Bobbie Conlan, Lee Hassig,
John Manners, C. Tyler Mathisen
Dokumentation: Sara Mark und Nancy Toff (leitend),
Susan Schneider Blair, Feroline Burrage, Jane Edwin,
Clarissa Myrick
Assistent des Designers: Van W. Carney
Redaktionsassistentinnen: Carolyn W. Rothery,
Kathy Wicks

Leitung der deutschen Redaktion:
Hans-Heinrich Wellmann

Fachberater für die deutsche Ausgabe:
Dr.Albrecht Lampe

Aus dem Englischen übertragen von
Gitta Joost

Korrespondenten: Elisabeth Kraemer (Bonn); Margot Hap-
good, Dorothy Bacon, Lesley Coleman (London); Susan
Jonas, Lucy T. Voulgaris (New York); Maria Vincenza
Aloisi, Josephine du Brusle (Paris); Ann Natanson (Rom).
Wertvolle Hilfe leisteten außerdem: Janny Hovinga (Am-
sterdam), Martha Mader, Helga Kohl (Bonn); Enid Farmer
(Boston); Brigid Grauman (Brüssel); Rosemary Klein, Pat
Stimpson (London); Diane Asselin (Los Angeles); Carolyn
T. Chubet, Miriam Hsia, Christina Lieberman (New York);
M. T. Hirschkoff (Paris); Mimi Murphy (Rom); Janet Zich
(San Francisco); Miwa Natori, Eiko Fukada (Tokio); Nancy
Friedman (Washington); Traudl Lessing (Wien).

Authorized German language edition
© 1980 Time-Life Books B.V.
Original U.S. edition © Time-Life Books Inc.
All rights reserved.
Lizenzausgabe für den
Bechtermünz Verlag GmbH
Eltville am Rhein, 1993

No part of this book may be reproduced in any form or by
any electronic or mechanical means, including information
storage and retrieval devices or systems, without prior
written permission from the publisher, except that brief
passages may be quoted for review.

TIME-LIFE is a trademark of Time Incorporated U.S.A.

ISBN 3 86047 056 6

DER AUTOR

Ezra Bowen schreibt aus lebenslangem Interesse am Ersten Weltkrieg. Drei Jahrzehnte lang war er als Journalist, Schriftsteller und Historiker tätig und arbeitete als leitender Redakteur für *Sports Illustrated,* Time-Life Bücher und American Heritage Books. Zu seinem halben Dutzend bisher veröffentlichten Werken gehören drei Time-Life Bücher: *The Middle Atlantic States, The High Sierra* und *Räder.* Außerdem war er Herausgeber von zwei Reihen der Time-Life Bücher „This Fabulous Century" und „Der Wilde Westen".

DIE BERATER

für *Kampfflieger des Ersten Weltkriegs*

Walter J. Boyne, Oberst a. D. der Luftwaffe der Vereinigten Staaten, ist Assistant Director des National Air and Space Museum in Washington. Er beschäftigt sich mit der Geschichte der Luftfahrt seit mehr als vier Jahrzehnten und hat über 150 Artikel zu diesem Thema verfaßt.

John McIntosh Bruce, der sein Master-of-Arts-Examen an der University of Edinburgh ablegte, ist der Autor vieler grundlegender Bücher und Artikel über historische Flugzeuge. Der ehemalige Flieger der Royal Air Force bekleidet jetzt die Stellung des Direktors der Aircraft and Research Studies des RAF Museum in Hendon, London. Gleichzeitig ist er Vorsitzender des Historical Group Committee der Royal Aeronautical Society und Vizepräsident von Cross and Cockade, Großbritannien.

DIE BERATER für *Die Geschichte der Luftfahrt*

Melvin B. Zisfein, der Hauptberater der Serie, ist stellvertretender Direktor des National Air and Space Museum in Washington. Er studierte Luftfahrttechnik am Massachusetts Institute of Technology und lieferte Beiträge für zahlreiche naturwissenschaftliche, technologische und geschichtliche Veröffentlichungen. Er ist Associate Fellow des American Institute of Aeronautics and Astronautics.

Charles Harvard Gibbs-Smith, Research Fellow des Science Museum in London und emeritierter Kustos des Victoria and Albert Museum in London, hat rund 20 Bücher geschrieben und herausgegeben, die sich mit der Geschichte der Luftfahrt befassen. 1978 wurde er zum ersten Lindbergh-Professor für Geschichte der Luft- und Raumfahrt am National Air and Space Museum in Washington ernannt.

Dr. Hidemasa Kimura, Ehrenprofessor der Nippon-Universität in Tokio, ist Verfasser zahlreicher Bücher über Luftfahrtgeschichte und hat einen weit über die Grenzen seines Landes hinausgehenden Ruf als Autorität auf dem Gebiet der Luftfahrttechnik und Flugzeugkonstruktion erlangt. Ein von ihm entworfenes Flugzeug erreichte 1938 den Weltrekord im Streckenflug.

VORSATZBLATT

Eine Staffel britischer Sopwith Camels greift die von Deutschlands berühmtem „Fliegenden Zirkus" geflogenen Fokker D.VII an und verwickelt sie in einen der typischen Luftkämpfe, wie sie 1918 am französischen Himmel immer wieder stattgefunden haben. Der Maler, der das Ölbild speziell für *Kampfflieger des Ersten Weltkriegs* schuf, ist Frank Wootton, der für seine Bilder von der Luftfahrt berühmt ist.

D.L.TO:335-1993

INHALT

1   **Begeisterung für eine „edle Sache"**   **17**

2   **Die Jagd nach dem „Blauen Max"**   **45**

3   **Die Alliierten im Aufwind**   **77**

4   **Das Jahr des Roten Barons**   **117**

5   **Ein Crescendo der Kräfte**   **147**

Anhang: Führende Asse der Nationen   186

Danksagungen   187

Bibliographie   187

Quellennachweis der Abbildungen   188

Register   189

Säbelbewaffnete französische Kavalleristen werden von einem Doppeldecker auf dem Weg zur Front überholt. Für das Flugzeug war es der erste

Auftritt in einem großen Krieg, für die Kavallerie war es einer der letzten.

Flügel für die Kavallerie

„Der Krieg in der Luft", verkündete ein Plakat des britischen Royal Flying Corps, „erinnert an die alten Zeiten, da die Ritter in die Schlacht zogen und durch ihre persönlichen Heldentaten Ruhm und Ehre ernteten." Die gerade flügge gewordenen Luftstreitkräfte des Ersten Weltkriegs hatten keine Mühe, Freiwillige zu finden, die sich vom Luftkrieg „Romantik, Kampf, Abenteuer und Möglichkeiten zu ruhmreichen Taten" versprachen. Viele Bewerber kamen aus der Kavallerie; sie hatten zusehen müssen, wie ihre traditionelle Rolle als Kriegshelden fast über Nacht von den Männern in den abenteuerlichen neuen Flugmaschinen übernommen wurde.

Die glanzvollen Aussichten, die das Plakat den Fliegern verhieß, entsprachen zum Teil durchaus der Wirklichkeit. Der Flieger erhob sich über Stacheldraht und Eintönigkeit, über den Schlamm und das Massensterben des Grabenkriegs. Mitunter wurde sein Flugzeug – wie früher die Waffe des mittelalterlichen Ritters – von der Kirche gesegnet; und anders als für seine Kameraden in den Schützengräben ergab sich für ihn oft die Möglichkeit, Taten zu vollbringen, die ihn zum gefeierten Helden machten. Aber sterben mußte auch er. Und es war die Ironie seines Berufes, daß das Fliegen um so tödlicher war, je größer der Drang des Fliegers nach Ruhm war.

Die Ehren, die dem Flieger zuteil wurden, nahmen im Verhältnis zu der Zahl der Abschüsse von Männern zu, die die Uniform des Feindes trugen. Was als ritterliches Abenteuer begann, wurde im Verlauf des Krieges ein immer glanzloseres und tödlicheres Geschäft, in dem es für einen unterlegenen und außer Gefecht gesetzten Gegner keine Gnade gab. Noch bevor der Weltkrieg zu Ende war, stellte einer der hochdekorierten Ritter der Luft resigniert fest, daß er sich bloß noch wie ein „gedungener Mörder" vorkäme.

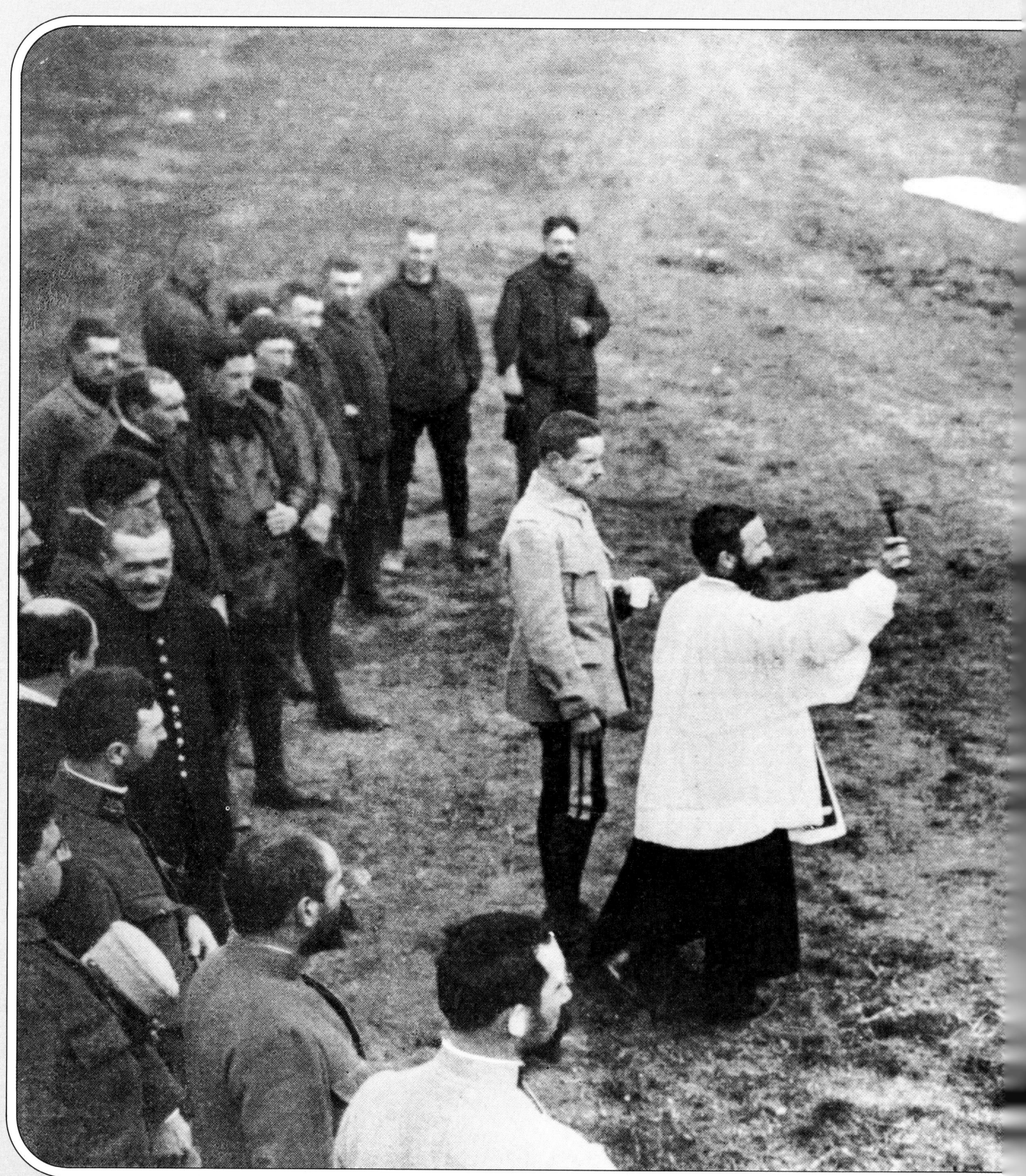

Mit einer Zeremonie, wie sie vor tausend Jahren üblich war, um Lanze und Schwert eines Ritters, der in die Schlacht zog, zu segnen, besprenkelt hier

ein katholischer Priester einen Blériot-Eindecker mit Weihwasser auf einem alliierten Flugplatz. Der französische Pilot und seine Kameraden sehen zu.

Eine Staffel britischer Bristol-Doppeldecker fliegt in den Abendhimmel über der Westfront. Der Formationsflug, zunächst als Schutzmaßnahme

für die Aufklärungsflugzeuge gedacht, wurde schon bald von den Jagdfliegern übernommen, die einen Angriff häufig als geschlossene Gruppe starteten.

Der Luftkampf im Ersten Weltkrieg entsprach in vielem dem mittelalterlichen Zweikampf, nur daß er für die Duellanten viel häufiger tödlich verlief.

Auf diesem Photo beobachtet ein deutscher Jagdflieger, wie ein von ihm abgeschossener alliierter Zweisitzer beim Absturz in Flammen aufgeht.

Alliierte Soldaten tragen einen gefallenen Briten vom Wrack seines Flugzeugs fort. Viele Flieger lehnten Fallschirme ab, da sie – in Übereinstimmung

14

mit der Ansicht des Oberkommandos – glaubten, eine solche Sicherheitsmaßnahme mit ihrem Ideal von Tapferkeit nicht vereinen zu können.

1

Begeisterung für eine „edle Sache"

Die warmen Sommertage des Jahres 1914 brachte der neunzehnjährige George Guynemer untätig am Strand von Biarritz dahin. Ab und zu schaute er zum Himmel, ob vielleicht einer der neuen Flugapparate auftauchte, die den Strand häufig als Landebahn benutzten. Am 2. August – einem Sonntag – wurde er durch die Nachricht vom Ausbruch des Krieges jäh aus seinen Träumen gerissen. Guynemer, Sohn eines ehemaligen Armeeoffiziers, war sofort entschlossen, sich zu melden. Obwohl er zweimal vom Annahmeoffizier mit der Begründung, daß er für Infanterie und Kavallerie zu schmächtig sei, abgewiesen wurde, ließ er sich nicht entmutigen und fand schließlich doch noch einen Weg zum Militär: als Mechanikerlehrling beim jüngsten militärischen Zweig seines Landes – der Fliegertruppe.

In Owen Sound, Ontario, stand William „Billy" Bishop, der gerade 20 Jahre alt geworden war, die Entlassung aus dem kanadischen Royal Military College bevor. In den Augen der Stabsoffiziere war Bishop der unfähigste Kadett, der die Akademie je durchlaufen hatte – ein aufsässiger Wichtigtuer und ein hoffnungslos schlechter Schüler. Da nun aber auch Kanada in den Krieg zog, sah man sich in dieser Notsituation gezwungen, ihm diese Schwächen nachzusehen. Kaum zum Kavallerieleutnant befördert, fand sich Bishop auch schon in England wieder. Dort sah er zum erstenmal ein britisches Militärflugzeug von einem Feld abheben. Er kam zu dem Schluß, daß dies „die einzige Art war, einen Krieg zu führen; dort hoch oben über Dreck und Dunst im immerwährenden Sonnenschein".

In Straßburg machte sich Ernst Udet daran, einen Brief an seinen Vater, die maßgeblichste Person in seinem achtzehnjährigen Leben, zu schreiben. Eigentlich hatte Ernst Künstler werden wollen, aber sein Vater hatte ihn gedrängt, doch „männlichere" Ziele zu verfolgen. Er war daraufhin dem Aero Club München beigetreten und hatte prompt den ersten Gleiter des Vereins zu Bruch geflogen. Seit dem Ausbruch des Krieges waren nunmehr drei Wochen vergangen, und Ernst war, zusammen mit anderen Deutschen seiner Generation, zu den Waffen gerufen worden. „Du hast mir oft Feigheit vorgeworfen", schrieb er, „aber ich glaube, Du hast Dich geirrt. Morgen fahre ich an die Front. Falls ich getötet werden sollte, wird mein unstetes Leben ein würdiges Ende finden."

Rund um den halben Erdball wurden Tausende solch junger Männer in diesem verhängnisvollen Sommer vom Sog des Krieges erfaßt. Der Brite Edward „Mick" Mannock arbeitete in Konstantinopel an einem Telephonprojekt. Als feindlicher Ausländer wurde er in ein türkisches Gefängnis geworfen und so mißhandelt, daß er, als er nach fünf Monaten in die Heimat zurückkehren durfte, für den Wehrdienst untauglich erklärt wurde. Sein Haß auf den Feind war jedoch so groß, daß er die Rekrutierungsbüros so lange belagerte, bis er schließlich doch noch angenommen wurde.

Von den Verlockungen des Fliegens und Kämpfens angezogen, meldete sich der gerade 21 Jahre alt gewordene Engländer Richard Raymond-Barker als einer von Tausenden von jungen Männern im ersten Kriegsjahr freiwillig zur Fliegertruppe seines Landes. 1918 war er der letzte, der von dem berühmtesten Fliegerstar des Krieges, dem Deutschen Manfred von Richthofen, abgeschossen wurde.

In England hörte der junge Harvard-Absolvent Victor Chapman, wie Londoner die Marseillaise auf den Straßen sangen. Er teilte seinem Vater mit, daß er entschlossen sei, „für diese edle Sache" zu kämpfen. Er trat der französischen Fremdenlegion bei und war vor Ablauf einer Woche damit beschäftigt, Schützengräben für die Verteidigung von Paris auszuheben.

Im Osten Europas war der Kavallerieleutnant Manfred von Richthofen nach einem Patrouillenritt im russisch besetzten Polen überfällig. Kameraden des Elite-Ulanenregiments überbrachten seinem Vater, einem preußischen Baron, die Todesnachricht. Sie war verfrüht. Richthofen hatte sich auf einem Kirchhof versteckt und den Abzug einer Kosakenabteilung abgewartet. Kurz darauf ritt er wohlbehalten über die Grenze zurück.

Mannock, Chapman, Richthofen und alle anderen sollten als Mitwirkende einer völlig neuen Art von Kriegführung in die Geschichte eingehen: dem Luftkampf. Europa war im Begriff, sich in eine kriegerische Auseinandersetzung von bis dahin unbekanntem Ausmaß zu stürzen. Innerhalb von vier Jahren würden 30 Millionen Männer getötet oder verwundet werden. Die meisten Gefallenen würden für immer in der Anonymität der Masse und des Schlamms der Schützengräben untergehen. Aber die Kampfflieger sah man – ebenso wie sie sich selbst – als etwas Besonderes an. Auch am Himmel mußten die Männer sterben, aber dort oben war der Mut eines einzelnen – oder sein Fehlen – für jeden sichtbar, und es konnte keine geteilten Meinungen geben. Der Kampf war beendet, wenn der Verlierer in die Tiefe stürzte und der Sieger seinen Platz am Himmel behauptet hatte.

Von Anfang an sorgten diese wagemutigen jungen Männer für Legenden. Einige der Geschichten wurden für Propagandazwecke oder aus Profitsucht übertrieben. Die meisten der bisher unbekannten Fliegererzählungen beruhten jedoch ohne jeden Zweifel auf Tatsachen, die Ausschmückung nicht mehr nötig hatten. Es gab spannende Berichte von individuellen Heldentaten, erstaunlichen Rettungsaktionen, wilden Flug-Eskapaden außerhalb des Dienstes und in einigen Fällen sogar – Andenken an eine längst vergangene Zeit – ritterliche Gesten.

Die Flieger wurden gewissermaßen zu einer Art neuer Kavallerie, die hoch am Himmel ähnliche Aufgaben erfüllte, wie sie die weniger bejubelten Reiter noch immer in unwegsamem, unübersichtlichem Gelände ausführten. Die Flieger stießen auf die mit Leichen gefüllten Schützengräben Europas herab und griffen mit Bordwaffen und Bomben an, sie beobachteten feindliche Truppenbewegungen, orteten Ziele für die Artillerie und – am beeindruckendsten – stellten sich dem Zweikampf mit der gegnerischen „Luftkavallerie".

Aufsehenerregend, verwegen und jung (20 Jahre war ihr durchschnittliches Alter), wurden sie gefürchtet, gefeiert und als die wiederauferstandenen Ritter des Mittelalters verherrlicht: Männer, die das Töten zum Beruf gemacht hatten, mit dem Gebaren von Kavalieren und dem Mut von Adlern. „Sie wecken Erinnerungen an die sagenumwobene Zeit des Rittertums", erklärte Großbritanniens Premierminister Lloyd George, „nicht allein mit ihren kühnen Taten, sondern auch durch ihre edelmütige Haltung." Hunderte der unermüdlichsten Flieger wurden von ihren dankbaren Nationen ausgezeichnet. Manfred von Richthofen zum Beispiel, der seine Kavallerielaufbahn abbrach, um sich freiwillig zur Fliegertruppe zu melden, war nur einer von 73 deutschen Fliegern, denen Kaiser Wilhelm II. für wiederholte Heldentaten in der Luft den Orden Pour le mérite verlieh.

Drei Jahre vor Beginn des Ersten Weltkriegs fand das Flugzeug im italienisch-türkischen Kolonialkrieg in Nordafrika seinen ersten militärischen Einsatz. Eine Postkarte aus jener Zeit (oben) zeigt, wie der „Geist Italiens" Kriegsschiffe und Flugzeuge über das Mittelmeer nach Afrika führt. Unten geraten Araber durch das Erscheinen von Flugzeugen am Himmel in Panik. Ein italienischer Pilot warf vier Bomben ab, die „nur wenig größer als Apfelsinen" waren. Die Bomben verursachten kaum Schaden, verbreiteten aber große Aufregung.

Obwohl man die großen Piloten häufig als Ritter bezeichnete, wurde – zumindest unter den alliierten Fliegern – der Ausdruck „As" gebräuchlicher. Dieses Wort bezeichnete anfänglich einen hervorragenden Flieger, einen Trumpf, den man gegen den Feind ausspielen konnte. Aber schon bald meinte man damit einen Flieger, der eine ganz bestimmte Anzahl bestätigter Abschüsse erzielt hatte.

Seit Jahrhunderten war kein einfacher Soldat so geachtet worden wie die Flieger-Asse. Das deutsche As Max Immelmann wurde anläßlich der Verleihung des Ordens Pour le mérite vom König von Bayern zu einem Essen geladen, und er schrieb: „Der König von Sachsen, der Kronprinz von Bayern und der von Sachsen, Prinz Sigismund, der Feldflugchef usw. schickten mir Telegramme, um mich zu beglückwünschen." Französische Asse erhielten manchmal Golduhren und Geldbeträge für ihre Abschüsse: Die Reifenfirma Michelin zahlte Guynemer 15 000 Franc (daß er dies Geld einem Hilfsfonds für Verwundete schenkte, war eine bezeichnende Geste der Ritterlichkeit). Deutsche Verpflegungsfeldwebel tauschten kostbare Wurst und Schinken gegen Autogrammbilder von Richthofen. Ein Zwölfjähriger folgte dem deutschen Fliegerführer Oswald Boelcke tagelang während einer Siegesrundfahrt. Verblüfft berichtete Boelcke, daß er „beinahe alle Daten von meinen abgeschossenen Flugzeugen" kannte.

Obwohl sich die Piloten des Ersten Weltkriegs durch viele gemeinsame Wesensmerkmale auszeichneten, hatten sie doch auch ihre ganz persönlichen Eigenheiten. Mick Mannock war verschlossen und haßerfüllt. Zum Abschuß seines Gegners flog er so nahe wie möglich an ihn heran, um „das deutsche Ungeziefer in Flammen zur Hölle" zu schicken. Im Unterschied dazu fühlte sich sein Landsmann Albert Ball jedesmal „miserabel", wenn seine Waffen ihre Arbeit taten. „Ich fange tatsächlich an, mir wie ein Mörder vorzukommen", schrieb der Zwanzigjährige. „Werde sehr froh sein, wenn es vorbei ist." Seinen 21. Geburtstag sollte Ball nicht mehr erleben.

Georges Guynemer, der zu Beginn des Krieges am Blinddarm operiert worden war, kränkelte ständig; einmal fiel er bei einer zu seinen Ehren veranstalteten Truppenparade fast in Ohnmacht. Im Gegensatz zu ihm war ein anderer französischer Held, Charles Nungesser, ein robuster Athlet von unerschöpflicher Vitalität. Als hervorragender Fußballer, Boxer, Schwimmer und Radfahrer hatte er Schwierigkeiten, seinen muskulösen Körper ins Cockpit zu zwängen, und trotz schwerer Verletzungen blieb er mit ungebrochenem Elan bei der Fliegerei.

Das amerikanische As Eddie Rickenbacker, der bei Kriegseintritt der USA im Jahre 1917 Soldat wurde, war ein erfolgreicher Rennfahrer, der in dem Moment, in dem seine Hände den Steuerknüppel berührten, auch schon fliegen zu können schien. Sein gleichermaßen gefeierter Staffelführer, Raoul Lufbery, stellte sich dagegen zunächst so ungeschickt an, daß seine Fluglehrer ihn fast abgewiesen hätten.

Ernst Udet gab zu, bei seinen ersten Flügen so viel Angst verspürt zu haben, daß er nicht einmal sein Maschinengewehr bedienen konnte. Billy Bishop dagegen flog so frohgemut und unbekümmert, daß ein staunender Kamerad meinte, er sei geradezu „unfähig, Furcht zu empfinden".

Manfred von Richthofen war ein eiskalter Taktiker und verachtete spektakuläre Flugkünste. Er zog es vor, in dichter Formation zu fliegen, um dann von hoch oben aus dem Sonnenlicht heraus in direktem Angriff zu töten. Sein Bruder Lothar war ein waghalsiger Kunstflieger, immer bereit, auf alles am Himmel zu schießen.

Erste Schritte zu einer Luftmacht

Als der Krieg heraufzog, begannen die zukünftigen kriegführenden Nationen Europas, die Flugmaschine allmählich ernst zu nehmen, und was anfänglich vorwiegend als zivile Sportart galt, wurde mehr und mehr zu einem militärischen Unterfangen.

In Frankreich, wo das Flugwesen von Anfang an große Begeisterung im Volke entfachte, bestellte das Kriegsministerium 1909 einen von Wrights „Fliegern" und setzte sich nachdrücklich für eine Inlandproduktion von Militärflugzeugen ein. Ende 1910 hatte Frankreich bereits 30 Flugzeuge und 52 vom französischen Aero-Club geprüfte Militärpiloten im Einsatz, die sich in den Flugmanövern desselben Jahres hervorgetan hatten. 1912 führte die Regierung eine nationale Kampagne durch, die 4 Millionen Franc einbrachte, um den Kauf weiterer Flugzeuge zu finanzieren.

Die deutsche Flugzeugentwicklung wurde vom Erfolg der Luftschiffe des Grafen Zeppelin behindert und machte nur wenig Fortschritte. Zunächst kopierten deutsche Flugzeughersteller ausländische Entwürfe. Es ist nicht verwunderlich, daß in den Flugwettbewerben, die in Deutschland veranstaltet wurden, um die inländische Flugzeugindustrie anzukurbeln, ausländische Nennungen – insbesondere aus Frankreich – überwogen. Erst als die Deutschen 1912 gleichfalls eine nationale Geldsammlung für das Flugwesen durchführten, konnten sie gegenüber den Franzosen aufholen.

Großbritannien, das noch weiter zurücklag, gründete 1911 ein Fliegerbataillon mit insgesamt fünf Flugzeugen und weniger als einem Dutzend Piloten. Aber die Einrichtung des Royal Flying Corps ein Jahr danach wurde von einer Geldbewilligung des Parlaments unterstützt, die umfangreich genug war, um dem britischen Militärflugwesen einen kräftigen Auftrieb zu verschaffen.

Österreich-Ungarn hatte von den Großmächten den kleinsten Militärhaushalt und war am wenigsten auf den Luftkrieg vorbereitet. Der Taube-Eindecker erntete 1910 internationale Anerkennung, aber nur eine Firma war in der Lage, eine größere Anzahl davon zu produzieren. Am Vorabend des Krieges wandte sich Österreich-Ungarn an Deutschland mit der Bitte, bei der Aufstockung ihres Bestandes an militärischen Flugzeugen behilflich zu sein.

Ein preußischer Kavallerist beobachtet während eines Fliegerwettbewerbs 1910 in Berlin einen in Deutschland gebauten Wright-Doppeldecker.

Die Teilnehmer des ersten Pilotenlehrgangs der k. u. k. Fliegerschule haben sich 1911 in der Wiener Neustadt vor einem Taube-Eindecker, einem Entwurf des Österreichers Igo Etrich, aufgestellt. Das Flugzeug war eines von fünf österreichisch-ungarischen Militärmaschinen.

Französische Infanteristen und Flugzeugmechaniker stehen 1912 während eines Manövers vor einer Reihe Maurice-Farman-Doppeldekkern, die die M. F. 5, eine von fünf französischen Staffeln, die damals im Einsatz waren, bildeten. Die Initialen des benutzten Flugzeugtyps dienten zugleich zur Kennzeichnung der Staffeln.

Im Rahmen von Manövern der britischen Armee 1910 umlagert die Bevölkerung einen Bristol-Kastendrachen, in dem sich der Flieger zum Start rüstet.

Meist waren die Männer bescheiden – was allerdings nicht auf den Franzosen René Fonck zutraf, der den Rekord der alliierten Piloten mit 75 bestätigten Siegen hielt. Fonck war als unverbesserlicher Aufschneider bei seinen Kameraden nicht immer sehr beliebt.

Für so tatendurstige Draufgänger wie Nungesser und seinen Kameraden Jean Navarre war der Krieg hauptsächlich ein großartiges Abenteuer. Die dienstfreien Stunden verbrachten sie in schnellen Wagen oder in Gesellschaft faszinierender Frauen, und Champaner floß reichlich. Für andere wiederum bedeutete Krieg Einsamkeit und Freudlosigkeit. Viele Asse beteiligten sich weder an Gelagen, noch rauchten oder tranken sie. Die wichtigsten Frauen im Leben von Immelmann und Richthofen waren allem Anschein nach ihre Mütter, denen sie unermüdlich schrieben. Guynemers engste Vertraute war seine Schwester.

Jeder Kampfflieger war eine bemerkenswert eigenständige Persönlichkeit, und das in einem Krieg, der dazu angetan war, Individualität eher auszulöschen. Sie entwarfen farbenprächtige und herausfordernde Erkennungszeichen, unter denen sie den Kampf führten. Die Flugzeuge der furchteinflößenden Canadian Black Flight stiegen herausgeputzt wie Seeräuberschiffe und mit Namen wie „Black Sheep", „Black Maria" und „Black Roger" auf. Die französische Elitestaffel „Cigogne" (Storch) trug diesen Vogel als Emblem genau hinter dem Cockpit – wie eine Herausforderung, darauf zu schießen. Nachdem Udet seine anfängliche Nervosität überwunden hatte, gewann er so viel Selbstvertrauen, daß er die Worte *Du doch nicht* auf das Höhenleitwerk seines Flugzeugs schrieb. Die auffälligste – und gefürchtetste – Erscheinung war das knallrote Flugzeug von Richthofen, vermutlich die berühmteste Einzelwaffe des Krieges.

Die Flieger kämpften ständig und meist erfolglos gegen die Kälte in den offenen Cockpits, in Höhen, die im Lauf der Zeit 6000 Meter und mehr erreichten. Ihre Kleidung war daher recht seltsam und eigenwillig: Lederhelme und Schutzbrillen, Handschuhe aus Wolfsleder, zottelige Bärenfellmäntel und noch zotteligere Schaffellstiefel, Windjacken, Trainingsjacken und Reitstiefel.

Die Flieger waren beispiellose Tierliebhaber. Es gab Hunde und Katzen in Unmengen auf den Flugfeldern an der Front. René Fonck besaß eine Störchin namens Helen, und eine Staffel amerikanischer Freiwilliger, die als Lafayette Escadrille oder Lafayette-Staffel bekannt werden sollte, adoptierte zwei Löwenjungen. Der einzige schwarze amerikanische Pilot des Krieges, Eugene Bullard, trug während seiner Flüge in seinem Fliegeranzug versteckt ein Äffchen bei sich.

Auch Ritterlichkeit war eine Frage der persönlichen Einstellung. Kurz nachdem Ernst Udet ein As geworden war, geriet er in einen Kampf mit einem französischen Piloten und erkannte in seinem Gegner den schon damals berühmten Guynemer. Sie hatten sich einige Minuten umkreist, ohne daß einer von ihnen in gute Schußposition kam, als Udets Maschinengewehr versagte. Als Guynemer sah, wie sein Gegner auf dem Verschluß herumhämmerte, winkte er und ließ ihn davonkommen. Edwin Parsons von der Lafayette-Staffel erlebte dagegen, daß der Gegner fast immer abgeschossen wurde, wenn seine Waffen Ladehemmung hatten.

Der Tod eines Piloten, besonders der eines Asses, wurde durch bemerkenswerte Rituale gewürdigt. In den Anfangszeiten des Krieges ließen die Offiziere britischer Staffeln den Stuhl eines gefallenen Kameraden im Kasino für eine Weile leer. Und wehe dem Unbedachten, der sich auf ihn

In den ersten Kriegsmonaten stießen deutsche Armeen (Pfeile) durch Belgien, Luxemburg und das nördliche Frankreich bis in die Nähe von Paris vor. Durch Luftaufklärung unterstützt, gelang es den Alliierten, die deutschen Angreifer bis an die Marne zurückzudrängen, und beide Seiten gruben sich ein.

setzte, ohne die Erlaubnis dafür erhalten zu haben. Es kam vor, daß nach dem Tod eines bekannten Fliegers Piloten des Gegners über seinem Flugplatz Blumen und Beileidsgrüße abwarfen. Als der britische Leutnant A. P. F. Rhys Davids erfuhr, daß er den berühmten Werner Voss getötet hatte, klagte er: „Oh, wenn ich ihn doch nur lebend heruntergebracht hätte."

Im letzten Jahr des Krieges waren solche Gefühle jedoch fast verschwunden. Immerhin bedienten sich die Ritter tödlicher Waffen, und sie erzielten grausame Erfolge. Richthofen führte die Rangliste der erfolgreichen Piloten des Krieges mit 80 anerkannten Abschüssen an. Billy Bishop wurde von einer Art Torschlußpanik ergriffen und schoß 25 deutsche Flugzeuge während seiner letzten zwölf Tage an der Front ab. Fonck schaffte es zweimal, an einem einzigen Tag sechs feindliche Flugzeuge abzuschießen, und in einer günstigen Situation erledigte er drei in der unglaublichen Zeit von nur zehn Sekunden. Noch erstaunlicher war der Ausgang des Luftkampfes zwischen dem kanadischen Major William George Barker, der es allein mit ungefähr 50 bis 60 deutschen Flugzeugen nur zwei Wochen vor Kriegsende aufnahm. Mit unglaublicher Kaltblütigkeit, die ihm das Viktoriakreuz einbrachte, schoß Barker vier deutsche

Vier Angehörige der belgischen Fliegertruppe, die bei Kriegsbeginn aus 37 Piloten bestand, ruhen sich im Oktober 1914 neben ihrem in Frankreich entwickelten Farman-H. F. 20-Doppeldecker aus. Obwohl sie durch den deutschen Vormarsch bis ans Meer zurückgedrängt worden waren, kämpften die Belgier weiter. Fernand Jacquet (zweiter von links) erzielte den ersten Luftsieg seines Landes im April 1915.

Flugzeuge ab. Dreifach verwundet und halb ohnmächtig, gelang es ihm, den übrigen Deutschen zu entkommen. Mit Mühe erreichte er die eigenen Linien und überlebte eine Bruchlandung.

Viele junge Flieger sahen ihre Heimat jedoch nie wieder. Die Statistiken waren erschreckend. Die durchschnittliche Einsatzzeit für einen Fliegerneuling an der Westfront betrug zwischen drei und sechs Wochen. Die Franzosen verloren 77 Prozent ihrer Kampfflieger im Verlauf des Krieges. Von den 180 Amerikanern, die sich vor Kriegseintritt der USA freiwillig gemeldet hatten, um für Frankreich zu fliegen, wurde mehr als die Hälfte getötet oder gefangengenommen. Und den ersten Staffeln britischer Piloten, die nach Frankreich kamen, wurde mitgeteilt, daß nur jeder zwanzigste von ihnen damit rechnen könne, England wiederzusehen.

Die Leistungen der Flieger waren um so erstaunlicher, wenn man bedenkt, wie zerbrechlich die Apparate waren, mit denen sie über den Himmel jagten. Das Flugzeug war noch jünger als die Männer, die es flogen. Der Krieg begann kaum ein Jahrzehnt nachdem die amerikanischen Gebrüder Wright ihren ersten „Flieger" 1903 auf den Sanddünen von Kitty Hawk, North Carolina, gestartet hatten. In jenen zehn oder elf Jahren hatte die Fliegerei erstaunliche Fortschritte gemacht: Die Flugzeuge, die zu Beginn des Weltkriegs benutzt wurden, waren noch unvollkommen, sie wiesen aber schon die wesentlichen Elemente aller späteren Flugzeuge auf: den Motor für den Antrieb, Tragflächen für den Auftrieb, die Luftschraube für die Zugkraft, das Heck für das aerodynamische Gleichgewicht, den Rumpf für Piloten und Nutzlast und eine einfache Mechanik, um die beweglichen Teile, die für einen gelenkten Flug nötig sind – Seitenruder, Querruder und Höhenruder –, manuell bedienen zu können.

Dennoch waren es im Grunde sehr einfache Maschinen mit einigen beängstigenden Eigenschaften. Fast alle wichtigen Bauteile bestanden aus dünnem, mit Stahldraht verstärktem Sperrholz. Der Pilot saß normalerweise auf einem Sitz aus Weidengeflecht, der sich direkt über dem Treibstofftank befand. Die Bespannung bestand aus einem Stoff, der durch eine hochentzündliche Flüssigkeit – Spannlack – gestrafft wurde. Obwohl sie widerstandsfähiger waren, als sie aussahen, ratterten und schwankten manche dieser Leichtgewichtapparate durch die Luft, als wollten sie jeden Moment auseinanderfallen – und einige taten es auch. In den ersten Monaten des Krieges verlor Deutschland ungefähr 100 Flugzeuge: Für die meisten dieser Verluste waren nicht Feindeinwirkungen, sondern Materialfehler und Unfälle verantwortlich.

Die meisten Flugzeuge des Ersten Weltkriegs besaßen keine Fahrwerkbremsen. Am Boden mußte die Maschine mit laufendem Motor vor dem Start vom Bodenpersonal festgehalten werden, bis der Pilot den Motor auf genügend Touren gebracht hatte, um abzuheben.

Die durchschnittliche Geschwindigkeit eines Militärflugzeugs betrug 1914 ungefähr 100 Kilometer in der Stunde in Höhen, die von 1000 bis zu schwindelerregenden 3700 Metern reichten; die Flugdauer schwankte zwischen zwei und vier Stunden, wobei ungefähr ein Drittel der Zeit durch mühseliges Steigen und langes, gleitendes Sinken verbraucht wurde. Nur wenige der Flugzeugmotoren waren mit einer Drosselklappe ausgerüstet; während des Landeanflugs mußte der Pilot mit einem am Steuerknüppel angebrachten Zündknopf den Motor aus- und einschalten, um die Geschwindigkeit zu drosseln.

Der kompakte und durch seine eigene Drehbewegung luftgekühlte Umlaufmotor hatte gegenüber den früheren wassergekühlten Motoren den Vorteil, daß er ein geringeres Gewicht hatte und nicht so stark vibrierte. Die neun Zylinder dieses 110-PS-Oberursel-Umlaufmotors sind wie Speichen um ein Kurbelgehäuse in der Mitte angeordnet. Innerhalb des Kurbelgehäuses ist seitlich versetzt eine große Scheibe, der sogenannte Kurbelzapfen, sichtbar. Zu ihm führen die Pleuelstangen der Kolben, die durch Verbrennung in den Zylindern angetrieben werden und so die Zylinder mit hoher Geschwindigkeit um die starre Kurbelwelle rotieren lassen.

Manche Motoren waren wassergekühlte Reihenmodelle, die sich kaum von Automotoren unterschieden. Die meisten dagegen waren leichte Rotationsmotoren. Im Unterschied zu den üblichen Motoren, bei denen die Zylinder festgestellt sind und sich die Kolben bewegen, wirbeln die Zylinder eines Rotationsmotors um eine feststehende Nockenwelle, die einen Nebel aus stinkendem Schmieröl versprüht.

Der schreckliche Hintergrund, vor dem die Luftritter mit ihren Flugzeugen in Aktion traten, war ein Krieg, der nicht nur größte Verwüstungen hinterließ, sondern auch zu den undurchsichtigsten in der langen Geschichte menschlicher Auseinandersetzungen gehört. Es war ein Krieg, den anscheinend kaum einer der führenden Staatsmänner wollte, auf den sich aber 1914 ganz Europa vorzubereiten schien. Während der letzten Vorkriegsjahre hatten die Großmächte Koalitionen – untereinander und mit schwächeren Nationen – gebildet, die bei der Durchsetzung von Gebietserweiterungen und anderen Vorteilen helfen sollten. 1914 glitten den Machthabern die Fäden aus der Hand. Erzherzog Franz Ferdinand, österreich-ungarischer Thronfolger, bestand entgegen allen Warnungen darauf, der wenige Jahrzehnte zuvor annektierten bosnischen Stadt Sarajewo am 28. Juni einen Besuch abzustatten. Dort wurden er und seine Frau von einem neunzehnjährigen Terroristen namens Gavrilo Princip erschossen.

Es folgte eine unselige Kette von Mißverständnissen und Fehleinschätzungen mit folgenschweren Auswirkungen. Österreich erklärte Serbien den Krieg; Rußland, das eigentlich nicht die Absicht hatte, sich in einen größeren Kampf zu begeben, fand sich an der Seite Serbiens gebunden – woraufhin Deutschland, mit Österreich verbündet, sowohl Rußland als auch dessen neuem Verbündeten, Frankreich, den Krieg erklärte.

In der ersten Kriegswoche schickte Deutschland fünf Armeen durch das neutrale Belgien in einem Sturmangriff, der auf die Zentralregion Frankreichs zielte. Sein Zweck war, Paris und die französischen Streitkräfte, die an der stark befestigten Grenze zu Deutschland konzentriert waren, in die Zange zu bekommen. Die Strategie beruhte auf einem Plan, den Graf Alfred von Schlieffen Jahre zuvor ausgearbeitet hatte. Er war darauf angelegt, einen Landkrieg an zwei Fronten zu vermeiden, indem man Frankreich ausschaltete, bevor die erwartete russische Dampfwalze – die im wesentlichen aus einem unerschöpflichen Menschenpotential bestand – zu rollen beginnen konnte. Aber der Durchmarsch durch Belgien brachte das britische Empire ins Spiel. Auch verlor Deutschland dadurch jede etwa vorhandene Sympathie in den USA, deren Bevölkerung aus Millionen von Einwanderern bestand, die aus Nationen beider kämpfender Lager kamen und meist neutral bleiben wollten.

Am 14. August war der Aufmarsch für den ersten weltumspannenden Krieg so gut wie abgeschlossen: Die Verbündeten Frankreich, Rußland und Großbritannien standen den sogenannten Mittelmächten, Deutschland, Österreich-Ungarn und – einige Monate später – der Türkei, gegenüber. Innerhalb weniger Wochen sollte Japan und im folgenden Jahr Italien zu den Alliierten stoßen. Jede der Landmächte Europas glaubte, durch kühne Infanterie- und Kavallerieangriffe, die den Gegner aus dem Gleichgewicht werfen sollten, rasch den Sieg davontragen zu können. Großbritannien, von der besten Marine der Welt geschützt, entsandte die Hauptkräfte seines Heeres auf den Kontinent. Wie die anderen Kriegführenden glaubte es, daß die Männer Weihnachten wieder zu Hause sein würden.

Diejenigen, die tatsächlich nach Hause zurückkehrten, taten das nach vier gnadenlosen Jahren des Blutvergießens. Der Erste Weltkrieg sollte der erste sein, der in riesigen Ausmaßen mit den Mitteln der technischen Revolution geführt wurde. In solch einem Krieg konnte auch die mutigste Attacke nichts ausrichten gegen eine hinter Stacheldraht eingegrabene Armee, die mit leistungsfähigen, massengefertigten Waffen ausgerüstet war: Maschinengewehren, Schnellfeuerwaffen, Panzern und Giftgas.

Wie die Soldaten auf dem Boden gingen auch die Flieger mit veralteten Kampfvorstellungen in den Krieg. Nur sehr wenige der Piloten und ihrer Kommandeure begriffen von Anfang an, wie sie ihre unvollkommenen, aber potentiell tödlichen Maschinen einsetzen sollten oder was ihr endgültiger Beitrag zur Kriegführung sein konnte. Einige Hellseher hatten den Luftstreitkräften jedoch schon eine Zukunft vorausgesagt.

Ein italienischer Stabsoffizier namens Giulio Douhet beschrieb 1909 die Grundzüge einer Luftstrategie. „Die Luft wird ein weiteres Schlachtfeld werden, nicht weniger bedeutend als die Schlachtfelder zu Land und zur See. Um die Luft zu erobern, muß man dem Feind jede Möglichkeit des Fliegens nehmen, indem man ihn in der Luft, an seinen Operationsbasen oder an seinen Produktionsstätten angreift. Wir sollten uns mit diesem Gedanken vertraut machen und uns darauf vorbereiten", mahnte Douhet.

1911 prophezeite der britische Hauptmann Bertram Dickson, der erste Fliegeroffizier seines Landes, die Art des Einsatzes von Flugzeugen und die Ausweitung dieser Einsätze: „Beide Seiten würden mit großen Flugzeugverbänden ausgerüstet werden, um Informationen über den Gegner zu sammeln", das heißt mit anderen Worten, um Aufklärungsaufgaben zu übernehmen. Das Bestreben jeder Seite, den Gegner daran zu hindern oder es ihm zumindest zu erschweren, diese Informationen zu erhalten, würde zu einem Krieg um die Beherrschung des Luftraums führen, „in dem mit Waffen ausgerüstete Flugzeuge miteinander kämpfen". Damit prophezeite Dickson den Einsatz des Jagdflugzeugs.

Ein anderer Vorausschauender, der französische Hauptmann Ferdinand Ferber, beschrieb sogar, wie sich der Luftkampf abspielen würde. Zuerst würde der Jäger wie ein Falke hoch aufsteigen, um dann von oben anzugreifen; das ausgewählte Opfer würde „durch kluges Wegtauchen" zu entkommen versuchen, aber schließlich doch besiegt abstürzen.

Graf Helmuth von Moltke, Chef des deutschen Generalstabs, der später die Flankenbewegung durch Belgien leitete, sah ebenfalls die militärische Bedeutung des Flugzeugs voraus. Mit charakteristischer Genauigkeit stellte Moltke fest, daß Deutschland 1914 eine Fliegertruppe mit 232 Flugzeugen besitzen würde mit getrennter Befehlsgewalt unter „einfacher, zentraler Leitung, wie es für die Bedürfnisse und die Entwicklung einer neuen Waffengattung notwendig ist".

Aber jeder dieser Propheten bekam von seinen Landsleuten eine Abfuhr. Das preußische Kriegsministerium wies Moltke zurecht, daß er für das Flugwesen nicht zuständig sei. Ferber verärgerte die französischen Behörden so sehr, daß er nur noch außerhalb seines Dienstes fliegen konnte, und dann auch nur unter einem falschen Namen. Dickson wurde von den britischen Konservativen einfach übersehen. Oberst Douhet wurde als Unruhestifter scharf zurechtgewiesen und konnte schließlich fast ein Jahr lang in einer italienischen Gefängniszelle innere Einkehr halten.

Die Propheten der Luftmacht hatten nur wenig konkretes Beweismaterial, um ihre Voraussagen zu untermauern. Einzelne Flugzeuge waren

Die Faszination, die das Fliegen auf Italien – als Abenteuer klassischer Dimension – ausübte, spiegelt sich in diesen während des Krieges entstandenen Postkarten der Schule für Militärflugwesen in Cascina Malpensa wider.

gelegentlich vor 1914 in örtlich begrenzten Kriegen als Bomber benutzt worden. Sie hatten zwar viel Staub aufgewirbelt, aber wenig Schaden angerichtet. Das verleitete einen nicht sehr weitsichtigen amerikanischen Kommentator zu dem Schluß, eine Bombe sei weitaus weniger gefährlich als „ein abstürzendes Flugzeug oder sogar ein abstürzender Flieger".

Als der Krieg ausbrach, hatte noch kaum ein Mensch – einschließlich des amerikanischen Offiziers Mason Patrick, der später die Luftstreitkräfte der Vereinigten Staaten in Europa leiten sollte – tatsächlich ein Flugzeug in der Luft gesehen. Doch unabhängig davon waren große Fortschritte erzielt worden, um das Flugzeug in ein Kriegsinstrument zu verwandeln. Schon 1907 hatten die Vereinigten Staaten die erste militärische Fliegerabteilung der Welt eingerichtet, die Aeronautical Division of the Army Signal Corps, den Fliegerverband der Heeres-Fernmeldetruppe. Ihr stand 1909 ein einziges Flugzeug der Gebrüder Wright zur Verfügung. Die Amerikaner waren es auch, die als erste mit einem Fallschirm aus einem Flugzeug absprangen, das erste Bombenzielgerät entwickelten und 1910 während einer Flugschau über der Tanforan-Rennbahn in San Francisco die erste Bombe – ein Artilleriegeschoß mit Seitenflossen – abwarfen. Ein Maschinengewehr war 1912 von einem Flugzeug aus über College Park in Maryland abgefeuert worden. Es wurden fünf Treffer erzielt auf einer 1,80 mal 2,00 Meter großen Zielscheibe aus Tuch, aber auf so beängstigende Weise, daß ein offizieller Beobachter die Zuschauer drängte, fluchtartig in Deckung zu gehen. „Mit solchen Plänen fortzufahren, kann keinem – wie auch immer gearteten – praktischen Zweck dienen", erklärte ein Sprecher der Armee, und weitere Luftschießübungen und ähnliche Experimente wurden untersagt.

In Europa änderte sich die Einstellung schneller – vielleicht vorangetrieben durch die heraufziehende Kriegsgefahr. 1908 hatten die Gebrüder Wright den Kontinent mit der Vorführung ihres neuesten „Fliegers" in Erstaunen versetzt. In Frankreich – das in Louis Blériot, der 1909 über den Kanal geflogen war, einen unerschrockenen Vorkämpfer hatte – zeigten sich die ersten Ansätze einer Flugzeugindustrie. Bereits 1913 experimentierte eine von Raymond Saulnier sowie den Brüdern Robert und Léon Morane gegründete Firma sogar mit einer Synchronisationsvorrichtung, die das Abfeuern von Maschinengewehren durch die sich drehende Luftschraube eines Flugzeugs ermöglichen sollte.

Derartige Aktivitäten brachte die Deutschen auf den Plan. „Sind wir so blind, daß wir nicht sehen, was vor unseren Augen vorgeht?" fragte eine Zeitschrift zwei Jahre vor Kriegsbeginn. Das Deutsche Reich ging unverzüglich daran, 4 Millionen Mark für die Ausbildung von Piloten zur Verfügung zu stellen und Preise für Rekordflüge auszusetzen. Ein Teil des Geldes ging an Anthony Fokker, einen 22 Jahre alten Niederländer, der nach Deutschland gekommen war, um seine Ausbildung zu vollenden, und der geblieben war, um eine Flugschule zu eröffnen und praktisch aus dem Nichts Flugzeuge zu bauen. Ein anderer Teil der 4 Millionen Mark ging an ein Flugzeugwerk in Berlin, wo Franz Schneider, ein Schweizer Ingenieur, seine Version eines mit der umlaufenden Luftschraube synchronisierten Maschinengewehrs entwickelte.

Aber Deutschland hatte auch seine Zweifler, darunter einige, die meinten, wenn es tatsächlich „die Aufgabe des Fliegers sei, zu beobachten und nicht zu kämpfen", könnte er dies wesentlich besser von der ruhigen Kabine eines der von Graf Ferdinand von Zeppelin gebauten Luftschiffe aus tun. Zwölf

Jahre lang waren diese Ungetüme mit starrem Rumpf gelassen über den deutschen Himmel gezogen. 1909 waren sie zur ersten kommerziellen Fluglinie der Welt zusammengefaßt worden, und bis 1914 hatten sie auf 1588 Flügen ohne einen einzigen Unfall 37 000 Passagiere mit Geschwindigkeiten von gut 70 Kilometern pro Stunde befördert.

Großbritanniens Fliegertruppe fiel hinter der Deutschlands und Frankreichs zurück. Obwohl 1912 ein Fliegerkorps, das Royal Flying Corps, aufgestellt sowie eine zentrale Flugschule und eine Flugzeugfabrik, die Royal Aircraft Factory, errichtet worden waren, mußten diese Einheiten mit einem so schmalen Etat wirtschaften, daß die meisten der frühen britischen Flugzeuge und auch einige der Fluglehrer eine etwas fragwürdige Ansammlung französischer Importe darstellten.

Ein Trainingsflugzeug hatte häufig kein Cockpit, nur einen Sitz für den Ausbilder und dahinter einen wackeligen erhöhten Sitz für den Schüler. Ein zukünftiger britischer Fliegerheld, Louis Strange, beschrieb seine Ausbildung folgendermaßen:

„Wir kannten die Doppelsteuerungsmethode der Ausbildung nicht. Der Schüler saß hinter dem Lehrer und konnte über dessen Schulter hinweg den Steuerknüppel bedienen. Der Schüler hatte allerdings keine Möglichkeit, seine Beine auf die Pedale für das Seitenruder zu stellen."

Nach einigen Flügen wechselten der Ausbilder und sein Schüler die Plätze, und in sehr kurzer Zeit versuchte der Anfänger den ersten Alleinflug. Strange bekam seinen Flugschein nach drei Wochen.

Als der Krieg über Europa hereinbrach, besaßen die Briten 48 einsatzbereite Flugzeuge, die über den Kanal an die Front geschickt werden konnten. Es war eine bunte Mischung aus englischen Maschinen und französischen Blériots und Farmans – letztere wurden wegen der plumpen Rümpfe und den mit Draht zusammengehaltenen Fahrwerken „mechanische Kühe" genannt. Am Vorabend des Krieges war die Befehlsgewalt über Großbritanniens Fliegertruppe geteilt worden, es entstand das Royal Flying Corps (RFC) und der Royal Naval Air Service (RNAS), die königliche Seefliegertruppe. Der RNAS legte getreu der Marinetradition einen auffallenden Stolz an den Tag und nahm nur Befehle von der Admiralität entgegen.

Frankreichs Kampfkraft in der Luft war nicht viel bedeutender. Die französische Fliegertruppe hatte gerade fünf einsatzfähige lenkbare Luftschiffe und 165 Flugzeuge zur Verfügung. Die Flugzeuge waren ein Sammelsurium aus elf – nach ihren Herstellern benannten – Typen: zweisitzigen Voisins, Farmans, Breguets und anderen Doppeldeckern, die einen Heckmotor mit einer Druck-Luftschraube hatten; dazu eine Anzahl Blériot- und Morane-Saulnier-„Parasol"-Eindeckern mit einer Zug-Luftschraube. Die Tragflächen der letzteren waren auf einer regenschirmähnlichen Verstärkung aus Streben und Drähten über dem Rumpf angebracht.

Anfänglich waren die französischen Piloten fast alle einfache Soldaten mit kaum mehr Ansehen als die Stabsfahrer. In der Luft unterstanden sie dem Befehl der Beobachter, und da die Flugzeugmotoren sehr laut waren und es keinen Bordfunk gab, konnten sie sich oft weder durch Rufen noch durch Handzeichen verständigen. Zettel, die für einen Informationsaustausch sorgen sollten, trug häufig der Wind davon.

Selbst Deutschland mit seinem Ruf überzeugender militärischer Tüchtigkeit schien in der Luft noch recht unbeholfen zu sein. Der Beobachter war meist ein Kavallerieoffizier mit Erfahrung in herkömmlicher Aufklärung,

Eine gründliche Ausbildung

Als der Krieg ausbrach, gab es zwar genügend Freiwillige, die sich zur Fliegertruppe meldeten, an Ausbildungsstätten mangelte es jedoch. Die wenigen Fliegerschulen, die es gab, wurden nun von den Kriegführenden ausgebaut und Dutzende neuer ihnen hinzugefügt. Außerdem wurden die Ausbildungstechniken verbessert und erfahrene Piloten, die zum Teil von der Front zurückgerufen wurden, hinzugezogen, um die Rekruten auszubilden. Die Schüler lernten neben technischen Details des Flugzeugs schwierige Flugfiguren – wie Looping, Rolle, Trudeln und Steigwende – sowie das Schießen im Vorhalteverfahren, einer Methode, bei der man von einem sich bewegenden Fahrzeug aus auf ein sich bewegendes Objekt zielt.

Nicht alle überlebten die Ausbildung. In vier Jahren verlor allein Deutschland 1800 Flieger durch Unfälle. Sollte ein Schüler die Ausbildung für zu gefährlich halten, warnte ein britischer Fluglehrer, „sollte er sich lieber eine andere Beschäftigung suchen. Die Risiken, die er hier eingehen muß, werden sich verhundertfachen, wenn er nach Frankreich kommt".

Lernbegierige britische Flugschüler studieren Ausbildungshandbücher und untersuchen Werksflugzeuge in einer Schule in Oxford. Ein ausgebildeter Pilot hatte zwischen 12 und 50 Flugstunden absolviert, und es wurde von ihm erwartet, daß er sich auch mit den technischen Einzelheiten seines Flugzeugs auskannte.

Ein britischer Flugschüler, der 1916 in einem Vorkriegsdoppeldecker lernt, hält über die Schulter seines Lehrers hinweg den Steuerknüppel fest.

Ein Zielflugzeug erscheint im Visier einer Schießkamera, die, statt Geschosse zu feuern, Photos „schoß".

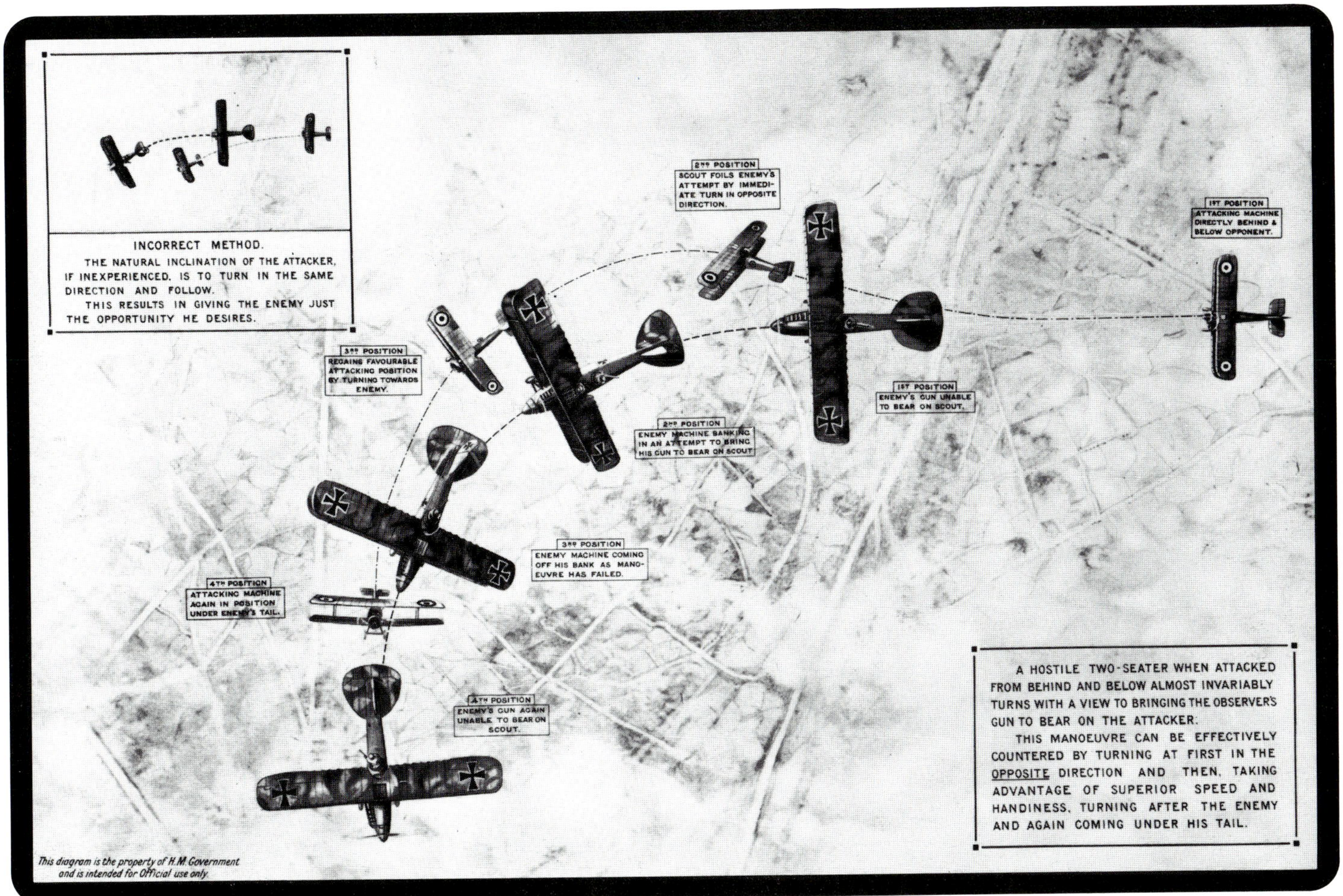

INCORRECT METHOD.
THE NATURAL INCLINATION OF THE ATTACKER, IF INEXPERIENCED, IS TO TURN IN THE SAME DIRECTION AND FOLLOW.
THIS RESULTS IN GIVING THE ENEMY JUST THE OPPORTUNITY HE DESIRES.

2ND POSITION
SCOUT FOILS ENEMY'S ATTEMPT BY IMMEDIATE TURN IN OPPOSITE DIRECTION.

1ST POSITION
ATTACKING MACHINE DIRECTLY BEHIND & BELOW OPPONENT.

3RD POSITION
REGAIN FAVOURABLE ATTACKING POSITION BY TURNING TOWARDS ENEMY.

2ND POSITION
ENEMY MACHINE BANKING IN AN ATTEMPT TO BRING HIS GUN TO BEAR ON SCOUT

1ST POSITION
ENEMY'S GUN UNABLE TO BEAR ON SCOUT.

4TH POSITION
ATTACKING MACHINE AGAIN IN POSITION UNDER ENEMY'S TAIL.

3RD POSITION
ENEMY MACHINE COMING OFF HIS BANK AS MANOEUVRE HAS FAILED.

4TH POSITION
ENEMY'S GUN AGAIN UNABLE TO BEAR ON SCOUT.

A HOSTILE TWO-SEATER WHEN ATTACKED FROM BEHIND AND BELOW ALMOST INVARIABLY TURNS WITH A VIEW TO BRINGING THE OBSERVER'S GUN TO BEAR ON THE ATTACKER.
THIS MANOEUVRE CAN BE EFFECTIVELY COUNTERED BY TURNING AT FIRST IN THE OPPOSITE DIRECTION AND THEN, TAKING ADVANTAGE OF SUPERIOR SPEED AND HANDINESS, TURNING AFTER THE ENEMY AND AGAIN COMING UNDER HIS TAIL.

This diagram is the property of H.M Government and is intended for Official use only.

Eine britische Schulungstafel zeigt, wie man ein feindliches Jagdflugzeug von hinten und unten angreift – und wie man es nicht machen sollte.

Wie man vom Flugzeug aus mit einem Maschinengewehr schießt, lernt ein britischer Flieger in einem simulierten – auf Schienen laufenden – Cockpit.

der aber kaum Übung darin hatte, Schützenlinien auch noch von größeren Höhen aus sicher zu erkennen. Ein weiteres Hindernis war, daß die Tragflächen der meisten der 232 deutschen Flugzeuge zu breit waren, um dem Beobachter freie Sicht auf die Erde zu gewähren. Ebensowenig wie die vier Zeppeline, die an der Westfront stationiert waren, verfügte die deutsche Fliegertruppe über eine einzige automatische Waffe. Die französische Fliegertruppe besaß dagegen zwei Maschinengewehre; allerdings hatten sie keine klare Vorstellung, wie sie eingesetzt werden konnten. Die englische Luftwaffe hatte ebenfalls zwei zur Verfügung, ihr war jedoch ausdrücklich untersagt, diese schweren und riskanten Waffen je mit an Bord zu nehmen.

„Krieg? Wir hatten niemals ernsthaft mit einem Krieg gerechnet", schrieb ein deutscher Zeppelinkommandant; und doch erging der erste tödliche Auftrag an ein lenkbares Luftschiff. Lüttich, das von einem Dutzend Befestigungen umgeben war, stand Moltkes Vormarsch durch Belgien im Weg, und am 6. August 1914 wurde das Luftschiff Z VI in die Luft beordert. Keines der deutschen Luftschiffe hatte richtige Bomben an Bord; acht Artilleriegeschosse, denen Lappen aus Pferdedecken als Heckflossen dienten, waren alles, was sie für den Kampf zur Verfügung hatten. Sie konnten nicht viel ausrichten, und die belgischen Truppen antworteten vom Boden mit einem solchen Sperrfeuer, daß der Z VI voller Löcher und mit ausströmendem Gas Mühe hatte, über die Frontlinie zurückzukehren und schließlich in einem Wald in der Nähe von Bonn notzulanden.

Daraufhin wurde deutschen Flugzeugen der Befehl erteilt, die Befestigungen auszukundschaften, eine Order, die von den Piloten auf den behelfsmäßigen Feldflugplätzen, auf denen viele der deutschen Flugzeuge in der ersten Kriegswoche zusammengezogen worden waren, nicht sehr freudig aufgenommen wurde. „Unser Flugplatz bei Montjoie war der schlimmste Ort, den man sich vorstellen konnte", schrieb einer der Flieger. „Nach Süden erstreckten sich große Wälder, im Osten und Westen ragten steile Felsen auf." Trotz der Gefahren, die das fremde und feindliche Gebiet mit sich brachte, gelang das Erkunden der Befestigungen doch recht gut. Einem der Beobachter genügte die Luftansicht nicht; er befahl seinem Piloten, genau zwischen zwei Befestigungen zu landen. Ausgiebig sah er sich die Anlage vom Boden aus an. Dann flog er zurück, um das abzuliefern, was ein stolzer deutscher Chronist einen „bedeutsamen Bericht für das Oberkommando" nannte. Mitte August war Lüttich eingenommen.

Die lenkbaren Luftschiffe mußten jedoch weiterhin Rückschläge hinnehmen. Am 21. August wurden zwei der verbliebenen drei deutschen Luftschiffe abgeschossen; eines durch französisches Artilleriefeuer, das andere durch deutsche Truppen, die seine Erkennungssignale mißverstanden hatten. Kurz darauf durchlöcherte französische Infanterie durch 1300 Geschosse eines ihrer eigenen Luftschiffe, zwei Granaten trafen ein anderes, und auch ein drittes wurde durch Einschüsse zur Landung gezwungen. Der erboste französische General Joseph Joffre befahl, daß keine weiteren Luftschiffe – von welcher Seite auch immer – beschossen werden durften. Aber das Vertrauen in diese großen Luftschiffe war geschwunden. Der Krieg hatte kaum begonnen, und schon konzentrierte sich alles Geschehen in der Luft auf die Flugzeuge.

Zunächst waren die Ergebnisse nicht sehr vielversprechend. Deutsche Flugzeugbesatzungen, die gegen Ende der zweiten Augustwoche über dem westlichen und mittleren Belgien Aufklärungsflüge durchführten, übersahen die Landung von 80 000 Mann und 30 000 Pferden der British Expeditionary Force. Einer der Flieger, Leutnant Reinhold Jahnow, stürzte entweder durch Flakfeuer oder durch Materialfehler bei Malmédy ab. Man nimmt an, daß er der erste deutsche Flieger war, der im Kampf gefallen ist. In der Tat ging die Hauptgefahr für die Flieger in diesen ersten Wochen weiterhin von der bodenständigen Luftabwehr aus. Die Flugzeuge blieben unbewaffnet, wenn man von einigen nutzlosen Degen, Pistolen und Karabinern, die manche Flieger aufgrund herkömmlicher Kavallerievorschriften bei sich trugen, einmal absah; aber selbst diese wurden meist aus Gewichts- und Platzersparnisgründen zurückgelassen. Noch hatte kein Flieger je auf einen anderen geschossen. Bezeichnend für diese Phase des Krieges ist vielmehr ein Vorfall, der sich an dem Tag ereignete, an dem Jahnow starb: Als sich eine französische Morane-Saulnier und eine deutsche Taube über der Front begegneten, winkten sich die feindlichen Flieger freundlich zu und flogen ihrer Wege.

Obwohl keine Angriffe aus der Luft erfolgten, verbesserte sich die Qualität der Aufklärung nicht sofort. Die Franzosen, die annahmen, daß Moltkes Schlag gegen den Norden ein Ablenkungsmanöver war, hatten nur wenige Flugzeuge an diesem Frontabschnitt stationiert, und es war ihnen nicht gelungen, auch nur die Hälfte der 16 deutschen Großverbände und 5 Kavalleriedivisionen, die sich durch Belgien wälzten, auszumachen. Im östlichen Lothringen, wo Joffre die schwersten Angriffe erwartete und die Franzosen eine eigene Offensive planten, entgingen einer größeren Anzahl französischer Flugzeuge die umfangreichen und lebhaften deutschen Verteidigungsvorbereitungen. Die Truppen, die sie gesichtet zu haben glaubten, erwiesen sich als Teerflecken auf der Straße, und feindliche Zelte in einem Bericht waren in Wirklichkeit Schatten von Grabsteinen. Diese Mißerfolge trugen wenig dazu bei, das Vertrauen der älteren Offiziere in die Luftaufklärung zu stärken.

Zu diesem Zeitpunkt erschienen die ersten britischen Flieger auf dem Kontinent. Für den Flug von Dover über den Kanal hatte das Royal Flying Corps seine Flieger mit Autoschläuchen als Schwimmhilfen ausgerüstet. Diese waren zusammen mit Cornedbeef-Konserven, Wasserflaschen, Schokoladenriegeln und kleinen Öfen in beschlagnahmten Zivillastwagen, auf denen noch die Namen der Besitzer standen, zum Abflugort an der Südküste gebracht worden. Eines der beladenen Flugzeuge nach dem anderen stieg im böigen Kanalwetter mit dem Auftrag auf, jeden Zeppelin, den man unterwegs traf, „sofort zu rammen".

Sie trafen jedoch keinen; vielmehr kam ein Flugzeug vom Kurs ab, als ein übermütiger Pilot einen aufgepumpten Schlauch wie einen Wurfring über die Spitze des Leuchtturms von Cap Gris-Nez werfen wollte. Ein anderer Flieger machte in der Nähe von Boulogne eine Bruchlandung und wurde, da sein Flugzeug kein britisches Kennzeichen trug, prompt von den Franzosen gefangengenommen.

Unverzüglich richtete sich das RCF auf einem Flugplatz bei Maubeuge ein, um mit der Aufklärung zu beginnen. Im ersten Bericht vom 19. August heißt es: „Konnte meine Position auf der Karte nicht ausmachen. Überflog eine große Stadt, konnte sie aber auf der Karte nicht finden. Bei meiner Rückkehr entdeckte ich, daß es Brüssel gewesen sein mußte."

Im Gegensatz zu den Franzosen, die ihre Flugzeuge mit einer rot-weiß-blauen Kokarde gekennzeichnet hatten, flogen die englischen Piloten – von einigen wenigen abgesehen, die den Union Jack aufgenäht oder aufgemalt hatten – immer noch ohne jedes Erkennungszeichen. Die Folge war, daß sie, wie jemand meinte, unter der „schlechten Angewohnheit" befreundeter Truppen leiden mußten, „die auf jedes Flugzeug schossen, das sie sahen". Ein anderer Pilot berichtete über seine Bestürzung bei der Ankunft der britischen Infanterie: „Bisher wurden wir nur von den Franzosen beschossen. Jetzt nehmen uns Franzosen *und* Engländer aufs Korn."

Luftaufklärung – oder ihr Fehlen – wurde bald zu einem wesentlichen Faktor in den gewaltigen Feldschlachten von 1914. Während der dritten Augustwoche erlitt die französische Armee in vier Tagen nicht weniger als 140 000 Mann Verluste, als sie blindlings an der Front zwischen Lothringen und Mons vorstieß. Der ebenso unbedacht handelnden British Expeditionary Force drohte, ohne daß sie dessen gewahr wurde, die totale Vernichtung. Doch dann entdeckte am 23. August plötzlich Hauptmann – später Luftmarschall – Philip Joubert, der über der linken Flanke des Expeditionskorps in der Nähe von Mons Patrouille flog, wie sich „graue Ströme" von Soldaten durch die Straßen ergossen. Er wußte, daß sich dort keine alliierten Truppen befanden.

Joubert hatte das zweite deutsche Armeekorps erspäht, das herumschwenkte, um in den Rücken der britischen Truppen zu gelangen. Ein Geschoß prallte von der Stahlplatte ab, die er provisorisch unter seinem Sitz angebracht hatte, ein anderes durchschlug eine Wand seines Treibstofftanks; aber Joubert hielt das Loch mit seinen Fingern zu und brachte es fertig, heil nach Hause zu kommen. Sein Bericht, der von zwei anderen Fliegern bestätigt wurde, führte zum sofortigen Rückzugsbefehl.

Hätten die Flieger diese Gefahr nicht entdeckt, wären die Deutschen möglicherweise tatsächlich Weihnachten wieder zu Hause gewesen. So entkamen die Engländer mit knapper Not einer furchtbaren Katastrophe. Ein junger Leutnant schrieb: „Die Deutschen treiben uns vor sich her, und wir erkämpfen verzweifelt unseren Rückzug. Soldaten, Geschütze und Transportfahrzeuge blockieren die Straßen. Männer werfen ihre Ausrüstung fort. Einige tragen ihre verwundeten Kameraden, und in jedem Karren und in jeder Protze liegen Verwundete."

Nachdem es bei Einbruch der Dunkelheit in strömendem Regen aufgebrochen war, vollzog sich der Rückzug des Royal Flying Corps ziemlich planlos. „Wir schliefen", wie ein Tagebuchschreiber festhielt, „so gut wir konnten. Eine Nacht kampierten wir während eines Gewittersturms unter einer Hecke, dann in einer kürzlich geräumten Mädchenschule und die nächste wieder im modernsten Hotel."

So gut sie konnten, versuchten die Flieger auch ihre Flugzeuge zu retten. Sie benutzten Kornfelder als Start- und Landeplätze, die entweder mit kleinen, roten Fahnen, die die Männer bei sich hatten, oder mit Weizengarben markiert wurden. Andere Garben wurden zur Nacht als Windschutz für die Maschinen und Schlafplatz für die Männer aufgeschichtet. Die Besatzung eines beschädigten Flugzeugs montierte die Tragflächen ab und versuchte den Rumpf mit einem beschlagnahmten französischen Auto abzuschleppen. Unglücklicherweise kippte das Flugzeug in einen Graben. Daraufhin zerstörten die Männer, was von der Maschine übriggeblieben war, stahlen sich Fahrräder und setzten damit ihren Rückzug Richtung Süden fort.

In dieser schwierigen Situation hegten die alliierten Flieger nicht mehr so ritterliche Gefühle für die Deutschen, besonders nicht für jene, die

Eine Brieftaube startet von einem britischen Wasserflugzeug aus, um eine Nachricht nach Hause zu tragen. Bevor die Flugzeuge mit Bordfunk ausgerüstet wurden, benutzte man häufig Brieftauben, um dringende Nachrichten zu übermitteln. Dutzende abgestürzter Flieger hatten ihnen das Leben zu verdanken.

begannen, über ihren behelfsmäßigen Flugplätzen von Hand Bomben abzuwerfen. Ein empörter Engländer, der „aufstieg, um es einem dieser Friedensstörer zu zeigen", brachte es fertig, 30 Schuß Munition aus seinem Revolver abzufeuern, die jedoch alle ihr Ziel verfehlten. Daraufhin landete der Engländer „voller Verzweiflung" und band eine Handgranate an das Ende eines langen Steuerkabels mit der genialen Idee, den „Hunnen zu überfliegen und den Propeller mit der Granate zu zerstören". Die deutschen Flugzeuge blieben jedoch unversehrt.

Auch die Franzosen versuchten jetzt, in der Luft anzugreifen. Neben ihren Pistolen und Karabinern nahmen sie Hangranaten, gelegentlich auch ein Gewehr und sogar Stahlpfeile, *fléchettes,* mit, die eigentlich gegen Bodentruppen eingesetzt werden sollten. Mit diesen Waffen versuchten sie die feindlichen Flugzeuge zu treffen, allerdings ohne Erfolg. Die deutschen Flieger hatten weiterhin den Befehl, lediglich Aufklärungsflüge zu unternehmen und nur gelegentlich Bomben abzuwerfen. Aber ein französischer Pilot, der mit einem Loch in seinem Flugzeug zurückkehrte, beschwerte sich, daß ein Deutscher ihn mit einem Ziegelstein beworfen hätte, was allerdings niemals bestätigt wurde.

Nach ihrer Rückkehr vom Einsatz schreiben französische Flieger in einem Zelt bei Lunéville in Frankreich Berichte über ihre Beobachtungsflüge. Ihre Beobachtungen über Stellungen und Bewegungen feindlicher Truppen wurden ausgewertet, auf große Karten übertragen und schließlich in amtlichen Berichten verbreitet.

Wesentlich größere Auswirkungen hatte der Krieg am Boden. Innerhalb eines Monats bezifferten sich Frankreichs Verluste auf eine halbe Million Soldaten, und die Deutschen besetzten ein Viertel des Landes. Durch Moltkes Sensenschnitt durch die Küstenregion in Richtung Paris war die Infanterie, die den Sturm anführte, so weit vorgerückt, daß sie nahe der Marne in nur 40 Kilometer Entfernung die Spitze des Eiffelturms sehen konnte. General Joffre befahl seinen Truppen, „eher an Ort und Stelle zu sterben, als auch nur einen Fußbreit zurückzuweichen." Die politische Führung der dritten französischen Republik floh nach Bordeaux. Die deutschen Piloten begannen, ihren Aufklärungsflügen mehr Abwechslung zu geben, indem sie Paris überflogen und neben Bomben auch ab und zu Zettel abwarfen, die die Warnung trugen: „Die deutsche Armee ist vor den Toren von Paris. Euch bleibt nichts anderes übrig, als euch zu ergeben!" Die Flugzeuge kamen so regelmäßig am späten Nachmittag, daß die Pariser diese Zeit bald „Fünf-Uhr-Tauben-Stunde" nannten. Obwohl die Bomben fünf Menschen getötet hatten, kamen die Menschen zu Tausenden – zum Teil mit Operngläsern versehen, um den Flugzeugen zuzuschauen. An einigen Aussichtspunkten wurden sogar Stehplätze vermietet.

Im Tiefflug patrouilliert ein deutsches Wasserflugzeug über dem mit Stacheldraht befestigten Strand der belgischen Stadt Ostende. Deutschland eroberte Ostende 1914, und eine Zeitlang starteten von hier deutsche Bomber zu ihren Angriffen auf alliierte Städte. Zivile Badegäste ließen sich dadurch jedoch nicht im mindesten von der Benutzung des Strandes abhalten.

Ab 2. September hörten die Flugzeuge plötzlich auf zu kommen. Das deutsche Heer hatte seinen Vormarsch gestoppt. Statt wie geplant eine seiner Armeen in den Rücken von Paris marschieren zu lassen, hatte sich Moltke entschlossen, sie ostwärts entlang der Marne vorrücken zu lassen. Mehrere Tage lang hatten französische und britische Flieger immer wieder Berichte abgeliefert, die auf eine solche Bewegung hinwiesen. Aber keiner dieser Berichte war eindeutig gewesen, und am 3. September um 20 Uhr konnte General Joseph-Simon Galliéni, der Militärgouverneur des belagerten Paris, seinen Zorn auf die weitgehend unerfahrenen Flieger nicht mehr zurückhalten. Ihre Berichte, explodierte er, „seien so gut wie wertlos". In demselben Augenblick traf ein französischer Pilot mit einem neuen Bericht ein, der bald von einem britischen bestätigt wurde: Die deutschen Verbände „marschierten von West nach Ost und setzten sich dadurch einem Flankenangriff aus".

„Wir werden ihnen in den Rücken fallen", beschloß Galliéni, der plötzlich sehr ruhig geworden war. General Joffre bestätigte die Entscheidung mit dem historisch gewordenen Ausspruch: „Meine Herren, wir werden an der Marne kämpfen." Die Alliierten griffen mit allen Kräften an, die sie zusammenziehen konnten, und schlugen eine breite Bresche, die den westlichsten Flügel abzuschneiden drohte, in die deutsche Front. Diesmal waren es deutsche Aufklärungsflieger, die das Unglück abzuwenden halfen; sie entdeckten britische Einheiten, die in die Lücke vorstoßen wollten. Die Deutschen waren gewarnt und schlossen sofort ihre Reihen.

Aber Paris war gerettet. Im Norden begannen die feindlichen Heere in einem letzten vergeblichen Versuch, einander den Weg abzuschneiden, ein Wettrennen zum Meer. Beide Seiten gruben sich ein, und die Schützengrabenlinie, deren Verlauf sich während des ganzen Krieges kaum ändern sollte, erstreckte sich bald bis hin zur Schweiz.

Das Durcheinander der schnell wechselnden Situationen auf dem Boden bedeutete für die Flieger beider Seiten, daß sie sich wieder irgendwie auf dem Land einzurichten hatten. Sie kampierten in Heuschobern, unter den Tragflächen ihrer Flugzeuge oder in Unterständen aus zerbrochenen Flugzeugteilen. Sie stöberten nach Eiern und Hühnern, molken Kühe, schossen Kaninchen und Rebhühner und kochten in ausgedienten Petroleumdosen. Als das Herbstwetter zusehends schlechter wurde und eine regnerische Sturmbö die andere ablöste, schlugen sie Pflöcke in den Boden und machten ihre Flugzeuge an ihnen fest; die Glücklicheren krochen in Scheunen, um zu schlafen, während sich die anderen unter Decken in ihren durchnäßten Cockpits zusammenkauerten.

Sie kämpften, wann immer und wie immer sie konnten. In einer klassischen Gegenüberstellung des alten und des neuen Rittertums griff tatsächlich eine Reiterabteilung eine Fliegerstaffel an. Ein Bauer des Aisne-Distrikts im Nordosten von Paris hatte der französischen Kavallerie gemeldet, daß deutsche Flugzeuge in der Nähe gelandet waren. Gegen 3 Uhr morgens näherten sich die Reiter dem Landeplatz so lautlos wie möglich, zogen ihre Säbel und griffen an. Zwölf der Reiter wurden durch ein auf ein deutsches Sicherungsfahrzeug montiertes Maschinengewehr niedergemäht, aber der Rest konnte einige Flugzeuge zerstören.

So wie die Kavallerieattacke ein Symbol der Vergangenheit war, deutete ein anderes Ereignis an der Aisne die großen Möglichkeiten der Zukunft an. Einige britische Flugzeuge hoben mit fast 70 Pfund schweren Funkgeräten mühsam vom Boden ab. Am späten Nachmittag des 24. September übermittelte eine der Besatzungen Gefechtsanweisungen aus der Luft; die erste funkgelenkte Feuerleitung des Luftkriegs war erfolgt:

16.02 h   Ein wenig zu kurz. Feuer. Feuer.
16.12 h   Etwas zu kurz; Feuerlinie richtig.
16.20 h   Ihr wart genau zwischen zwei Batterien.
          Versucht es 200 Meter nach jeder Seite vom letzten Schuß.
          Schußweite in Ordnung.
16.22 h   Ihr habt sie.
16.26 h   Treffer. Treffer. Treffer.
16.42 h   Ich komme jetzt nach Hause.

Fast zur selben Zeit flogen andere britische Fliegereinheiten die ersten Luftangriffe über deutschem Boden. Britische Seeflugzeuge waren mit dem Auftrag des Ersten Lords der Admiralität, Winston Churchill, nach Dünkirchen gesandt worden, „um das Eindringen" deutscher Luftschiffe und Flugzeuge „in den Luftraum der Stadt im Umkreis von 160 Kilometern zu verhindern". Die britischen Flugzeuge hatten anfangs gegen schlechtes Wetter zu kämpfen, und der Mangel an brauchbaren Geländekarten kam als weitere Erschwernis hinzu. Als sie im Spätseptember den Auftrag erhielten, die Flugzeughallen in Düsseldorf und Köln anzugreifen, irrten vier Flugzeuge im dichten Nebel umher und kehrten unverrichteterdinge nach Hause zurück. Einer der Piloten beschwerte sich, „daß die Hangars in Düsseldorf zu suchen das gleiche sei, wie in einem dunklen Zimmer nach einer schwarzen Katze Ausschau zu halten". Als am 8. Oktober ein Seeflieger zwei 20-Pfund-Bomben über dem Kölner Bahnhof abwarf und damit drei Zivilisten tötete, fand ein anderer Flieger schließlich die Katze. Leutnant R. L. G. Marix überflog mit seiner Sopwith Tabloid, einem neuen Doppeldecker, dessen Bomben an einem Bombenschloß mit Auslösevorrichtung unter dem Rumpf hingen, einen Düsseldorfer Hangar. Seine Bomben trafen aus 200 Meter Höhe genau das Ziel und verwandelten den letzten Frontzeppelin in eine gewaltige Fackel.

Den nächsten Angriff wollten die Engländer von der äußersten Ecke Frankreichs aus führen. Sie nahmen vier 80-PS-Avro-Doppeldecker auseinander, verstauten sie in Lastwagen ohne Kennzeichen und fuhren in der Nacht nach Belfort nahe der Schweizer Grenze, um der Entdeckung durch deutsche Beobachter zu entgehen. Das Ziel war Deutschlands zentraler Zeppelinflugplatz bei Friedrichshafen am Nordufer des Bodensees. Gegen Mittag des 21. September setzten sie die Flugzeuge wieder zusammen, glitten zunächst in drei Meter Höhe über dem Wasser entlang, stiegen dann auf und warfen elf Bomben ab, die eine Flammensäule entfachten. Später stellte sich heraus, daß ein Gaswerk in Brand gesetzt worden war; die Schäden waren innerhalb einer Woche behoben. Beide Zeppeline überstanden den Angriff, einer der britischen Piloten dagegen fast nicht. Er mußte auf einer Uferwiese notlanden, wo er von einer Gruppe wütender Zivilisten übel zugerichtet wurde, bevor er deutschen Soldaten übergeben wurde. Am Abend prosteten deutsche Offiziere dem verwundeten Engländer zu und leerten die Gläser auf das Wohl ihres „Kameraden".

Im Lauf des folgenden Monats griffen französische Voisin-Doppeldecker zweimal den Freiburger Bahnhof an. Die Deutschen, die vor der Einnahme Antwerpens im Oktober die Stadt bombardiert hatten, zogen jetzt ihre Flieger unter dem Decknamen „Brieftauben" zu einer Spezialbombereinheit bei Ostende an der besetzten Kanalküste zusammen. Diese sollten Luftangriffe auf die britische Küste führen; jedoch dauerte es einige Monate, ehe ihnen ein Angriff gelang. Erfolgreicher war dagegen ein Flugzeug einer anderen Einheit, das Dover am 21. und 24. Dezember bombardierte. Der wichtigste Dienst, den die Ostender Gruppe leistete, bestand letzten Endes darin, einige junge Flieger, deren Taten bald in aller Welt bekannt werden sollten, auszubilden.

Bis Ende 1914 hatte noch kein richtiges Kampfflugzeug in den Krieg eingegriffen, und keinem As war die Ehre einer Auszeichnung zuteil geworden. Doch waren in diesen wenigen Monaten alle möglichen Aspekte eines Luftkrieges zumindest getestet worden. Am 5. Oktober flog ein französischer Obergefreiter, Louis Quénault, als Beobachter in einer Voisin mit Heckmotor, die von Feldwebel Joseph Frantz gesteuert wurde. Quénault saß vorn, seine Hände lagen auf einem Hotchkiss-Maschinengewehr, das am Cockpitrand angebracht war. Über Reims sichtete der Franzose einen deutschen Aviatik-Zweisitzer. Feldwebel Frantz startete zu einem Frontalangriff. Die Deutschen schienen nicht beunruhigt, als die Franzosen herankamen. Dann ratterte Quénaults Hotchkiss, und das deutsche Flugzeug stürzte brennend zu Boden. Es war das erste Flugzeug, das durch ein Maschinengewehr im Luftkampf abgeschossen worden war.

Den dramatischen Augenblick des Abschusses einer deutschen Aviatik durch den französischen Obergefreiten Louis Quénault im Jahre 1914 hält diese künstlerische Darstellung fest, die in einer beliebten Zeitschrift im noch neutralen Italien veröffentlicht wurde. Es war der erste Abschuß, der in der Luft mit einem Maschinengewehr erzielt wurde. Tatsächlich flog der Franzose einen Voisin-Doppeldecker und nicht wie abgebildet einen Eindecker.

Tradition in Uniform

Die Uniformen, die die Flieger des Ersten Weltkriegs trugen, waren häufig von den älteren Waffengattungen, von denen viele der Flieger kamen, entlehnt beziehungsweise bis auf kleine Details übernommen worden. Die Grundausstattung der Flieger reichte von den üblichen Militäruniformen, die am Boden und unter Schutzanzügen in der Luft getragen wurden, bis zu der typischen Fliegerbekleidung, wie sie auf S. 42–43 abgebildet ist.

Der Fliegeroffizier ließ in der Regel seine Militäruniform, die aus Mütze, Jacke und Hose bestand, maßschneidern. Einfache Soldaten bekamen ihre Uniform dienstlich gestellt. Wenn ein Soldat aus einer anderen Waffengattung zur Fliegertruppe kam, so galt diese Versetzung meist nur für die Dauer des Krieges; er behielt daher normalerweise die Uniform seiner alten Einheit und fügte nur das Fliegerabzeichen hinzu. Die goldbetreßte Uniform eines österreichisch-ungarischen Fliegers zum Beispiel

stimmte bis auf den goldenen Ballon am Kragen mit der der Husaren, der ursprünglichen Einheit ihres Besitzers, überein.

Die Farben der Uniform eines Fliegers reichten von auffallend Bunt bis zu eintönig Grünbraun, je nachdem, für welche Nation er kämpfte. Einige französische Offiziere hielten an ihren traditionellen scharlachroten Hosen und graublauen Jacken (gegenüberliegende Seite) fest, obwohl die Farben jedem Grundsatz der Tarnung widersprachen. Die Uniform der Luftstreitkräfte der Vereinigten Staaten im gedeckten Olivgrün hatte weder Farbe, noch war sie bequem. Amerikanische Flieger klagten häufig, daß die steifen Kragen ihrer Feldjacken am Hals scheuerten, wenn sie ihren Kopf wendeten. Viele legten die unbequemen Jacken ab und beauftragten Schneider an ihrem Einsatzort, ihnen neue, mit Reverskragen versehene Jacken zu nähen, wie sie beispielsweise das Royal Flying Corps trug.

FELDMÜTZE UND UNIFORMROCK
EINES DEUTSCHEN FLIEGERS

KAPPE UND HUSARENATTILA EINER
ÖSTERREICHISCH-UNGARISCHEN UNIFORM

PELZMÜTZE UND ROCK EINES DEUTSCHEN
IN DER TÜRKISCHEN FLIEGERTRUPPE

DIENSTUNIFORM EINES MAJORS
DER FRANZÖSISCHEN FLIEGERTRUPPE

FELDUNIFORM EINES HAUPTMANNS
DES ROYAL FLYING CORPS

UNIFORM DER LUFTSTREITKRÄFTE
DER VEREINIGTEN STAATEN

UNIFORMJACKE UND MÜTZE
EINES ITALIENISCHEN FLIEGERS

Schutz gegen Wind und Wetter

Kälte, Wind, Regen, blendendes Licht und austretendes Motorenöl konnten den Piloten im offenen Cockpit das Leben sehr schwer machen. Während des Fluges trugen die Besatzungen Schutzbrillen, Ledermäntel und -helme, fellgefütterte Stiefel und dicke Handschuhe jeglicher Art.

Die Grundausstattung der Flieger, die der Bekleidung der Seeleute und der ersten Autofahrer nachempfunden war, wurde allen Fliegern gestellt. Aber die meisten Piloten fügten ihrer vorschriftsmäßigen Beklei-

dung noch Extraschichten warmer Kleidungsstücke hinzu, die sie entweder selbst gekauft, von zu Hause erhalten oder gefangengenommenen Fliegern weggenommen hatten. Einige Piloten stopften ihre Fliegeranzüge mit Zeitungspapier, dem langerprobten Kälteschutz der Vagabunden, aus.

Es gab jedoch Flieger, die diese schützende Ausrüstung ablehnten. Das britische As Albert Ball zum Beispiel weigerte sich, Schutzhelm oder -brille zu tragen, weil er meinte, sie behinderten seine Sicht.

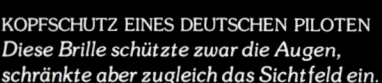

KOPFSCHUTZ EINES DEUTSCHEN PILOTEN
Diese Brille schützte zwar die Augen, schränkte aber zugleich das Sichtfeld ein.

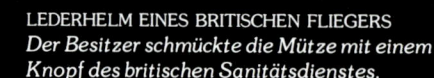

LEDERHELM EINES BRITISCHEN FLIEGERS
Der Besitzer schmückte die Mütze mit einem Knopf des britischen Sanitätsdienstes.

KOPFSCHUTZ EINES PILOTEN DES RFC
Diese Ausrüstung schützte das Gesicht vor dem sehr kalten Luftstrom in großen Höhen.

KOPFSCHUTZ EINES US-FLUGSCHÜLERS
Getöntes Glas minderte die Blendwirkung, und der Helm schützte vor Kopfverletzungen.

AMERIKANISCHE FLIEGERKAPPE UND -BRILLE
Diese aus splitterfreiem Glas hergestellte Brille war bei US-Fliegern hochgeschätzt.

FLIEGERBEKLEIDUNG DES TÜRKISCHEN REICHES
Ein türkischer Flieger trug eine Lederjacke,
darunter Hosen mit Gamaschen und Schnürschuhe.

BRITISCHER MANTEL MIT FELLHANDSCHUHEN
An dem langen Ledermantel mit Brusttasche
für Karten konnte man die RFC-Flieger erkennen.

ÖSTERREICHISCH-UNGARISCHE JACKE UND HELM
Die Jacken und Schutzhelme ähnelten denen
einiger französischer und italienischer Piloten.

DEUTSCHER FLIEGERANZUG MIT FELLSTIEFELN
Fellgefütterte, weiche Stiefel, Fernglas
und Pistole vervollständigen diesen Overall.

2

Die Jagd nach dem „Blauen Max"

Am Boden hatten sich die kriegführenden Nationen festgefahren, und es drohte ein mörderischer Zermürbungskrieg. Der Himmel schien 1915 zum erstenmal eine Möglichkeit zu bieten, das Blatt zu wenden. Da das Vertrauen der Militärs in die Flieger wuchs, wurden sie nicht mehr nur sporadisch eingesetzt, sondern erhielten nunmehr regelmäßige Aufträge für Aufklärungs- und Artilleriebeobachtungsflüge. Offiziere, die die Bedeutung der Luftmacht erkannt hatten, traten hervor, und eine neue Generation von Flugzeugen, die zwar immer noch unvollkommen, aber schon speziell für den Luftkampf entworfen worden waren, fand ihren Einsatz an der Westfront.

Am auffälligsten war, daß die Flugzeuge mit besseren Waffen ausgerüstet waren, die hauptsächlich den Zweck hatten, den Gegner aus dem Luftraum zu vertreiben. Am Ende des ersten Kriegsjahres hatte das Maschinengewehr endgültig Karabiner und Ziegelstein ersetzt. Die Franzosen, die viele Pioniere der Luftfahrt stellten, entdeckten eine Möglichkeit, wie man Maschinengewehrgeschosse durch einen rotierenden Propeller lenken konnte – und die Deutschen verbesserten das System. Für eine Zeitlang wurden deutsche Flugzeuge zu einer Geißel in der Luft.

Die Flieger fanden den raschen Anstieg ihrer Bedeutung und Schlagkraft aufregend und gefährlich zugleich. Selbst die Fähigsten unter ihnen hatten noch Schwierigkeiten, mit den unhandlichen Waffen und unberechenbaren Flugmaschinen sowohl älteren als auch neueren Baujahrs richtig umzugehen, und auch ihre Umgebung wurde von Woche zu Woche gefährlicher.

Für die Flieger lief das Jahr langsam an. Der Winter 1915 war der schlimmste seit Jahren, und nur wenige alliierte oder deutsche Flieger waren in der Lage, sich in den bitterkalten Schneestürmen über längere Zeit in der Luft zu halten. Ein junger britischer Beobachter beschrieb Sturmböen im nördlichen Frankreich, die so heftig waren, daß „wir bei unseren Versuchen, direkt gegen den Wind zu fliegen, in der Luft stehenblieben". Ein einziger Sturm zerstörte 30 Flugzeuge des Royal Flying Corps am Boden. Georges Guynemer, der nach seiner Mechanikerlehre zur Fliegerausbildung zugelassen wurde, meldete sich voll Tatendrang bei seiner neuen Einheit auf dem französischen Flugplatz in Pau – und bekam zunächst einmal eine Schneeschaufel in die Hand gedrückt.

Aber bald sollte besseres Wetter für genügend Einsatzmöglichkeiten sorgen. Die Männer lernten zusammen mit ihren Kameraden und dem für sie so wichtigen Bodenpersonal, als Team ihre Flugzeuge zu warten. Aus dem manchmal komischen, manchmal tödlichen Durcheinander traten mit der Zeit Flieger hervor, die durch ihre Abschußerfolge zu gefeierten Helden ihrer Nation wurden – Erfolge, die dringend gebraucht und bald von allen kriegführenden Staaten angestrebt wurden. Aber erst einmal mußten die zukünftigen Helden sehr viel lernen.

Die bekannteste und begehrteste militärische Auszeichnung, die Preußen – der größte Teilstaat des Deutschen Reiches – verlieh, war der Pour le mérite, volkstümlich auch als „Blauer Max" bekannt; er wurde im Laufe des Krieges an 81 Flieger verliehen. Das gekrönte „F" steht für Friedrich den Großen, der den Orden 1740 als allgemeinen Verdienstorden stiftete; die Beschriftung ist in Französisch, das in jener Zeit an allen europäischen Höfen gesprochen wurde.

Mehr als ein Flieger entwickelte eine Haßliebe zu seinem Flugzeug. Es waren unsichere, primitive Flugapparate. Und obwohl sie in der damaligen Zeit wie Wunder schienen (was sie im Grunde genommen auch waren), bereitete es Schwierigkeiten, sie zu starten und zu fliegen; jedes Manöver war mit Gefahren verbunden.

Die Luftfahrt steckte noch in den Kinderschuhen, die Piloten waren unerfahren, und so blieben Schwierigkeiten nicht aus. Zu einfachsten Arbeiten benötigte man oft vier Hände. Die Maschine anzuwerfen erforderte zum Beispiel ein trickreiches Vorgehen, bei dem Pilot und Mechaniker exakt Hand in Hand arbeiten mußten.

Zuerst pumpte der Pilot bei ausgeschalteter Zündung und offenen Luft- und Benzineinlaßventilen von Hand Luft in den Benzintank; dann schloß er langsam das Luftventil. Gleichzeitig warf der Mechaniker von Hand den Propeller an. Wenn der Mechaniker, der dem Motor am nächsten stand, sehen konnte, daß die Kolben genügend Benzin angesaugt hatten, rief er „Kontakt", und der Pilot schaltete die Zündung ein. Der Mechaniker gab dem Propeller einen letzten Schwung und sprang blitzschnell zurück. Falls alles nach Plan verlaufen war, hustete der Motor und startete.

In der Luft war der Pilot ganz auf sich gestellt, und für einen blutigen Anfänger in einem Flugzeug des Jahrgangs 1915 konnte dies eine schreckliche Erfahrung werden. Der amerikanische Freiwillige Victor Chapman, der von der Fremdenlegion zur französischen Fliegertruppe übergewechselt war, beschrieb einen seiner ersten Starts in einer steifen Brise: „Die Maschine hob fast sofort vom Boden ab, und ich mußte nach unten drücken, um nicht vom Kurs abzukommen. Dann begann sie zu bocken, sich zu schütteln und zu winden. Sie kippte erst nach rechts weg, dann nach links, fiel ein Stück in die Tiefe und versuchte sich auf den Schwanz zu stellen. Der Erdboden, ein oder zwei zerzauste Bäume schienen äußerst nah und bedrohlich." Es versteht sich, daß Chapman seine Maschine wieder unter Kontrolle bekam.

Der Pilot durfte – Bäume hin, Bäume her – nicht zu früh nach dem Starten eine Kurve fliegen, da sonst das Flugzeug an Geschwindigkeit verlor, der Motor aussetzte und es abstürzte. Ein Flugzeug mit einem Rotationsmotor neigte wegen der entstehenden Fliehkraft dazu, bei einer Rechtskurve die Nase nach unten und bei einer Linkskurve die Nase nach oben zu drehen – was Rechtskurven in Bodennähe besonders gefährlich machte. Zog der Pilot das entgegengesetzte Ruder nicht stark genug an, konnte das Flugzeug abstürzen.

War der Pilot endlich in der Luft, stellten sich ihm andere Widrigkeiten in den Weg, die mitunter bloß ärgerlich waren, mitunter durchaus auch tödlich sein konnten. Da gab es den Übelkeit verursachenden Rauch von verbranntem Schmieröl. Die dichten Benzindämpfe konnten zur Ohnmacht führen, wenn man nicht gelegentlich den vom Propeller verursachten Luftstrom einatmete. Aus undichten Stellen im Treibstoffsystem konnte Benzin auf den heißen Motor tropfen. „Feuer", sagte der Pilot eines Zweisitzers, „war unser dritter Passagier."

Vielen jungen Fliegern gelang es nicht, die Schwierigkeiten zu meistern. Fast die Hälfte aller Todesfälle war weiterhin auf Unglücksfälle zurückzuführen, die sich außerhalb von Kämpfen ereigneten. Die Logbucheintragungen einer belgischen Fliegereinheit lesen sich wie eine Litanei von Unfällen: „Piret rutschte seitlich ab", „de Cattilon überschlug sich", „Vergult machte Bruch", „Adrien Richard schmierte ab".

Max Immelmann, der hier in ordengeschmückter Uniform zusammen mit seinem Hund Tyras im Jahre 1916 für ein Photo posierte, war eines der ersten Asse unter den deutschen Fliegern. Neben dem Pour le mérite erhielt er eine Reihe anderer hoher Auszeichnungen.

Als Folge der rettenden Aufklärungstätigkeit an der Marne stellte General Joffre, der die Flieger jetzt mehr achtete, einen erfahrenen Piloten an die Spitze der französischen Fliegertruppe, Major Edouard Barès. Barès hatte zum erstenmal im Balkankrieg 1912 bis 1913 einen Luftkampf erlebt. Es zeigte sich rasch, daß er ein fähiger Führer war. Er stellte die Aufklärungsflieger unter sein Kommando, faßte die französische Bildaufklärung in einer eigenen Einheit zusammen, ließ in der französischen Armee nach Mechanikern forschen und teilte das Militärflugwesen in drei Spezialgruppen auf: in Gruppen für Bombenangriffe, für Luftkampf und Aufklärung sowie für Artilleriefeuerleitung. Jede Gruppe war in Staffeln von drei bis sechs Flugzeugen unterteilt.

Barès sorgte auch dafür, daß bessere Flugzeuge an die Front geliefert wurden. Die ältesten Voisins, von denen ein Pilot behauptete, sie seien „eine Art Alptraum, in dem ein behäbiges Himmelbett zu fliegen beginnt", wurden durch neue Modelle ersetzt. Die Henry Farmans, die die Heckmotoren genau hinter dem Benzintank hatten, wurden außer Dienst gestellt – sehr zum Bedauern zumindest von einem deutschen Flieger, der mit Genugtuung bemerkt hatte: „Sie fangen so schön leicht Feuer." Eine wachsende Zahl robuster doppelmotoriger Caudrons erschien. Sie sahen zwar häßlich aus, waren aber lufttauglich genug, um bis 1917 eingesetzt zu werden – trotz der Klagen eines jungen Piloten, der sich beschwerte, das frühe Modell hätte „den Gleitwinkel eines Ziegelsteins". (Dies sollte die Standardklage über unbeliebte Flugzeuge werden.) Bald darauf folgte ein neuer Zweisitzer, die Nieuport 10, und der Hersteller experimentierte schon mit ihrer Nachfolgerin, der Nieuport 11 „Bébé", einem wendigen, kleinen einsitzigen Doppeldecker. Auf die obere Tragfläche konnte ein Maschinengewehr montiert werden, das über den Propeller nach vorn feuerte.

Major Barès hatte Hotchkiss-Maschinengewehre bestellt, und bis Februar 1915 hatte er ungefähr 50 Stück erhalten, viel zu wenig, um damit die 390 entlang der Front verteilten französischen Flugzeuge auszurüsten. Aber es waren genug, um den Deutschen einen gehörigen Schrecken einzujagen. Wie bei jeder neu auftauchenden Waffe wurde vermutet, sie sei bereits überall im Einsatz. Im Juni schrieb der junge deutsche Pilot Max Immelmann nach Hause, daß es „unmöglich war, über die Linie zu fliegen", weil die Franzosen so gut bewaffnet waren. Über einen Einsatz schrieb er: „Plötzlich hörte ich das bekannte Tack-tack-tack-tack des Maschinengewehrs. Rechts sah ich in der Tragfläche kleine Löcher entstehen. Es war ein abscheuliches Gefühl, warten zu müssen, bis man vielleicht getroffen wird, ohne selbst schießen zu können."

Die Deutschen flogen – wie auch die meisten Alliierten – immer noch unbewaffnet, wenn man von den Pistolen und Karabinern absieht. Am 5. Februar griff der Franzose Adolphe Pégoud, schon aus der Zeit vor dem Krieg als verwegener Pilot bekannt, zwei deutsche Flugzeuge dicht über den Schützengräben an. Mit atemberaubenden Manövern hielt er seine Morane Parasol so nahe an den deutschen Flugzeugen, daß sein Beobachter beide mit sechs Gewehrschüssen erledigen konnte.

Zu Beginn des Frühjahrs erlaubten die Engländer offiziell die Montage von Lewis-Maschinengewehren auf Doppelcockpit-Flugzeuge hinter dem Beobachtersitz. Aber noch gab es keine Bordschützen im Royal Flying Corps. Leutnant Sholto Douglas, der später in einem anderen Krieg alle Jagdflieger Großbritanniens befehligen sollte, beschrieb seinen ersten Versuch, ein anderes Flugzeug zu treffen: „Mit dem Rücken zur

Angehörige der Besatzung ziehen ein italienisches Luftschiff aus dem Hangar. Unter der Gondel ist eine Vielzahl von Kameras angebracht.

Ein „Krieg der Linsen"

Für die Luftbeobachtung war die Kamera schon bald von so großer Bedeutung, daß ein zeitgenössischer Schriftsteller den Ersten Weltkrieg „einen Krieg der Linsen" nannte. Auf den von Flugzeugen, Ballons und Luftschiffen aus aufgenommenen und in Feldbildstellen entwickelten Photos konnte man die feindlichen Stellungen und Bewegungen bis in kleinste Einzelheiten erkennen. Eine aus 4000 Meter Höhe gemachte Aufnahme ließ sich so stark vergrößern, daß man sogar noch die Fußspuren der Infanteristen identifizieren konnte.

Spezialisten klebten die Bilder aneinander, und es entstanden so Mosaikkarten von einzelnen Frontbereichen, die wiederum zu einer riesigen Gesamtkarte von der Westfront zusammengesetzt wurden.

Ein britischer Techniker überprüft eine Kamera, die neben dem Bug einer F.E.2b befestigt ist.

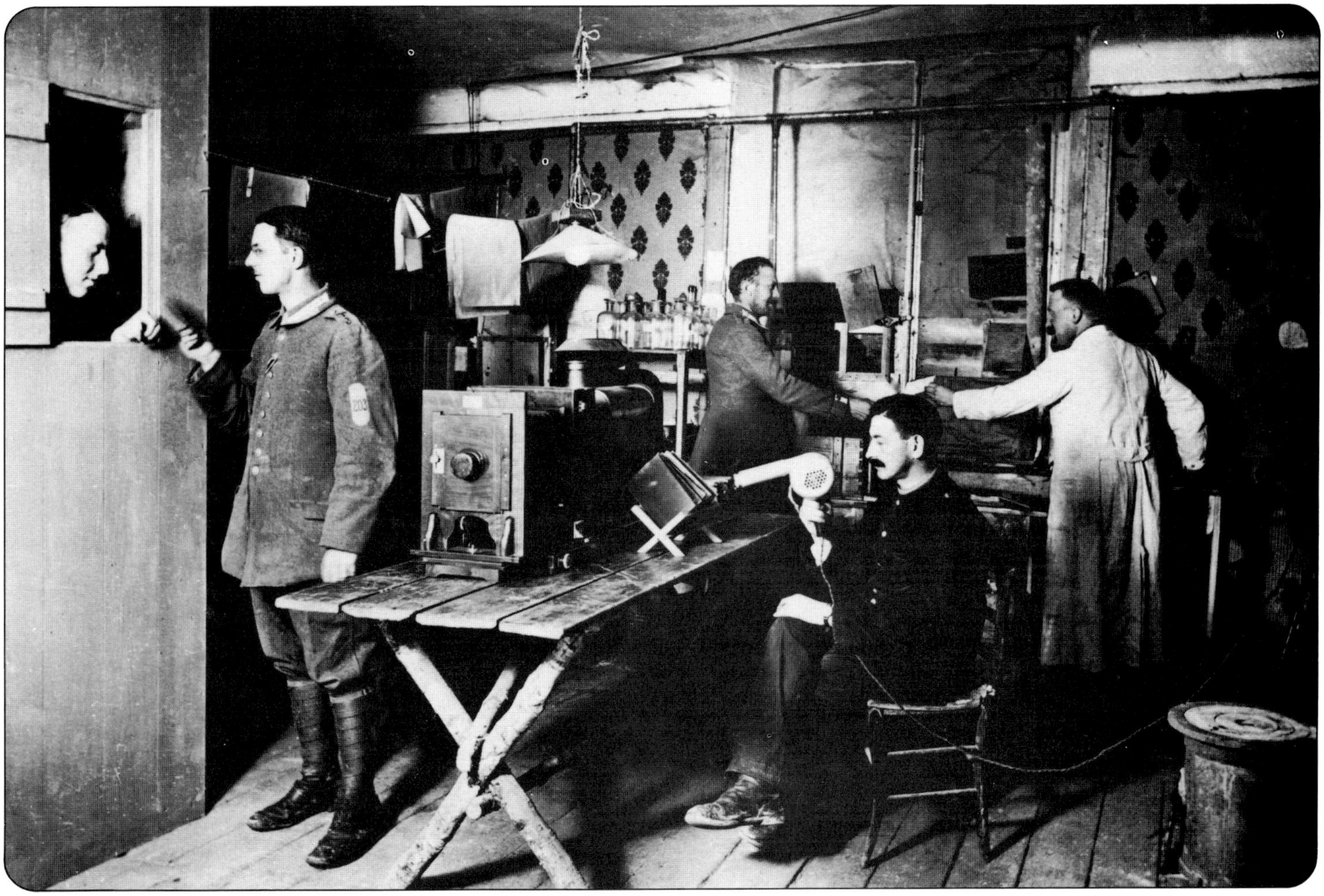

In einer deutschen Feldbildstelle benutzt ein Techniker einen Fön, um Glasnegative zu trocknen, die in der Dunkelkammer links entwickelt worden sind.

Aus einer Vielzahl von Einzelbildern, die er zunächst in der richtigen Anordnung mit Markierungsnadeln auf seinen Schreibtisch geheftet hat, stellt ein Bildauswerter eine Lichtbildkarte her (links). Oben studiert der Kanadier Frederick McCall eine Luftaufnahme, bevor er einen Einsatz fliegt. In den letzten zwei Jahren des Krieges machten allein die Engländer mehr als 500 000 Aufklärungsphotos.

Flugrichtung begann ich zu feuern … aber der Feind wandte sich ganz
unbehelligt ab und flog davon." Dies Erlebnis war typisch. Viele Flieger
hatten noch nie zuvor ein Maschinengewehr bedient.

Die Waffen selbst waren unhandliche Geräte. Die ersten Maschinenge-
wehrhalterungen bestanden aus einfachen Stahlrohren, die an der Seite des
Cockpits angebracht waren. Es konnte geschehen, daß sich das Gewehr
mitten im Kampf aus der Halterung löste und über Bord fiel. Bei den ersten
Gewehren konnte das Trommelmagazin höchstens 50 Schuß Munition
aufnehmen und war schon nach ein, zwei kurzen Salven leergeschossen.
Das Nachladen in einem bockenden, schwankenden Flugzeug gestaltete
sich selbst für einen Beobachter mit seinen dicken Fliegerhandschuhen oder
mit bloßen, klammen Fingern schwer genug; für einen Alleinflieger
erforderte es akrobatisches Können. Während der Pilot, den Steuerknüppel
zwischen die Beine geklemmt, nach der Trommel griff, sie abnahm und
durch eine neue ersetzte, versuchte während der ganzen Zeit der Feind, ihn
abzuschießen beziehungsweise ihm zu entkommen.

Eines der furchterregendsten Abenteuer, das ein Flieger je unversehrt
überlebte, widerfuhr Louis Strange vom RFC, als er während eines
Luftkampfs über Belgien nachzuladen versuchte. Den Knüppel zwischen
den Knien haltend, wollte er eine leere, unhandliche Trommel auswechseln.
Als er sich gerade in seinem Sitz aufzurichten versuchte, um besser zufassen
zu können, setzte – wie Strange später darstellte – plötzlich der Motor aus,
und das Flugzeug fing an zu trudeln. Strange wurde aus dem Cockpit
geschleudert, konnte sich aber noch mit beiden Händen an der Trommel
seines Lewis-Maschinengewehrs festhalten. „Wenige Sekunden zuvor hatte
ich noch geflucht, daß ich die Trommel nicht loskriegte", schrieb er, „jetzt
betete ich inbrünstig, sie möge ewig festsitzen."

Sein Kinn krachte gegen die obere Tragfläche, während seine Beine frei
in der Luft pendelten. „Es dämmerte mir", fuhr er fort, „daß meine einzige
Chance, die Maschine wieder auszurichten, darin bestand, meine Füße
wieder ins Cockpit zu bekommen. Ich schwang mich hoch und strampelte,
bis ich erst mit dem einen und dann auch mit dem anderen Fuß im Cockpit
war. Irgendwie kriegte ich den Knüppel zwischen meine Beine, und ich riß
das Seitenruder und das Höhensteuer herum. Die Maschine drehte sich
wieder auf die richtige Seite, und ich knallte zurück in meinen Sitz."

Das Können wuchs ebenso wie die Zahl der alliierten Schützen, und die
Deutschen wurden immer besorgter. Der Winter war schon halb vorüber,
und die Deutschen hatten immer noch keinen bestätigten Abschuß
gemeldet, wenngleich ein Pilot den Anspruch erhob, wenigstens ein
Flugzeug abgeschossen zu haben. Sobald die alliierten Flugzeuge auftauchten, war nach Meinung des jungen Immelmann „Ausreißen immer noch die
beste Verteidigung". Die deutschen Bodentruppen sahen daher nur selten
ein eigenes Flugzeug. Die Männer an der Front begannen zu klagen, daß es
zum einen keine Artilleriefeuerleitung und Feindaufklärung gab und daß
zum anderen alliierte Flieger viel zu häufig auftauchten – meistens am
Spätnachmittag, wenn der blendende Schein der untergehenden Sonne die
aus Westen kommenden Flugzeuge so schwer erkennbar machte.

Während der deutschen Infanterieangriffe bei Soissons und der
Offensiven der Alliierten in der Champagne und bei Neuve-Chapelle im
Frühjahr 1915 erhielten die Deutschen so gut wie keine Informationen oder
andere Unterstützung von ihren Flugzeugen. Alliierten Flugzeugen gelang
eine erstklassige Luftaufklärung, was jetzt, da die Kontrahenten in einem

äußerst komplizierten Gewirr von Schützengräben festsaßen, zu einem lebenswichtigen Faktor wurde. Bei Neuve-Chapelle verschafften systematische Flüge den englischen Generälen einen noch nie dagewesenen Einblick in jede Einzelheit der deutschen Stellungen in einer Tiefe von 600 bis 1400 Metern entlang der gesamten Front. Nachdem alliierte Flugzeuge den Eisenbahnknotenpunkt Kortrijk im deutsch besetzten Belgien photographiert hatten, wurden durch drei Bomben 75 Menschen getötet und der gesamte Eisenbahnverkehr für drei Tage lahmgelegt. Entlang der gesamten Front flogen alliierte Aufklärungsflugzeuge vor einem Infanterieangriff knapp über die Schützengräben, um zu sehen, ob ihre Artillerie den deutschen Stacheldraht schon zerrissen hatte. Ein britischer Pilot, Lanoe Hawker, fand einen gefährlichen, aber effektiven Weg, getarnte feindliche Geschütze zu entdecken: „Ich fliege sehr tief und lenke ihr Feuer auf mich", sagte er, „dann trage ich das auf der Karte ein." Bei einem dieser Flüge hinterließen die feindlichen Geschoßgarben 50 Einschußlöcher in seinem Flugzeug, und eines dieser Geschosse traf sein Bein.

Obwohl die alliierten Flieger zu dieser Zeit wenig von den deutschen Fliegern zu fürchten hatten, machte ihnen das unablässige Granatfeuer der

Der Franzose Roland Garros, der erste Flieger, der durch Schüsse durch den sich drehenden Propeller einen Luftsieg erzielte, steht über der durch Drahtzüge verstärkten Tragfläche eines Morane-Saulnier-Vorkriegsmodells. 1915 geriet Garros in Gefangenschaft, aus der er jedoch fliehen konnte. Den Krieg hat er dennoch nicht überlebt, er fiel im späteren Verlauf der Kämpfe.

deutschen Flugabwehr große Sorgen. „Ich beobachte, daß die Nerven einiger Leute nicht mehr so stark sind wie früher", schrieb ein Mitglied des RFC in sein Tagebuch, „und ich bin sicher, dafür ist Archie verantwortlich." („Archie" war die Spottbezeichnung für das deutsche Flakfeuer.) Selbst der unerschrockene Hawker berichtete ziemlich verärgert: „Offensichtlich macht es den Leuten in den Schützengräben großes Vergnügen zuzusehen, wenn unsere Flugzeuge beschossen werden, etliche schließen sogar Wetten darüber ab." Durch eine Granatexplosion in seiner unmittelbaren Nähe zog sich Hawker eine Gehirnerschütterung und zwei Wochen andauernde Kopfschmerzen zu. Die deutschen Schützen wären erfreut gewesen zu hören, daß sie so durchschlagenden Erfolg hatten. Nach ihren eigenen Berichten schätzten sie, daß knapp die Häfte ihrer Flugabwehrgranaten explodierten und sie 30 von den anvisierten 600 Zielobjekten trafen.

Die Deutschen hatten nicht nur schlechtere Waffen, sie waren auch mit ihren 230 Frontflugzeugen – gegenüber 500 Flugzeugen der Alliierten – im Hintertreffen. Am 1. April 1915 verschlimmerte sich die Lage noch. An jenem Tag erzielte Adolphe Pégoud seinen dritten Sieg, mehr als je zuvor ein Pilot erreicht hatte, während Jean Navarre, wenig später einer von Frankreichs berühmtesten Fliegerhelden, seinen ersten errang; und von einem Flugplatz in der Nähe von Dünkirchen aus startete der französische Leutnant Roland Garros mit seinem Flugzeug, das eine Zeitlang zur gefürchtetsten Waffe am Himmel werden sollte.

Vor dem Krieg war Garros auf internationalen Flugtagen sehr bewundert worden, er hielt den Höhenrekord von über 5000 Metern und hatte 1913 als erster das Mittelmeer überflogen. Aber seine ersten Bemühungen als Jagdflieger hatten ihm nichts eingebracht. „Ich war in der Lage, meinen Gegner auszumanövrieren", schrieb Garros, „aber es gelang meinem Beobachter nicht, ihn mit dem leichten Maschinengewehr, dem Karabiner oder der Schrotflinte, die wir mitführten, abzuschießen."

Während eines Aufenthalts in Paris berichtete Garros dem Flugzeug-konstrukteur Raymond Saulnier von seinem Ärger. Im April 1914 hatte Saulnier das Patent für ein Unterbrechergetriebe angemeldet, das zumindest theoretisch ermöglichte, ein Maschinengewehr genau durch die sich drehenden Propellerblätter abzufeuern. Der Entwurf war gut durchdacht. Unglücklicherweise neigte das zur Verfügung stehende Hotchkiss-Maschinengewehr dazu, unregelmäßig zu feuern, und seine Munition verursachte einen hohen Prozentsatz an Nachbrennern. Keine Vorrichtung konnte diese Unzuverlässigkeit und damit die Beschädigung des hölzernen Propellers verhindern. Aber Saulnier zeigte Garros noch eine andere Erfindung: eine stählerne Ablenkplatte, die den Propeller vor Kugeln schützen würde. Neugierig geworden, begannen Garros und ein weiterer Freund, der Meistermechaniker Jules Hue, den Abweiser zu testen. Sie schraubten ein Gewehr und einen Motor auf ein aus dem Dienst gezogenes Flugzeug. „Ich startete den Motor", schrieb Hue. „Garros schoß ... und alles brach auseinander. Der Motor fiel auf den Boden, ein Blatt der Luftschraube hatte sich losgerissen, der Rumpf zerbrach hinter dem Cockpit. Was war der Grund? Eine der Schrauben, die den Abweiser hielten, war zerbrochen."

Daraufhin entwarf Hue eine bessere Verschraubung und stellte windschnittigere Abweiser her: keilförmige, mit abflußähnlichen Rinnen für die Geschosse. Im März kehrte Garros zum Flugplatz St. Pol bei Dünkirchen mit einem Hotchkiss-Maschinengewehr auf einem festen Gestell hinter dem

Einfache Waffen
mit tödlicher Wirkung

Schon bald fand das Waffenarsenal des Erdkampfes auch im Luftkrieg Verwendung. Zunächst benutzten die Piloten Pistolen, Gewehre und Schrotflinten, um aufeinander zu schießen. Manchmal warfen sie behelfsmäßig zu Bomben umgebaute Artilleriegranaten von oben auf den Feind; und es kam auch vor, daß ein Flieger ein an seinem Flugzeug befestigtes Kabel hinter sich herzog – in der Hoffnung, daß es sich im Propeller des Gegners verfangen würde.

Für einen Luftangriff auf Infanterie und Kavallerie verwendeten die Franzosen häufig bleistiftgroße Stahlpfeile, die sogenannten *fléchettes (rechts)*. Die nadelscharfen Geschosse wurden in Kanistern unter dem Rumpf mitgeführt und mit Hilfe eines Abzugs im Cockpit ausgeklinkt. Ein aus einer Höhe von 1500 Metern abgeworfener Fliegerpfeil konnte den Körper eines Pferdes vollständig durchdringen.

Da die Treffsicherheit dieser einfachen Waffen jedoch sehr gering war, wurden sie bald von wirksameren abgelöst.

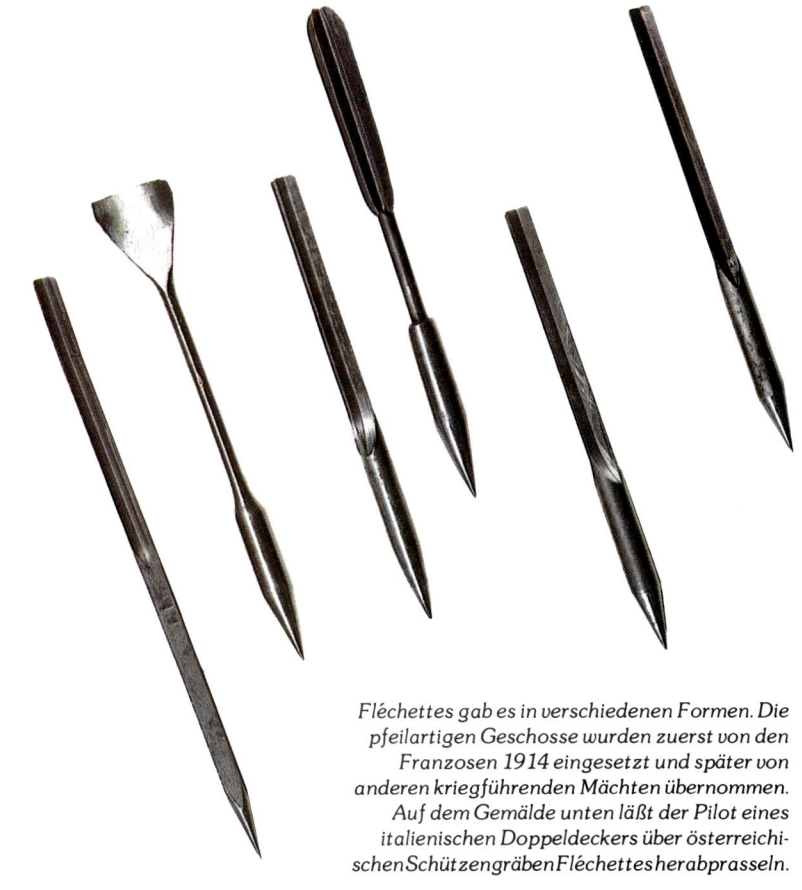

Fléchettes gab es in verschiedenen Formen. Die pfeilartigen Geschosse wurden zuerst von den Franzosen 1914 eingesetzt und später von anderen kriegführenden Mächten übernommen. Auf dem Gemälde unten läßt der Pilot eines italienischen Doppeldeckers über österreichischen Schützengräben Fléchettes herabprasseln.

Ein Arsenal schnellfeuernder Gewehre

In der Luft wie auf dem Boden wurde das Maschinengewehr die tödlichste Waffe des Krieges. Rechts sind fünf der in Flugzeugen am häufigsten eingebauten Maschinengewehre abgebildet.

Das leichte, zuverlässige .303-Kaliber-Maschinengewehr wurde von einem Amerikaner entwickelt, aber hauptsächlich in Großbritannien produziert. Das Hotchkiss-Maschinengewehr, dessen Munition sich wahlweise in einem Gurt oder in einer 25-Schuß-Trommel befand, war zu Beginn des Krieges eine vielseitig verwendete Waffe. Da sich jedoch das Nachladen als sehr schwierig erwies, blieb es später der Infanterie in den Schützengräben vorbehalten.

Das beste Maschinengewehr der Alliierten war das Vickers. Es feuerte 800 Schuß in der Minute. An eine hydraulische Synchronisationsvorrichtung der Marke Constantinesco angeschlossen, wurde es die wirkungsvollste Waffe im Luftkampf.

Das deutsche LMG. 08/15, das nach dem Sitz des Herstellers gewöhnlich Spandau genannt wurde, war Bestandteil von Fokkers erster Synchronisationsvorrichtung und das am meisten verwendete starre, ausschließlich nach vorn feuernde Maschinengewehr der deutschen Jagdflieger.

Das luftgekühlte Parabellum, eine vom Hersteller gewählte Bezeichnung, eignete sich in erster Linie für den Beobachter in einem Zweisitzer, der es mit Hilfe einer beweglichen Lafette bediente.

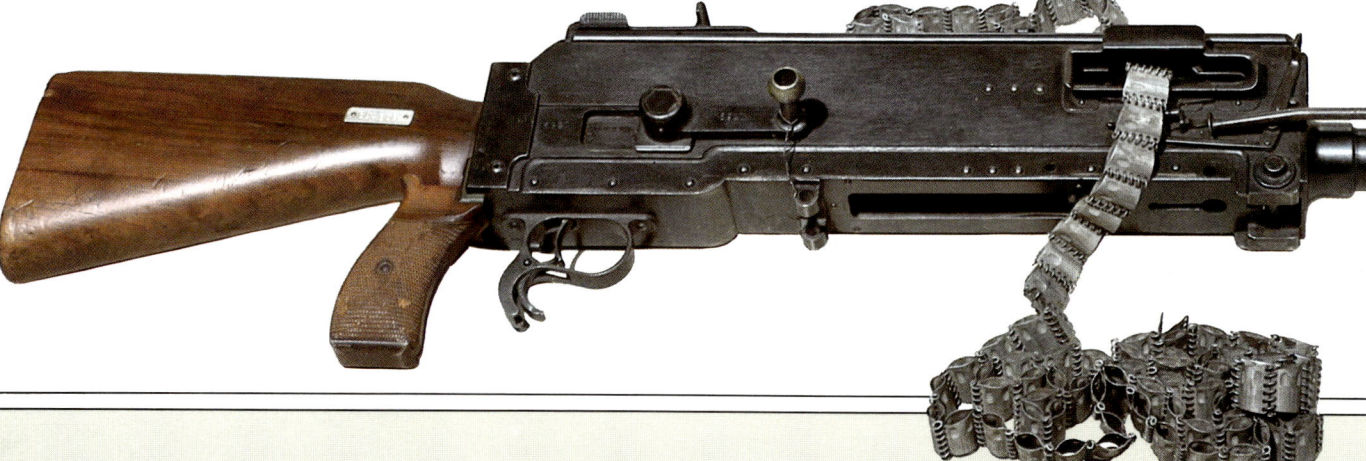

LEWIS .303 (BELGIEN, GROSSBRITANNIEN, USA)

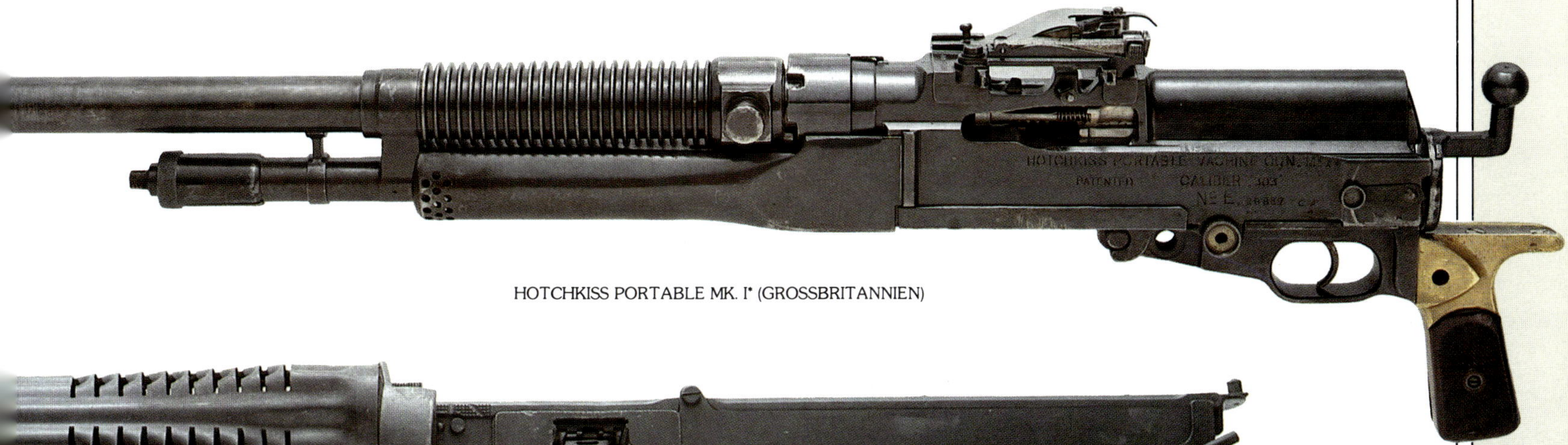

HOTCHKISS PORTABLE MK. I* (GROSSBRITANNIEN)

VICKERS MODELL 1918 (GROSSBRITANNIEN)

LMG. 08/15 SPANDAU (DEUTSCHLAND)

PARABELLUM MG. 13 (DEUTSCHLAND)

geschützten Propeller eines Morane-Saulnier-Eindeckers zurück, und am 1. April startete er in Richtung der deutschen Linien.

Sein offizieller Auftrag lautete, die Eisenbahnstation in der Nähe von Ostende zu bombardieren. Unterwegs begegnete ihm eine deutsche Albatros, die nach einer Woche schlechten Wetters die alliierten Schützengräben auskundschaften sollte. Garros schraubte sich hoch und hielt auf das deutsche Flugzeug zu. Hinter seinem Propeller blitzte es rot auf; ein dünner Rauchfaden wand sich empor, und es ertönte das laute Knattern eines Maschinengewehrs. Die überraschten Deutschen schossen mit einem Karabiner zurück, konnten aber damit nichts ausrichten. Wütend lud Garros nach, bis beim dritten Gurt „eine riesige Flamme aus dem deutschen Motor schoß und sich sofort ausbreitete". Die Albatros taumelte in einer großen Spirale zu Boden und zerschellte. „Ich starrte lange nach unten", schrieb Garros später, „um mich zu überzeugen, daß dies kein Alptraum war."

Noch nie vorher hatte jemand wie mit einer Waffe mit seinem ganzen Flugzeug den Feind so direkt angegriffen und ihn durch Schüsse durch den Propeller überwältigt. Es mochte stimmen, daß die Ablenkvorrichtung noch recht unvollkommen war, aber sie hatte funktioniert, und die Bedeutung für die Zukunft war nicht abzuschätzen. Am 15. April schoß Garros einen zweiten Deutschen ab, indem er wieder durch seinen geschützten Propeller feuerte. Am 18. April zerstörte er den dritten, was ihn auf den zweiten Rang hinter Pégoud brachte, der bis dahin fünf Abschüsse erzielt hatte.

Aber später an dem Tag stach Garros sich selbst aus. Am Nachmittag startete er wieder von Dünkirchen und flog so tief über die feindlichen Linien, daß ein vom Boden abgefeuertes Geschoß eine Benzinleitung traf und sie durchschlug. Nach der Notlandung versuchte er, sein Flugzeug in Brand zu setzen. Aber die Zeit reichte nicht. Deutsche Truppen nahmen Garros gefangen und erbeuteten das unversehrte Flugzeug.

Die Deutschen waren froh, daß sie nun die Gelegenheit hatten, das Rätsel des Flugzeugs zu lösen, das drei ihrer eigenen in weniger als drei Wochen zerstört hatte. Ironischerweise verfügten die Deutschen schon über das notwendige technische Wissen, wie das Schießen durch den Propeller verbessert werden konnte. Franz Schneider, ein Schweizer Ingenieur, der in Berlin arbeitete, hatte sein Patent für ein Synchronisationsgetriebe sogar früher als Saulnier eingereicht; und im Gegensatz zu den Franzosen verfügten die Deutschen über das luftgekühlte Parabellum-Maschinengewehr, das zuverlässig genug war, um es an den Unterbrecher der Schußfolge anzuschließen. Aber Schneider hatte keine Maschinengewehre zum Experimentieren erhalten. Statt dessen erteilten die deutschen Verantwortlichen – nun, da sie Garros und sein Flugzeug in der Hand hatten – einem anderen Ingenieur den Auftrag, das französische Gerät nachzubauen. In der Zwischenzeit beherrschten die alliierten Flieger weiterhin den Himmel.

Französische Flieger, die mit Ablenkungsvorrichtungen ausgestattete Moranes benutzten, flogen hinter die deutschen Linien und schossen veraltete Albatrosse und schwerfällige L.V.G.'s ab, deren wassergekühlte Motoren Dampf und kochendes Wasser spuckten, wenn sie getroffen wurden. Ende Mai warfen 17 französische Bomber im Morgengrauen 87 Bomben auf die Giftgasfabrik bei Ludwigshafen als Vergeltung für die erste Anwendung dieser entsetzlichen Waffe durch die Deutschen bei einem Angriff auf Ypern einige Wochen zuvor.

Während eines britischen Angriffs auf Kortrijk am 26. April erwarb sich Leutnant W. B. Rhodes-Moorhouse Verdienste, die ihm das erste

IT IS FAR BETTER TO FACE THE BULLETS THAN TO BE KILLED AT HOME BY A BOMB

JOIN THE ARMY AT ONCE & HELP TO STOP AN AIR RAID

GOD SAVE THE KING

Die erste deutsche Bombe, die auf London niederging, war eine Brandbombe, die am 31. Mai 1915 von einem Zeppelin abgeworfen wurde. Obwohl sie ein Haus durchschlug und zwei Räume in Brand setzte, blieb ihre Hülse vollständig erhalten (ganz oben). Die von den lenkbaren Luftschiffen verursachten Verluste hielten sich in Grenzen; die fast geräuschlos auftauchenden riesigen Bombenschiffe verbreiteten aber einen so großen Schrecken, daß die britischen Militärbehörden glaubten, die Panik unter der Bevölkerung für die Anwerbung von Soldaten nutzen zu können (oben).

Viktoriakreuz einbrachten, das je einem Flieger verliehen wurde. Trotz feindlichen Feuers, das ihm den Oberschenkel und Bauch aufriß und eine Hand streifte, ging er im Tiefflug über das Zielobjekt hinweg, um eine Bombe abzuwerfen. Gegen Schwindel und Blutverlust kämpfend, erreichte er seinen Flugplatz. Bevor er in Ohnmacht fiel und schließlich seinen schweren Verletzungen erlag, gab er noch einen Bericht ab.

Bald darauf wurden zwei weitere Flieger mit dem Viktoriakreuz ausgezeichnet. Als Teil des ersten strategischen Bombenangriffs der Kriegsgeschichte schickten die Deutschen Ende Mai Zeppeline aus, um die britische Hauptstadt anzugreifen. Obwohl die großen Luftschiffe mehr mit dem Wind als mit der Flugabwehr zu kämpfen hatten und zunächst wenig Schaden anrichteten, flößten sie den Engländern große Angst ein.

In der Nacht zum 7. Juni erhielt die britische Seestaffel der Royal Naval Air Service (RNAS), die bei Dünkirchen Dienst tat, Luftschiffwarnung. Leutnant Reginald Alexander John Warneford startete, um den feindlichen Luftschiffen den Weg abzuschneiden, und stieß über Belgien auf den LZ 37 auf dem Weg nach London. Warneford stieg auf 50 Meter über das Luftschiff und warf seine gesamte Bombenladung ab. Die Explosion verwandelte den Zeppelin in einen riesigen Flammenball. Warneford wurde durch die Druckwelle 50 Meter hochgeschleudert und auf den Rücken gedreht, aber der junge Flieger gewann die Kontrolle über sein Flugzeug zurück, konnte sich selbst retten und noch einen Blick auf die Überreste des Luftschiffes werfen. „Hunderte zerborstener Teile taumelten brennend wie seltsame und schreckliche Fackeln langsam zur Erde." Zum erstenmal hatte ein Flugzeug ein Luftschiff vom Himmel geholt, und Warnefords Tat wurde als Kampf eines David gegen einen Goliath gewürdigt. (Einen Monat später kam Warneford beim Absturz während eines Testfluges ums Leben.)

Das andere Viktoriakreuz ging an Lanoe Hawker. Hawker war fast seit Beginn des Krieges Kampfflieger, und er fieberte nach einem Sieg. Sein Beobachter klagte, daß der ungeduldige Hawker zusätzlich zu den zwei beweglichen Maschinengewehren auf ihrer F.E.2b „die unangenehme Gewohnheit hatte, ein normales Gewehr mitzunehmen, das er abfeuerte, wenn er meinte, daß ich nicht erfolgreich genug war. Der Krach über meinem Kopf war ziemlich entnervend."

Dann, im Juni, schrieb Hawker erfreut in sein Tagebuch: „Ich habe ein wunderschönes kleines Spielzeug, eine neue Bristol Scout, die 130 Kilometer in der Stunde fliegt und 150 bis 200 Meter in der Minute steigt. Ich lasse ein Maschinengewehr aufmontieren." Hawkers MG wurde auf der linken Seite des Cockpits so auf eine Gabel gelegt, daß es in einem spitzen Winkel nach unten geneigt über das Cockpit herausragte und dadurch den Propeller verfehlte. Eine Woche später schrieb er: „Ich habe ein oder zwei Boches einen gehörigen Schrecken eingejagt, aber konnte sie bisher nicht außer Gefecht setzen, fürchte ich. Es ist ganz schön aufregend, im Sturzflug bei 200 Stundenkilometern ein Maschinengewehr abzufeuern!"

Am 25. Juli hatte Hawker jedoch das Glück auf seiner Seite. Etwa um 18 Uhr bemerkte er zwei deutsche Doppeldecker, beschoß beide aus einer Entfernung von 400 Metern und zwang sie zur Landung. Eine Stunde später erspähte er einen Zweisitzer, und diesmal pirschte er sich wie ein Jäger heran. Vorsichtig brachte er seine Bristol über den Deutschen, der ihn offensichtlich nicht gesehen hatte, und schob sich langsam in eine Position, die ihm den Angriff direkt aus der untergehenden Sonne heraus ermöglichte. Behutsam das Seitenruder bedienend, bis sich sein Flugzeug

wie ein Krebs seitwärts bewegte, hielt er dann geradewegs auf den ahnungslosen Deutschen zu, wobei er sein Maschinengewehr unverwandt auf ihn gerichtet hielt. Hawker feuerte so lange, bis ein Zusammenprall unausweichlich schien; dann löste er sich und drehte ab. Die deutsche Maschine bäumte sich auf und stürzte in einer tödlichen Spirale zu Boden. Nach seiner Rückkehr erhielt Hawker das erste Viktoriakreuz, das für „einen Sieg im Luftkampf" verliehen wurde.

Die Periode der Luftüberlegenheit der Alliierten sollte sehr plötzlich enden. Das deutsche Fliegerkommando hatte fieberhaft gearbeitet. Die Feldfliegerkräfte wurden unter einem besonders fähigen Offizier, Oberstleutnant Hermann von der Lieth-Thomsen, vereinigt, und mit einem seiner ersten Befehle ordnete er die Bewaffnung der Flugzeuge mit Parabellum-Maschinengewehren oder Mauser-Selbstladegewehren an. Die Waffen wurden auf einfache Schienen oder auf Ringgestelle montiert, die den Sitz des Beobachters umgaben. So hatte dieser ein weites Schußfeld und mußte das Gewehr nicht von einer Haltevorrichtung zur anderen tragen und kam auch nicht in Gefahr, über Bord zu fallen.

Zum Frühlingsende besaß Deutschland 74 Abteilungen zu je vier bis sechs Flugzeugen, das taktische Gegenstück zur französischen Staffel und der größeren britischen Staffel, die gewöhnlich aus zwölf Flugzeugen bestand. Deutschland unterhielt jetzt 17 Fliegerschulen, und junge Piloten mit mindestens 50 Flugstunden Erfahrung trafen in immer neuen Schüben an der Front ein. Vielleicht das Wichtigste aber war, daß sie einem sehr klugen und ehrgeizigen Niederländer, der schon vor dem Krieg nach Deutschland gekommen war, die Aufgabe übertragen hatten, das Garros-Saulnier-Maschinengewehr nachzubauen und wenn möglich noch zu verbessern. Anthony Fokker war einer der faszinierendsten und umstrittensten jungen Männer in der Luftfahrt. Man konnte ihn weder den Berufen Konstrukteur, Ingenieur oder Jagdflieger zuordnen, am besten traf auf ihn wohl die Bezeichnung „begabter Unternehmer" zu. Er hatte die Grundlagen des Fliegens in einer technischen Schule in der Nähe von Mainz erlernt und war in kurzer Zeit in der Lage, eigene Flugzeuge zu bauen. Dabei arbeitete er mit einer Reihe von Konstrukteuren als Partner zusammen, von denen er sich dann meist allerdings nicht sehr freundschaftlich wieder trennte. Seit 1913 betrieb er eine erfolgreiche Fliegerschule und hatte ein kleines Flugzeugwerk in Schwerin aufgebaut. Als der Krieg ausbrach, war er 24 Jahre alt. Flugzeuge, die den Namen Fokker trugen, sollten noch vor Kriegsende den Gipfel der deutschen Luftfahrt symbolisieren.

Fokker ist oft genug als Imitator abgestempelt worden. Er gab ganz unbekümmert zu, daß er vor dem Krieg aus einer Halle gejagt worden war, weil er versucht hatte, die Konturen einer Morane-Saulnier nachzuzeichnen. Er half sich, indem er statt dessen ein schrottreifes Exemplar desselben Typs erstand. Er bugsierte es nach Hause und kopierte es dort in aller Ruhe. Fokker erkannte, welche Dinge zusammengehörten, und erfaßte intuitiv, welcher Neuerungen ein Flugzeug in Zukunft bedurfte. Er scheute keine Mühe, Methoden und Verbesserungen anderer in Erfahrung zu bringen, und verfügte über das organisatorische Talent, alles sinnvoll miteinander verbinden zu können. Die aus der veralteten Morane entstandene Fokker M.5 war in verschiedener Hinsicht besser als das Original: Die Tragflächen hatten ein besseres Profil, das für mehr Auftrieb sorgte, der Rumpf war aus geschweißten Stahlrohren und nicht mehr aus Holz. Dagegen war der 80-PS-Oberursel-Motor – im Grunde eine abgewandelte Version des

Auf diesem Gemälde, das den ersten Luftsieg eines Flugzeugs über ein Luftschiff darstellt, stürzt der mit Wasserstoff gefüllte Zeppelin LZ 37 in hellen Flammen über Belgien ab. Am 7. Juni 1915 hatte der britische Leutnant R. A. J. Warneford von seinem Morane-Eindecker sechs Bomben über der gesamten Länge des riesigen Luftschiffs abgeworfen und war später dafür mit dem Viktoriakreuz belohnt worden; außerdem wurde er in die französische Ehrenlegion aufgenommen.

Romantische Bilder
des Luftkriegs

Als Italien 1915 in den Krieg eintrat, hatte seine Fliegertruppe 86 sehr verschiedenartige Flugzeuge zu ihrer Verfügung. Die Italiener waren damals von der Luftfahrt grenzenlos begeistert und von deren militärischen Möglichkeiten überzeugt. Wie ernst es ihnen war, bewiesen sie durch die Finanzmittel, die sie in den Flugzeugbau investierten und – etwas idealistischer – durch Postkarten, die, wie die hier abgebildeten, patriotische Themen mit denen der Luftfahrt verbanden.

Die Begeisterung schlug sich in durchaus sichtbaren Erfolgen nieder: Italiens Luftstreitkräfte verfügten schließlich über 1600 eigene Flugzeuge; dazu erhielten sie Unterstützung von Einheiten anderer Mächte, beispielsweise 1917–18 von einem US-Kontingent, das von Hauptmann Fiorello H. La Guardia, einem späteren Bürgermeister von New York, geführt wurde.

Zwei Doppeldecker werden auf dieser vom italienischen Kommando der Fliegertruppe herausgegebenen Postkarte von einem geflügelten Zentauren und einer den Sieg symbolisierenden Jungfrau begleitet.

Auf dieser Postkarte, die von dem Bildhauer Mastroianni entworfen wurde, wird ein Pilot in einem Flugzeug mit martialischem Widderkopf von Schutzgöttinnen in den Kampf geführt.

Über dem Schlachtfeld schwebend, segnet eine Siegesgöttin die Soldaten in den Schützengräben zu ihren Füßen und gleichzeitig die über ihren Kopf dahinziehenden Flieger.

Mit dem patriotischen Schlachtruf: „Vorwärts Savoyen!" fordert die allegorische Gestalt Italia ihre Landsleute auf, die umstrittenen Städte Triest und Trient zu erobern.

französischen Gnome-Motors, von dem er eine Lizenz zum Nachbauen hatte – schlechter als sein Vorbild. Er lief zu heiß und zwang die Flieger somit häufig zu Notlandungen.

Fokker gab ungeschminkt zu, daß er ein an Profit interessierter Kaufmann war: „Es war meine Art, zu jedem ja zu sagen und dann an den zu verkaufen, der als erstes sein Geld auf den Tisch legte." Die deutsche und die österreich-ungarische Regierung hatten schon so viel Geld in Fokkers Flugzeuge investiert, daß sich sein Werk in Schwerin von einer schuldenbeladenen Ansammlung kleiner Schuppen in ein gutgehendes Unternehmen verwandelte. Im Mai 1915 kam dann Oberstleutnant von der Lieth-Thomsen mit einem dringenden Auftrag zu ihm: Ob er ein starr eingebautes, nach vorn feuerndes Maschinengewehr konstruieren könne, das den besten aus Frankreich und England ebenbürtig war?

In späteren Jahren erzählte Anthony Fokker eine großartige Geschichte, wie er die Herausforderung annahm, zurück nach Schwerin eilte und in 48 Stunden fast ohne Hilfe die erste einsatzbereite Synchronisationsvorrichtung der Welt entwickelte. Die Geschichte war mindestens zu zwei Dritteln Unsinn; sie war erfunden, um den Ruf des Fokker-Unternehmens und seines Eigners auszuschmücken.

Was tatsächlich geschah, war eindrucksvoll genug. Fokker hatte schon ein ausgezeichnetes Modell entwickelt, die schnelle, bewegliche M.5K, von der einige als Verbindungsflugzeuge benutzt wurden. Nun setzte er sich mit seinen besten Mitarbeitern, Heinrich Luebbe und Fritz Heber, zusammen und versuchte, ein passendes Feuersystem zu entwerfen. Ob sie schon an einem Synchronisationsmechanismus gearbeitet hatten und wieviel sie über Franz Schneiders Arbeit in Deutschland und die Raymond Saulniers in Frankreich wußten, ist nicht bekannt. Aber gemeinsam baute das Fokker-Team einen Unterbrechermechanismus, der über Nocken eine Stößelstange steuerte, und schlossen ihn einmal an das Ölpumpengetriebe eines Oberursel-Motors und zum anderen an den Abzug eines Parabellum-Maschinengewehrs an. Sie führten so lange Probeschüsse durch, bis sie ein ebenmäßiges Muster aus Geschoßeinschlägen zwischen den Propellerblättern erhielten. Zum Schluß montierten sie das Ganze auf die M.5K und meldeten sich beim Luftstützpunkt Döberitz mit dem ersten zuverlässigen Jagdeinsitzer. Sie hatten mehrere Tage lang ununterbrochen gearbeitet.

Fokker, ein ausgezeichneter Kunstflieger, führte das synchronisierte Gewehr in Döberitz vor. Dann transportierte er zwei Prototypen des neuen, in E.I umbenannten Flugzeugs nach Douai im besetzten Frankreich. Einige der besten deutschen Piloten stiegen nacheinander mit ihm ins Cockpit, um sich an das Flugzeug und sein Waffensystem zu gewöhnen. Einer, der schnell beides in den Griff bekam, war der 23jährige Oswald Boelcke, der Deutschlands bedeutendster Jagdflieger und erster Staffelführer werden sollte. Boelcke hatte schon das Eiserne Kreuz I. Klasse für seine über 40 Aufklärungsflüge erhalten und fast jeden neuen Flugzeugtyp der deutschen Fliegertruppe ausprobiert. Fokkers Synchronisationsvorrichtung überzeugte ihn völlig. Ihm gefiel auch die Stabilität der E.I im Sturzflug und die Tatsache, daß der Maschinengewehrabzug am Steuerknüppel angebracht war. So konnte man mit einer Hand fliegen und zugleich schießen. Ein anderer Beobachter, der sich von der Fokker-Vorführung beeindruckt zeigte, war Max Immelmann, der sich Boelcke in der Staffel 62 angeschlossen hatte und sich nach einer Maschine sehnte, mit der er seine Fähigkeiten unter Beweis stellen konnte.

Die deutschen Fronteinheiten bekamen die ersten Fokker E.I Mitte des Sommers geliefert. Boelcke und Immelmann wurde je eine zugeteilt. Diese Flugzeuge schienen eigens für die beiden jungen Piloten gemacht worden zu sein. Bis jetzt hatte bei allen Luftstreitkräften der Schwerpunkt auf der Aufklärung und zu einem kleineren Teil auf den Bombenangriffen gelegen. Die wesentlichste Eigenschaft eines Fliegers war daher nicht so sehr sein Jagdtalent wie seine Fähigkeit, gleichbleibend ruhig zu fliegen und die feindlichen Ziele am Boden zu identifizieren. Die Anzahl der Jagdflieger hatte inzwischen zugenommen, um die gegnerische Aufklärung zu verhindern, Bomber abzuschießen und erbittert miteinander um die Beherrschung des Luftraums zu ringen – genau wie es Italiens Oberstleutnant Douhet und Englands Hauptmann Dickson vor Ausbruch des Krieges prophezeit hatten. In diesem Kampf wurden Männer gebraucht, die den Kampfinstinkt und die nötige Kaltblütigkeit besaßen, allein zu operieren.

Boelcke war so ein Mann. „Ich halte es mit dem: Der Starke ist am mächtigsten allein", schrieb er seinen Eltern in der Woche, in der er die Fokker bekam. „Mit dem Einsitzer ist mein Ideal erreicht. Nun kann ich Führer, Beobachter und Kämpfer zugleich sein." Wie Boelcke war auch Immelmann ein leidenschaftlicher Flieger, der einst nach Hause geschrieben hatte, daß er „trunken vor Freude" war, als er fliegen lernen durfte. Als Schüler hatte er 130 glatte Landungen geschafft – diese Zahl allein ist ein Zeichen dafür, wie gründlich die Deutschen ihre Flieger ausbildeten –, bevor er mit seinem Flugzeug Bruch machte. „Bei der Landung bekam der Apparat von einem Dreckhaufen einen solchen Stoß, daß ich noch einmal hochgeschleudert wurde und mich mit dem Apparat völlig überschlug." Aber nichts konnte Immelmanns Begeisterung fürs Fliegen dämpfen. „Ein Fall aus 500 Meter Höhe dauert zehn Sekunden", schrieb er, „also hat man völlig Zeit genug, um einmal ‚Heil dir im Siegerkranz' zu singen und ein ‚Hoch auf Seine Majestät' auszubringen."

Boelcke und Immelmann waren so unterschiedliche Persönlichkeiten, wie es zwei Kameraden nur sein konnten. Boelcke liebte die Frauen, machte einem jungen französischen Mädchen bei Douai den Hof und wurde einmal verwarnt, weil er eine deutsche Krankenschwester auf einen Ausflug in seiner Fokker mitgenommen hatte. Immelmann interessierte sich nicht für Frauen, seine Mutter ausgenommen, die ihm regelmäßig Pralinen schickte. Obwohl sich Boelcke selbst gern als einsamen Kämpfer sah, hatte er ausgezeichnete Führerqualitäten. Bereits als junger Leutnant schrieb er: Man gewinnt das Vertrauen der Männer, „wenn man natürlich mit ihnen umgeht und nicht den Patenten markiert".

Gleich zu Beginn zeigte sich bei Immelmann ein Hang zur Launenhaftigkeit. Einer seiner Fluglehrer, der ihm gute Qualitäten, wie „jugendlichen Eifer und Energie", zugestand, bemerkte gleichzeitig, daß diese Vorzüge „verbunden waren mit einem durchaus kindlichen Temperament". An der Front jedoch zeigte Immelmann all seine guten Eigenschaften.

Während der schlimmsten Winter- und Frühjahrsmonate war es den Fliegern der deutschen Luftstreitkräfte verboten, über die eigenen Linien hinauszufliegen, da sie in der Minderzahl und schlecht bewaffnet waren. Jetzt, da es darauf ankam, das Geheimnis der neueingetroffenen E.I und ihrer synchronisierten Maschinengewehre zu wahren, zeigte sich das Oberkommando doppelt hart. Boelcke ignorierte Anordnungen jedoch häufig, und Immelmann wurde – seinem Beispiel folgend – genauso angriffslustig. Die beiden Männer waren sich darin einig, wie sie die neue

Der junge Niederländer Anthony Fokker (links) unterhielt enge Beziehungen zu den Piloten, die seine Flugzeuge flogen. Dieses Postkartenphoto zeigt ihn mit Leutnant Kurt Wintgens, dem der erste – unbestätigte – Sieg in einer mit einem synchronisierten Maschinengewehr ausgerüsteten Fokker E.I zugeschrieben wird.

Fokker gegen die Feinde einsetzen wollten. „Man darf nicht warten, bis sie kommen", schrieb Boelcke, „sondern muß sie suchen und jagen." Immelmann sagte voraus: „Die Dinge werden sich ändern."

Und das geschah schon bald. Im Juli schoß Leutnant Kurt Wintgens mit seiner Fokker E.I einen ahnungslosen Morane-Piloten ab – der Abschuß konnte allerdings nicht bestätigt werden, da das Opfer über alliiertem Gebiet niederging. Um 4.45 Uhr des 1. August wurde dann Immelmann durch „ein wüstes Geknatter" geweckt. „Ich eile zum Fenster und sehe ein eigenartiges Bild: Zehn feindliche Flugzeuge schwirren in etwa 2500 bis 3200 Meter Höhe über unserem Platz herum und lassen fortwährend Bomben fallen", berichtete er. Das nächste, was er sah, war Boelcke, der – noch im Nachthemd – auf seinem Motorrad zu seiner E.I brauste. Immelmann folgte ihm in der zweiten Fokker.

Immelmann erinnerte sich: „Als ich fast in D. war, traf ich abermals zwei Feinde, die von Boelcke verfolgt wurden. Ich hörte das Knattern der Maschinengewehre. Plötzlich sah ich Boelcke steil nach unten gehen." Boelckes Maschinengewehr hatte Ladehemmung, und er mußte landen, um es zu reparieren. Immelmann griff allein an.

„Wie ein Habicht stürzte ich mich auf den Gegner und schoß mit meinem MG", schrieb er. „Für einen Augenblick glaubte ich, in ihn hineinzufliegen." Das andere Flugzeug versuchte abzudrehen, aber: „Ich setzte mich schnell neben ihn und schnitt ihm den Rückweg ab." Immelmann gewann wieder Höhe, griff an und wiederholte das Manöver. Das andere Flugzeug ging steil hinunter, verfolgt von der E.I. „Als ich sah, daß er gelandet war", schrieb Immelmann, „landete ich sofort neben ihm, stieg aus und ging auf ihn zu." Der abgeschossene Pilot streckte die Rechte aus. „Ich gab ihm die Hand und sagte: ‚Bonjour, Monsieur', aber er antwortete auf englisch.

‚Sie sind Engländer?'

‚Ja.'

‚Sie sind mein Gefangener.'

‚Mein Arm ist gebrochen. Sie schießen sehr gut.'"

Boelckes Gelegenheit kam 19 Tage später. Durch den Luftschraubenkreis seiner Fokker feuernd, schoß er einen britischen Doppeldecker ab. Bevor der Monat um war, griffen die Deutschen mit einigen brandneuen, eben aus Schwerin eingetroffenen Fokkern neun französische Bomber an und fegten alle vom Himmel. Es wehte endgültig ein anderer Wind. Am letzten Tag im August verlor Frankreich seinen Fliegerhelden Adolphe Pégoud. Durch deutsche Geschosse verwundet, gelang es ihm zwar zu landen, doch starb er, noch bevor man ihn aus dem Cockpit ziehen konnte. Zum Zeitpunkt seines Todes war er mit sechs Siegen der führende Jagdflieger. Aus diesem Grund wurde er posthum zum Mitglied der Ehrenlegion ernannt; außerdem wurde ihm ein Ehrenbegräbnis zuteil. Ein feierlicher Zug trauernder Kameraden folgte seinem Sarg zum Friedhof von Belfort, wo er gefallen war. Auch die Deutschen erwiesen ihm die letzte Ehre: Ungehindert überflogen sie sein Grab und warfen einen Kranz ab, auf dessen Schleife zu lesen war: „Sein Gegner ehrt den Flieger Pégoud, der im Kampf für sein Vaterland fiel."

Pégouds Tod war ein Zeichen für den krassen Wandel, den Max Immelmann vorausgesagt hatte. Jetzt war es an den Alliierten, wegen der überlegenen deutschen Waffenwirkung zu klagen. Britische Flieger verwünschten die „Fokker-Plage", und obwohl ihre Gegner nur 15 Fokker der E-Serie im Durchschnitt monatlich geliefert bekamen, sahen sie sich zu

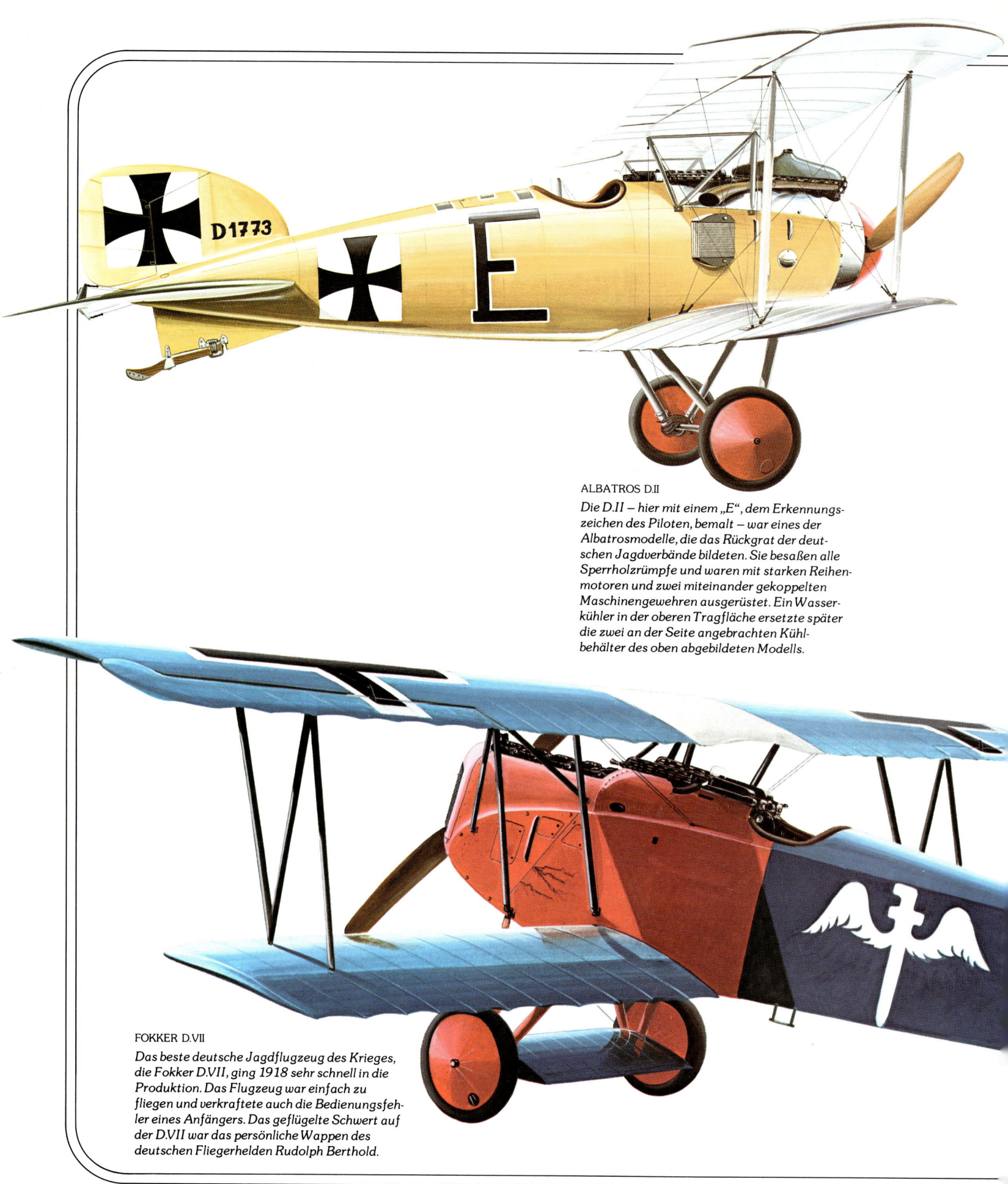

ALBATROS D.II

Die D.II – hier mit einem „E", dem Erkennungszeichen des Piloten, bemalt – war eines der Albatrosmodelle, die das Rückgrat der deutschen Jagdverbände bildeten. Sie besaßen alle Sperrholzrümpfe und waren mit starken Reihenmotoren und zwei miteinander gekoppelten Maschinengewehren ausgerüstet. Ein Wasserkühler in der oberen Tragfläche ersetzte später die zwei an der Seite angebrachten Kühlbehälter des oben abgebildeten Modells.

FOKKER D.VII

Das beste deutsche Jagdflugzeug des Krieges, die Fokker D.VII, ging 1918 sehr schnell in die Produktion. Das Flugzeug war einfach zu fliegen und verkraftete auch die Bedienungsfehler eines Anfängers. Das geflügelte Schwert auf der D.VII war das persönliche Wappen des deutschen Fliegerhelden Rudolph Berthold.

Die gefürchteten Jagdflugzeuge der Mittelmächte

Obwohl sie zahlenmäßig unterlegen waren, erwiesen sich die Luftstreitkräfte der Mittelmächte denen der Alliierten als durchaus ebenbürtig – was großenteils auf ihre hervorragenden Kampfflugzeuge zurückzuführen ist. Im Spätsommer 1916 erschien die Albatros D.I an der Front, und nach einigen Monaten folgte die – links abgebildete – D.II (Flugzeuge mit dem Buchstaben „D" waren einmotorige Jagddoppeldecker). In Händen von Piloten wie Oswald Boelcke und Manfred von Richthofen war die stromlinienförmige Albatros vermutlich das beste Jagdflugzeug der damaligen Zeit. Es gewann schnell an Höhe und besaß gegenüber vergleichbaren alliierten Flugzeugen die doppelte Feuerkraft. Die D.II und die nachfolgende D.III halfen Deutschland, im Frühjahr 1917 die Luftherrschaft über der Westfront zu erringen.

Österreich-Ungarn rüstete seine Luftstreitkräfte mit einem in Deutschland entwickelten Doppeldecker, der robusten Hansa-Brandenburg D.I aus (unten). Obwohl das Flugzeug bereits veraltet war, als es im Herbst 1916 an der italienischen Front zum Einsatz kam, tat es noch ein Jahr lang seinen Dienst.

Deutschlands bekannteste Jagdflugzeuge waren die Fokker. Bereits der erste an der Westfront eingesetzte Fokker-Eindecker war mit einem synchronisierten Maschinengewehr ausgerüstet. Später erzielte Richthofens „Fliegender Zirkus" mit Fokker-Dreideckern (S. 120–121) seine spektakulären Erfolge. Am gefürchtetsten war die Fokker D.VII (unten links), ein Doppeldecker, der im April 1918 zum Einsatz kam. Die D.VII war nicht nur hinsichtlich ihrer Steigfähigkeit, sondern auch ihrer Wendigkeit und Kampfkraft den alliierten Flugzeugen überlegen.

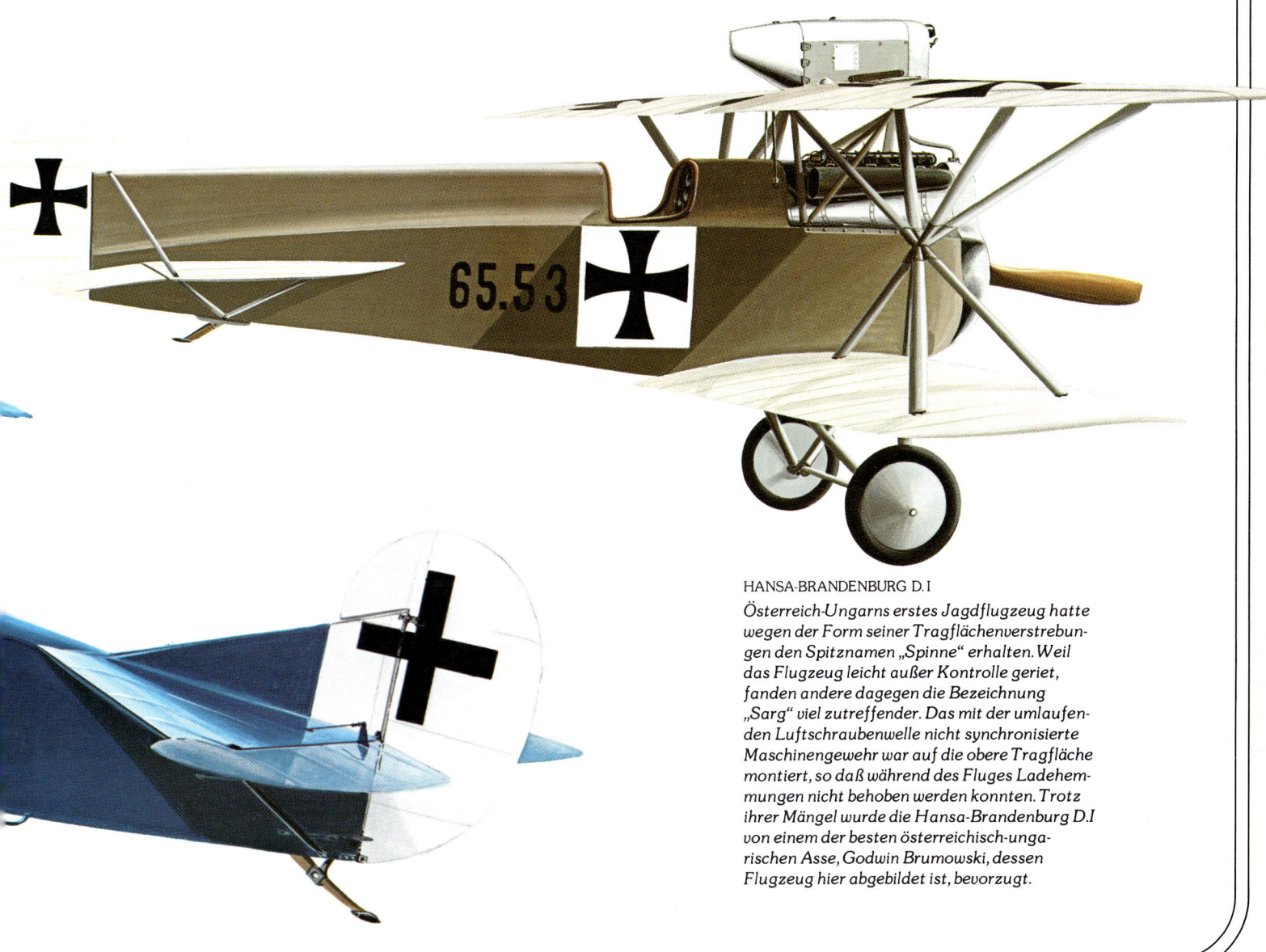

HANSA-BRANDENBURG D. I
Österreich-Ungarns erstes Jagdflugzeug hatte wegen der Form seiner Tragflächenverstrebungen den Spitznamen „Spinne" erhalten. Weil das Flugzeug leicht außer Kontrolle geriet, fanden andere dagegen die Bezeichnung „Sarg" viel zutreffender. Das mit der umlaufenden Luftschraubenwelle nicht synchronisierte Maschinengewehr war auf die obere Tragfläche montiert, so daß während des Fluges Ladehemmungen nicht behoben werden konnten. Trotz ihrer Mängel wurde die Hansa-Brandenburg D.I von einem der besten österreichisch-ungarischen Asse, Godwin Brumowski, dessen Flugzeug hier abgebildet ist, bevorzugt.

bloßem „Fokker-Futter" degradiert. Geradeso wie einst die Deutschen auf die alliierte Übermacht mit Ausreißen reagiert hatten, lernten die alliierten Flieger jetzt, beim Anblick eines der neuen deutschen Flugzeuge das Weite zu suchen. Nach einem seiner Siege schrieb Boelcke: „Seitdem hat sich keiner mehr in die Nähe einer Fokker gewagt, sie machen jetzt einen großen Bogen um uns." Und Immelmann prahlte: „Wenn Boelcke und ich aufsteigen, sind in zehn Minuten keine feindlichen Flieger mehr da."

Die Deutschen verstärkten den Druck. So schreibt Boelcke Mitte September, er sei „in letzter Zeit abends immer mit Immelmann an die Front geflogen, um dort die Franzosen zu jochen". Diese Einsätze brachten den Jägern im September jeweils zwei Siege ein und zwei weitere im Oktober. Ein freundschaftlicher Wettkampf, angestachelt durch die deutsche Presse, entspann sich zwischen den beiden, als die Zahl der Abschüsse stieg. Boelcke verachtete trickreiches Fliegen während des Kampfes und betrachtete Flugkunststücke als letzten Ausweg, den man nur benutzte, wenn ein geschickter Gegner nicht für einen gutliegenden Schuß stillhalten wollte. „Wenn aber einer so angstgeschwollen ist und noch dazu in der Kurve", erklärte Boelcke, „dann trifft er nie was. Ich dagegen wartete immer die günstigen Augenblicke ab und setze ihm gutgezielte Schüsse hinein."

Immelmann mußte von dieser Methode nicht erst überzeugt werden. „Ich benutze keine Tricks, wenn ich angreife", sagte er. Tatsächlich erwähnt er in keinem seiner Briefe oder anderen Schriften das Manöver, mit dem sein Name bis heute verbunden ist: den Immelmann-Turn, einen angesetzten Looping, gefolgt von einer halben Rolle. Eine britische Quelle behauptet, daß dies gar nicht Immelmanns Manöver war, sondern von einem alliierten Piloten so getauft wurde, der es benutzte, um einem Angriff von hinten durch den gefürchteten Deutschen zu entkommen.

Mit ihren häufigen und direkten Flügen eroberten die Fokker-Piloten die Luftüberlegenheit über dem Kampfraum des Heeres, obwohl sie zahlenmäßig immer noch in der Minderheit waren. Während der schweren Bodenangriffe im September bei Lens und noch einmal bei Arras klärten sie den Weg für die deutschen Beobachtungsflugzeuge, die sich aus einer neuen Generation bewaffneter Zweisitzer, hergestellt von Albatros, Rumpler und anderen Firmen, zusammensetzten. Die Besatzungen dieser sogenannten C-Flugzeuge, in denen der Beobachter wegen des besseren Überblicks hinter dem Piloten saß, brachten Photos vom Verlauf der Schützengräben und Meldungen mit nach Hause, die zu einer weiteren Serie schwerer Verluste auf seiten der Alliierten beitrugen. Mit jedem neuen Luftsieg ernteten Immelmann und Boelcke größere Ehren. Auf Vorschlag des Generalstabschefs Erich von Falkenhayn verlieh der Kaiser Boelcke den Königlichen Hausorden von Hohenzollern mit Schwertern, und Oberstleunant von der Lieth-Thomsen sagte zu ihm: „Alle Kameraden der Luftstreitkräfte schauen mit Stolz auf Sie."

Boelckes Taten wurden zu Legenden. Als er einmal in einem deutsch besetzten Teil Frankreichs war, sprang er in voller Kleidung in einen Kanal, um einen Jungen vorm Ertrinken zu retten. Die dankbaren Eltern des Jungen stellten mit großem Bedauern fest, daß er nicht in die französische Ehrenlegion aufgenommen werden könne; das wäre, wie Boelcke meinte, „ein großer Spaß" gewesen.

Auch Immelmann genoß den Respekt seiner Gegner. Engländer nannten ihn den „Adler von Lille", der Stadt in Nordfrankreich, über der er häufig kreiste. Immelmann konnte es nicht unterlassen, ein wenig mit seiner

Werbung für Kriegsgerät

Obwohl die Mittelmächte aus vier Nationen bestanden, nahm es Deutschland fast allein auf sich, mit der Kriegsproduktion der Alliierten Schritt zu halten. Der patriotische Eifer, mit dem sich Deutschlands Flugzeugindustrie dieser Herausforderung stellte, kommt auch in den kriegerischen Tönen ihrer Werbung zum Ausdruck.

Die Firma, die man mehr als jede andere mit dem Aufstieg der deutschen militärischen Luftfahrt in Zusammenhang bringt, ist die des eingewanderten Niederländers Anthony Fokker, die ihre Zentrale im mecklenburgischen Schwerin hatte. In den ersten Kriegsjahren flogen so viele deutsche Flieger-Asse den mit synchronisierten Maschinengewehren ausgerüsteten Fokker-Einsitzer, daß bis Oktober 1916 nicht weniger als neun von ihnen mit dem Pour le mérite ausgezeichnet worden waren und die Firma sich berechtigt fühlte, den begehrten Orden für ihre Werbung zu nutzen (rechts).

Tatsächlich stellten Fokker-Flugzeuge aber nur einen kleinen Teil des deutschen Flugzeugparks dar. Das preußische Kriegsministerium begünstigte den Wettbewerb, indem es an Dutzende von Firmen Aufträge vergab. Die Flugzeugindustrie, die am Vorabend des Krieges aus kaum mehr als ein paar verstreuten Werkstätten bestand, erzielte 1918 einen Produktionshöchststand von fast 2000 Flugzeugen im Monat – was allerdings nur knapp mehr als die Hälfte der alliierten Leistungen ausmachte.

Al escribir á los anunciantes, menciónese el "MOTOR".

Auf diesem Werbeplakat, das in der linken oberen Ecke der „Blaue Max" ziert, visiert ein Pilot durch den Luftschraubenkreis hindurch über den Lauf seines Maschinengewehrs hinweg einen Feind an.

Rumpler, die bekend was door zijn Taube-eendekkers, bouwde tijdens de oorlog honderden tweedekkers.

Albatros war der größte deutsche Flugzeughersteller. Zeitweise stammten 60 Prozent der deutschen Frontflugzeuge aus diesem Werk.

Aviatik, eine Firma, die sowohl Automobile als auch Flugzeuge herstellte, verlegte ihre Produktionsstätte 1916 vom Elsaß nach Leipzig.

Oberursel-Umlaufmotoren, die zunächst mit französischer Lizenz gebaut wurden, waren die Antriebsmotoren der meisten Fokker-Flugzeuge.

Die Luft-Verkehrs-Gesellschaft m. b. H. oder L. V. G. wurde 1910 gegründet; im Jahre 1918 baute die Firma 150 Flugzeuge im Monat.

Die Berliner Firma Garuda baute Propeller für deutsche Flugzeuge, die sie auf ihren Werbeplakaten als Todesbringer darstellte.

Bekanntheit zu prahlen. Es sei unvorstellbar, wie er geehrt würde, schrieb er nach Hause. „Ich bekomme fast jeden Tag Briefe mit der Anschrift: ‚Fliegerleutnant Immelmann im Westen' – und das genügt."

An den britischen Abschnitten der Front gab es wenig zu prahlen. Obwohl das RFC eine Anzahl verbesserter Einsitzer mit Frontmotor – vom Typ Bristol und Martinsyde – erhielt, hatte keines ein synchronisiertes Gewehr. Im Januar 1916 erließ das RFC-Oberkommando diesen ziemlich verzweifelten Befehl: „Bis das Royal Flying Corps im Besitz einer ebenso guten oder besseren Maschine ist wie die deutsche Fokker ... ist es unerläßlich, daß eine Maschine, die zu einem Aufklärungsflug startet, mindestens von drei Jagdfliegern eskortiert werden muß."

Ein britischer Flieger schickte eine eindrucksvolle Beschreibung nach Hause, wie es war, wenn eine Fokker sich näherte. „Man fühlt sich nackt und hilflos. Die Panik kriecht in jede Pore ... alles scheint unwirklich ... und dann hört man das Maschinengewehr knattern. Alles, was ich tun kann, ist einen westlichen Kurs halten und jeden Trick anwenden, den ich kenne ... unberechenbar hin und her kurven, so daß der Boche kein festes Ziel hat. Nur in letzter Not gehe ich tiefer, denn er kann steigen wie ein von der Sehne schnellender Pfeil und ist darum absolut im Vorteil, wenn ich zu tief sinke ... Es ist eine qualvolle, widerliche Nervenprobe."

In jenen dunklen Zeiten erfüllte der Angriff von 62 französischen Bombenflugzeugen auf die deutsche Stadt Dillingen, in der hauptsächlich Stahl produziert wurde, die Alliierten mit einer gewissen Befriedigung. Er löste Streiks im restlichen Saarland aus und senkte die Stahlproduktion vorübergehend um 30 Prozent. Doch diese Triumphe wurden durch erneute Zeppelinangriffe auf England zunichte gemacht, denn schließlich sank auch dort die Produktion. Während eines Angriffs auf London wurden 22 Menschen getötet und 87 verwundet. Am folgenden Tag blieben nahezu 20 Prozent der Werktätigen der Arbeit fern. Um die Angst der Bevölkerung zu dämpfen, sah sich die RFC-Führung gezwungen, 110 Flugzeuge für die Heimat abzustellen, obwohl sie dringend an der Front gebraucht wurden.

Auch wenn die Alliierten Probleme mit der Kampfmoral hatten, so verloren sie doch nie die zahlenmäßige Überlegenheit. Durch Zusammenziehen ihrer Flugzeuge gelang es ihnen, zeitweise den Luftraum über einem Schlachtfeld zu beherrschen. Im Herbst jedoch verloren allein die Engländer im Kampf 26 Flugzeuge, wohingegen die Deutschen nur 11 Abschüsse zu beklagen hatten. Es war wohl pure Verzweiflung, die einen französischen Flieger dazu trieb, das Heck einer Fokker zu rammen und mit seinem Propeller das Leitwerk des Deutschen abzurasieren. Beide Flugzeuge stürzten ab, aber der Franzose hatte ein zu seiner Kühnheit passendes Glück und landete im Gleitflug sicher mit seiner Maschine.

Dabei verschonte die deutsche Heeresführung die Alliierten noch mit der vollen Wucht ihres Angriffs, indem sie die Fokker nicht in eigenen Kampfeinheiten konzentrierte, sondern sie nur einzeln oder zu zweit auf viele Einheiten verteilte. Dieser Fehler wurde noch verstärkt durch den erneuten Befehl, nur Verteidigungseinsätze – Sperrefliegen genannt – über den deutschen Linien durchzuführen. Mehrere Flieger hielten sich nicht an den Befehl und griffen über feindlichem Gebiet an. Aber jetzt benutzten sie eine verbesserte Fokker, die E.III, die mit einem 100-PS-Motor und ein bis zwei der neuesten Spandau-Maschinengewehre ausgerüstet war. Jedes Gewehr hatte bis zu 600 Schuß Munition. Immelmann überredete Fokker sogar, ihm ein Flugzeug mit drei Maschinengewehren zu bauen, in dem er allerdings bald zu Boden ging, als die Synchronisation von Schußfolge und umlaufender Luftschraubenwelle in dem überladenen, kopflastigen Flugzeug versagte. Er kam jedoch unverletzt davon.

Deutschland begann in den ersten Wochen des Jahres 1916, seine Armeen und eine Unmenge Artillerie zu einem Angriff auf Verdun zusammenzuziehen. Bis dahin war das ungefähr 225 Kilometer östlich von Paris gelegene Verdun eine uneinnehmbare Festung gewesen. Der Aufmarsch umfaßte 168 Flugzeuge, darunter 21 Fokker. Während der Vorbereitungen erzielten Immelmann und Boelcke am 12. Januar ihren jeweils achten Sieg, und Kaiser Wilhelm II. verlieh ihnen persönlich den begehrtesten Tapferkeitsorden Preußens, den Pour le mérite, der wegen seiner blauen Farbe den Spitznamen „Blauer Max" trug. Seit fast zwei Jahrhunderten waren preußische Soldaten mit ihm ausgezeichnet worden, aber nie zuvor hatte ihn ein Flieger erhalten.

Jeder der Geehrten reagierte auf seine Weise. Boelcke dachte zuerst, es sei ein Scherz; er war erst sicher, als er einen General abwehren mußte, der „sich vor Freundlichkeit fast umbrachte". Bevor er zu einem ihm zu Ehren vom König von Bayern gegebenen Essen aufbrach, stieg er noch einmal auf, um seinen neunten Sieg zu erringen. Immelmann war so aufgeregt, daß er an dem Tag weder essen noch trinken konnte. „Ich wußte nicht, ob ich wachte oder träumte", schrieb er. Am nächsten Abend war sein Appetit wiederhergestellt, und er machte sich mit seinen Kameraden in einem Auto auf den Weg zum Feiern.

Allerdings blieb nicht mehr viel Zeit zum Feiern. Am 21. Februar eröffneten über 1200 deutsche Geschütze vor Verdun ein zehn Stunden anhaltendes Feuer. Es war der Beginn einer riesigen, ein Jahr dauernden Materialschlacht, die Deutschland gewinnen mußte, während Frankreich sich nicht leisten konnte, sie zu verlieren. ➳

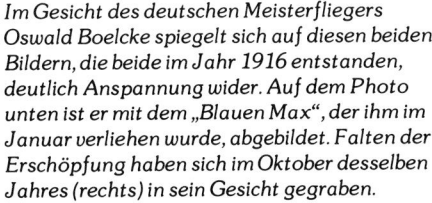

Im Gesicht des deutschen Meisterfliegers Oswald Boelcke spiegelt sich auf diesen beiden Bildern, die beide im Jahr 1916 entstanden, deutlich Anspannung wider. Auf dem Photo unten ist er mit dem „Blauen Max", der ihm im Januar verliehen wurde, abgebildet. Falten der Erschöpfung haben sich im Oktober desselben Jahres (rechts) in sein Gesicht gegraben.

Zeitvertreib zwischen den Einsätzen

Zweifellos lebten die Flieger auf beiden Seiten bequemer als die Soldaten in den Schützengräben. Es kam sogar vor, daß sie in einem beschlagnahmten Schloß untergebracht waren, wo Weine, Köche, Burschen und eine Reihe von Sportmöglichkeiten für ein höchst angenehmes Leben sorgten.

Um sich zu entspannen, lasen die Flieger, schrieben Briefe, hörten Musik – oder spielten selbst auf einem Instrument (unten). Einige Staffeln machten durch ausgelassene Feste von sich reden, andere führten Theaterstücke auf. Und wann immer

es möglich war, stürzten sie sich in das Nachtleben einer Stadt. „Wir lebten", sagte ein alliierter Pilot, „nur für die kurzen Augenblicke, die wir in Paris verbringen konnten."

Wie er auch immer seine Freizeit gestaltete, der Flieger mußte stets darauf gefaßt sein, zu einem Einsatz gerufen zu werden. Der Kanadier Billy Bishop erinnerte sich an einen Tag, an dem er und andere Piloten Tennis spielten, als der Einsatzbefehl kam. „Wir hatten keine Zeit zum Umziehen", schrieb er, „sondern kletterten so, wie wir waren, in die Maschinen und starteten."

Ein französischer Pilot spielt unter Begleitung der Musik aus einem Grammophon Geige. Ein Kamerad hört ihm dabei aufmerksam zu.

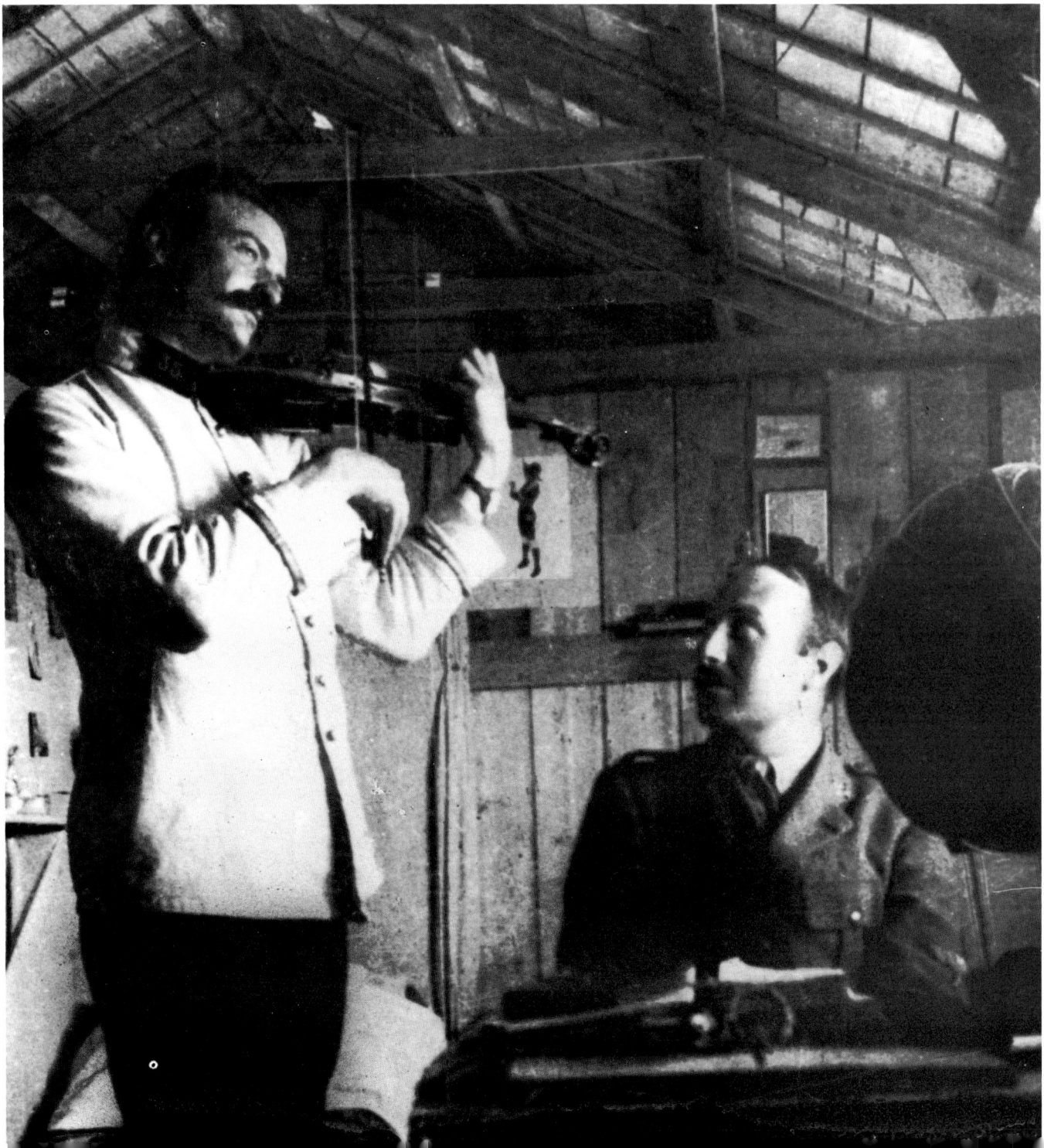

Die Angehörigen der deutschen Jasta 5 feiern den Ausgang des Jahres 1917. Einige der Flieger sind bunt kostümiert.

Mit aufmerksamen Ordonnanzen im Hintergrund warten britische Fliegeroffiziere 1917 in Italien auf ihr Abendessen an einem festlich gedeckten Tisch.

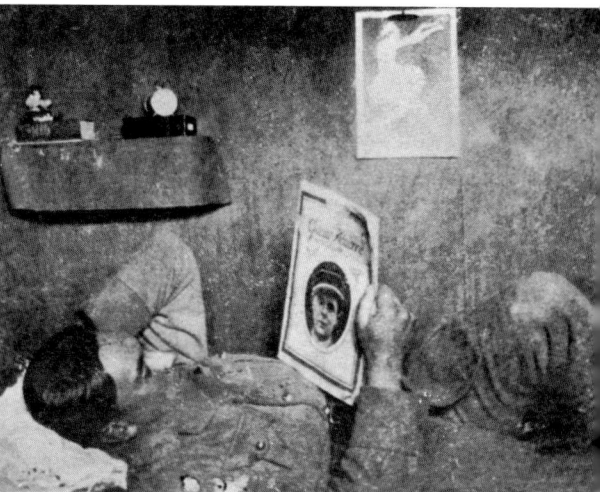

Der Franzose Gabriel Thomas entspannt sich durch Lesen.

Ein britischer Flieger konzentriert sich, um beim Billard so viele Punkte wie möglich zu erzielen.

In Fliegerkleidung warten 1918 in der französischen Stadt Toul stationierte amerikanische Flieger in ihrem Zelt auf das Eintreffen des Startbefehls.

Eine aus Angehörigen der amerikanischen 20. Staffel gebildete Varietétruppe posiert hier für ein Photo vor dem Lastwagen, der sie zu ihren Auftritten fuhr.

Deutsche Fliegeroffiziere sitzen beim Kartenspiel in einem französischen Schloß. Der Bildteppich im Hintergrund ist durch aufgemalte Flugzeuge verschandelt.

3

Die Alliierten im Aufwind

Der Schrecken der „Fokker-Plage" hielt auch während der großen Winteroffensive von 1916 an der Westfront an, als die deutsche Armee – fest entschlossen, „Frankreich auszubluten" – erbarmungslos gegen Verdun anrannte. Jede Seite hatte mehr als 500 Flugzeuge an der Front; die meisten waren in der Nähe der belagerten französischen Stadt konzentriert. Doch die Deutschen erzielten weitaus höhere Abschußzahlen, als sie selbst an Verlusten hinnehmen mußten. Kampfgeist und -leistung der Alliierten mußten dringend gehoben werden.

Daß dies auch verwirklicht wurde, lag zum großen Teil an der Energie und dem Weitblick von zwei Offizieren, die die Zukunft des Luftkriegs auf eine einfache, zu jener Zeit noch umstrittene Formel brachten: „Tragt den Krieg auf feindliches Gebiet, und haltet ihn dort!" Das waren die Worte von General Hugh Montague Trenchard, Kommandeur des Royal Flying Corps in Frankreich, allen Dienstgraden als „Boom", als Dröhner, bekannt. Zum einen hatte er eine sehr laute Stimme, zum anderen hinterließen seine Worte stets eine tiefe Wirkung. Seine Philosophie konnte unter dem Begriff „strategische Offensive" zusammengefaßt werden, worunter er „ein ständiges Ausbreiten über deutsches Gebiet" verstand.

Anfang 1916 befahl Trenchard seinen Jagdfliegern, „wichtige feindliche Flugplätze zu bombardieren und jedes gegnerische Luftfahrzeug anzugreifen, das sich dem Kampf stellt". Er wußte, die Verluste würden hoch sein: Unerfahrene Piloten in veralteten Maschinen würden sehr oft – entfernt von den sicheren eigenen Linien – dem sicheren Tode ausgesetzt werden. Aber er riskierte diese kalkulierten Verluste, weil er die Bewegungsfreiheit der Deutschen im Luftkampf einschränken und den Kampfgeist seiner eigenen Flieger wiederbeleben wollte.

Trenchard fand einen Jünger und Mitarbeiter in Jean Du Peuty, einem Major, der Kommandant einer französischen Fliegereinheit beim belagerten Verdun war. Du Peuty mußte nicht nur gegen die Fokker, sondern auch gegen den Einfluß der französischen Armeebefehlshaber kämpfen, die die französischen Luftstreitkräfte nur für eine unmittelbare Heeresunterstützung nutzen wollten. Schritt für Schritt gelang es ihm, seine Jäger in unabhängige Gruppen „außerhalb der üblichen Infanteriefliegerstaffeln" zu gliedern, um so, wie er Trenchard im April schrieb, „das eigentliche Kampfflugzeug für selbständige Angriffsflüge freizuhalten".

Trenchard hatte seinen Piloten befohlen, das Formationsfliegen zur gegenseitigen Deckung zu üben. Du Peuty ging noch einen Schritt weiter, indem er seine Männer anwies, „in drei Ebenen gestaffelt" zu fliegen, die Flugzeuge über und unter dem Staffelchef ausgerichtet – eine Anordnung, die fester Bestandteil der Lufttaktik wurde.

Vier der besten französischen Staffeln bei Verdun wurden zu einer speziellen Kampfeinheit unter Major Tricornot de Rose zusammengefaßt;

Der Angriff italienischer Bomber auf den österreichischen Flugplatz von Prosecco im Jahre 1916 – und der Schrecken und die Verwüstungen, die er verursachte – sind auf dem Bild links künstlerisch dargestellt worden. 1916 war das Jahr, in dem beide Seiten ihre Luftkampftaktik änderten und zum Angriff übergingen.

sie sollte als *Les Cigognes* – „die Störche" – bekannt werden. Jede Staffel entwarf ihr eigenes Storchenemblem und malte es auf die Rümpfe ihrer Flugzeuge. Der Auftrag an die Störche war kurz: „Sucht den Feind, fangt ihn ab und vernichtet ihn." Nur wenige Befehle sind in der militärischen Geschichte mit solchem Eifer ausgeführt worden. De Peutys Anordnung, in Formation zu fliegen, häufig mißachtend, kämpften die Störche – der Stolz der französischen Luftstreitkräfte – verbissen darum, die Luftherrschaft über der Front zurückzugewinnen.

Wie auf dem Boden wechselte auch in der Luft das Schlachtenglück fast täglich. Die deutschen Jagdflieger bewachten ihre Aufklärungsflugzeuge wie Schäferhunde ihre Herde. Selbst wenn sie sich gelegentlich lösten, um anzugreifen, waren sie immer noch in der Lage, den Luftraum über Verdun zu ihrem „Jagdrevier" zu machen, wie Boelcke es nannte. Boelckes Abschußzahl stieg auf ein Dutzend und darüber; aber zu oft überwog die defensive Einstellung bei den Deutschen, und das Ergebnis war, daß sie ihren Vorteil, den sie in der Mitte des Winters erlangt hatten, nicht ausbauen konnten. In einem Zeitraum von zwei Wochen verstärkte die französische Armee Verdun mit 190 000 Soldaten und 22 500 Tonnen Munition; 8000 Lastwagen fuhren Tag und Nacht auf einer einzigen, 68 Kilometer langen Straße. Die deutschen Flugzeuge hätten die Straße unter Kontrolle haben können, aber sie unternahmen nichts. Die erleichterten französischen Soldaten nannten die Straße daher *la Voie Sacrée* – „den heiligen Weg".

Im März meldete Boelcke seinen Vorgesetzten, daß „die Franzosen jetzt eifriger und in größeren Massen" fliegen. Tatsächlich begannen die alliierten Flieger jetzt, so wie Trenchard und Du Peuty es gefordert hatten, in dichterer, disziplinierter Form die deutsche Sperre täglich zu durchbrechen und über die eigenen Stellungen hinauszufliegen. Einmal wehrte ein derartiger Anflug die Angriffe von 14 deutschen Flugzeugen ab und kehrte ohne eigene Verluste zum Ausgangsflugplatz zurück.

Als Antwort darauf schob die deutsche Führung einige ihrer Flugplätze näher an die Front, um die angreifenden britischen und französischen Flugzeuge früher abwehren zu können. Sie bildete außerdem drei neue Jagdfliegergruppen und teilte jeder sechs bis neun Fokker zu. Aber jetzt trafen die Fokker auf alliierte Flugzeuge, die vergleichbar oder sogar noch besser waren. Im Winter erhielt das Royal Flying Corps zwei neue Modelle: den Zweisitzer F.E. 2b und den Einsitzer D.H.2. Frankreich hatte die große Schwester zu seiner Nieuport „Bébé" gebaut, die Nieuport 17, mit einem 110-PS-Le-Rhône-Motor. Ein begeisterter Pilot meinte, sie könne „wie eine Hexe lossausen". Sie brauchte nur etwas mehr als 10 Minuten, um auf 3000 Meter Höhe zu kommen.

Auch Deutschlands Monopol über das mit der umlaufenden Luftschraube und der Schußfolge synchronisierte Maschinengewehr wurde gebrochen. Die Engländer und Franzosen begannen jetzt ebenfalls, ihre eigene Synchronisierung zu entwickeln. Im gleichen Winter konstruierten sie unabhängig voneinander mehrere unterschiedliche Modelle. Am 25. März tauchte, montiert auf eine bereits veraltete Bristol Scout, das erste synchronisierte Maschinengewehr der Alliierten an der Front auf. Im Lauf einiger Monate sollte die Mehrheit der alliierten Jagdflugzeuge mit dieser Waffe ausgerüstet sein. In der Zwischenzeit mußte der Ruf der Fokker als Waffe mit schon fast übernatürlicher Überlegenheit schwere Einbußen erleiden, wobei das neue synchronisierte Maschinengewehr der Alliierten bei dem Vorfall noch keine Rolle spielte.

Am 8. April verirrte sich ein unerfahrener deutscher Pilot, der mit einer neuen Fokker zur Front fliegen sollte; er landete aus Versehen auf einem Flugplatz der Alliierten. Sein Flugzeug, das völlig unbeschädigt geblieben war, war den Alliierten eine willkommene Beute; so konnten sie einen genauen Vergleich mit ihren eigenen Flugzeugen anstellen. Für einen Flugtest wählten sie eine Morane-Saulnier neuesten Typs aus.

Die zwei Flugzeuge stiegen gleichzeitig auf, und zum Erstaunen der Mehrheit der Zuschauer zeigte die Morane-Saulnier sofort ihre Überlegenheit. Sie stieg schneller, flog schneller im geraden Flug, und in einem Scheinkampf war sie dem vielgefürchteten deutschen Jagdflugzeug klar überlegen. „Am Boden brach Jubel aus", berichtete ein begeisterter Augenzeuge. „Der Spuk war gebannt."

Wie Trenchard vorausgesagt hatte, wuchs der Kampfgeist der Alliierten im Verhältnis, mit der die offensive Lufttaktik, die durch verbesserte Flugzeuge unterstützt wurde, die Überlegenheit der Fokker brach. Mit der wachsenden Zuversicht der Alliierten schwand das Selbstbewußtsein der Deutschen. Im April berichtete Lanoe Hawker, der inzwischen zum Kommandeur der 24. Staffel ernannt worden war, daß zwar Fokker auftauchten, sobald alliierte Flugzeuge die Front überflögen, aber dann „wie Elritzen im Fluß stehenblieben, ohne anzugreifen". Ende Mai konnte der britische Generalleutnant Henry Rawlinson von der 4. Armee knapp melden: „Wir beherrschen den Luftraum."

Die scheinbar endlose Schlacht in den Befestigungsanlagen und Schützengräben von Verdun war allerdings damit noch lange nicht entschieden; sie sollte noch fast bis zum Jahresende andauern. Insgesamt sollten sich deutsche und französische Verluste auf eine Dreiviertelmillion Tote, Verwundete und Vermißte beziffern. Um von den verlustreichen Kämpfen am Boden abzulenken, beschlossen die Franzosen im Juni, all jene Flieger, die fünf oder mehr bestätigte Abschüsse erzielt hatten, in der Öffentlichkeit bekanntzumachen. Ein Pilot, der diese Bedingung erfüllte, wurde bald darauf offiziell zum „As" ernannt. Viel von dieser Aufmerksamkeit wurde den „Störchen" und einer Staffel amerikanischer Freiwilliger zuteil, deren Wunsch, in einer Einheit für Frankreich zu kämpfen, obwohl sich ihr Land immer noch neutral verhielt, das französische Oberkommando nachgegeben hatte. So richtete die Welt ihr Interesse auf eine Handvoll mutiger und einsatzfreudiger Einzelkämpfer und begann, ihre Abenteuer in der Luft und auf dem Boden begierig zu verfolgen.

Deutschland hatte schon begonnen, seinen Fliegerhelden den gebührenden Respekt zu zollen: Postkarten, auf denen Max Immelmann mit dem „Blauen Max" abgebildet war, überfluteten das Land, und eine Opern-Arie wurde Boelcke zu Ehren umgeschrieben. Die Deutschen übernahmen nach einiger Zeit das französische System der Auszeichnung seiner Asse; allerdings mußte bei ihnen ein Flieger zehn Siege erzielt haben. Derjenige, der diese Anzahl erreichte, hieß „Kanone". Die Engländer erkannten die Bezeichnung „As" offiziell nie an; Boom Trenchard zum Beispiel fand, daß durch diese Art der Auszeichnung zuviel Gewicht auf die Jagdflieger gelegt würde und die mutigen, häufig aufopfernden Anstrengungen der Beobachter und Bombenflieger unbeachtet blieben. Aber auch Großbritannien brauchte Helden, und bald wurde man ihrer über der Front gewahr.

Der Auffälligste und Unermüdlichste der gerade flügge gewordenen französischen Asse war der zwanzigjährige französische Unterleutnant

Generalmajor Hugh M. Trenchard, Kommandeur des Royal Flying Corps in Frankreich, mißbilligte den Einsatz des Flugzeugs zu Verteidigungszwecken und befürwortete statt dessen den „schonungslosen und unablässigen" Angriff von Kampfflugzeugen. „Der Himmel", schrieb er, „ist zu groß, als daß er verteidigt werden könnte."

Jean Navarre. Navarre verbrachte neun bis zehn Stunden täglich in der Luft über Verdun, landete nur, wenn sein Flugzeug keinen Treibstoff mehr hatte, wenn er neue Munition benötigte oder seine Kraft mit etwas Essen und Wein wieder auffrischen mußte. Seine Nieuport beherrschte er sowohl bei Frontalangriffen als auch bei Kunstflügen meisterhaft, und so holte er in weniger als drei Monaten zehn deutsche Flugzeuge herunter. Ende Mai führte er mit einer Gesamtzahl von zwölf bestätigten Abschüssen die Liste aller alliierten Piloten an.

Nicht weit hinter Navarre lag mit sieben Siegen der blonde, sportliche Charles Nungesser. Als Jugendlicher war Nungesser allein nach Südamerika gereist, wo er Boxen, Rennwagenfahren und Fliegen gelernt hatte. Er kehrte nach Frankreich zurück, um sich freiwillig zu melden.

Mehr als irgend jemand sonst unter den Fliegern prägten Nungesser und Navarre das Bild vom gutaussehenden, Tod und Teufel nicht fürchtenden Kampfflieger des Ersten Weltkriegs, der lebte, ohne sich Gedanken um die Zukunft zu machen. Beide rieben sich an der militärischen Disziplin; besonders der Verbandsflug mißfiel ihnen. Sie empfanden ihn als unnötige Einengung. In ihrer dienstfreien Zeit fuhren sie, sooft es die Erfordernisse des Krieges erlaubten, nach Paris und sorgten mit demselben Eifer, mit dem sie im Frontdienst deutsche Flugzeuge jagten, für ihren Freizeitspaß. Navarre trug einen unverwechselbaren Kampfanzug: einen zottigen Bärenfellmantel, lange Lederhosen, fellgefütterte Stiefel und Handschuhe – und den Seidenstrumpf einer Freundin um seinen Kopf geschlungen. Nungesser war sogar noch unkonventioneller. Gelegentlich meldete er sich zu einem Einsatz im Morgengrauen in Cut oder Smoking und von einer Dame begleitet. Häufig mußte ihm ins Cockpit geholfen werden, nicht etwa, weil er so betrunken war, sondern weil er sooft bei Luftkämpfen und Autounfällen während seiner halsbrecherischen Fahrten zwischen Flugplatz und Pariser Lokalen verletzt worden war. Eines der Autos, mit denen er wie ein Wirbelwind hin- und herbrauste, war ein eleganter deutscher Stabswagen. Er hatte ihn während des Rückzugs 1914 in Richtung Marne zusammen mit zwei Kameraden erbeutet und die Insassen getötet. Sein Lieblingsautomobil aber war ein flotter, gelber Tourenwagen, den er Adolphe Pégoud abgekauft hatte.

Als Nungesser sich eines Abends ungeduldig in seinem gelben Wagen durch die überfüllten Straßen nach Paris schlängelte, bemerkte er, daß ein ihm sehr vertrautes Flugzeug in derselben Richtung über ihn hinwegflog. Wie sich herausstellte, war es sein eigenes Flugzeug, geflogen von Navarre. Die beiden Piloten trafen sich am Stadtrand, und Navarre erklärte Nungesser ohne jede Verlegenheit, daß sein eigenes Flugzeug zerschossen und er selbst so mit Kämpfen beschäftigt gewesen sei, daß er völlig vergessen habe, wie eine Frau aussieht. Er habe unbedingt nach Paris kommen müssen, um seine Erinnerung aufzufrischen. Gemeinsam machten sich die beiden Asse auf den Weg zu einem ausgelassenen Abend.

Nungesser konnte nicht ernsthaft darüber böse sein, daß sich Navarre sein Flugzeug ausgeliehen hatte; hatte ihn selbst doch ein ähnlich dreistes Verhalten zu den Jagdfliegern geführt. Ursprünglich war er der Aufklärung zugeteilt worden. Eines Tages hatte er sich eine von ihm bewunderte nagelneue Voisin genommen und war zusammen mit seinem Kampfbeobachter aufgestiegen, mit der Absicht, noch vor Morgengrauen seinen ersten Sieg zu erzielen. Kaum war er gestartet, wurde gemeldet, daß sich fünf deutsche Flugzeuge dem Flugplatz näherten. Der Staffelführer ließ den

Ein Pantheon französischer Asse

Wahrscheinlich mehr als irgendeine andere Nation bejubelten die Franzosen ihre Flieger. Schon vor dem Krieg feierten sie Kunstflieger wie Adolphe Pégoud als Volkshelden, und durch ihre spektakulären Luftkämpfe ernteten die Flieger noch größeren Ruhm. Pégoud war der erste, der fünf Siege erreichte und sich damit für den Titel „As" qualifizierte.

Der Begriff wurde in Frankreich geprägt und entwickelte sich zu einem halboffiziellen Rangsystem für Jagdflieger. Es wurden regelmäßig militärische Kommuniqués über die Erfolge der Asse herausgegeben und in der Presse veröffentlicht. Viele der Asse wurden zu den *Cigognes*, der französischen Elitestaffel, versetzt.

Die allgemeine Anerkennung, die ihnen zuteil wurde, schien die Asse in ihrem ohnehin schon ausgeprägten Einzelgängertum noch weiter zu bestärken. Viele von ihnen lehnten den Verbandsflug und andere Aktionen im Luftkampf ab, bei denen Mannschaftsverhalten gefordert wurde, und zogen es vor, den Gegner im Alleingang herauszufordern und zu bezwingen. René

Fonck, der nach dem Tod von Guynemer zum Spitzen-As seines Landes avancierte, begründete seine Vorliebe für Einzeleinsätze damit, daß er nur dann „diese kleinen, verwegenen Streiche spielen konnte, die mir Spaß machten." Charles Nungesser, der für seinen tolldreisten Mut berühmt war, begab sich einmal als Antwort auf eine Herausforderung, die ein deutscher Pilot für ihn abgeworfen hatte, wissentlich in einen Lufthinterhalt. Selbst Georges Guynemer, am Boden stets pflichtbewußt und zurückhaltend, ging auf der Jagd nach Feinden seine eigenen, risikoreichen Wege.

Der Verlust eines berühmten Fliegers kam einem nationalen Unglück gleich. Als Guynemer im September 1917 über Belgien verscholl, zögerte das Kriegsministerium, ihn für vermißt zu erklären – und als sein Tod schließlich bestätigt wurde, weigerte sich die französische Bevölkerung, ihn anzuerkennen. Auf den folgenden Seiten sind acht der erfolgreichsten französischen Asse abgebildet, von denen fünf den Krieg überlebten.

ADOLPHE PÉGOUD hatte bis zu seinem Tod im August 1915 sechs Luftsiege erzielt, mehr als sonst ein Flieger zu diesem Zeitpunkt des Krieges.

GEORGES GUYNEMER (54 Siege) stand in der Beliebtheitsskala seines Volkes ganz oben.

LÉON BOURJADE (28 Siege) erzielte die höchste Zahl von Ballonabschüssen. Er wurde später Missionar.

CHARLES NUNGESSER (45 Siege) verscholl 1927 bei seinem Versuch, den Atlantik zu überqueren.

GEORGES MADON (41 Siege) gelang einmal eine Landung, obwohl eine Flakgranate den Motor seines Flugzeuges weggerissen hatte.

ARMAND PINSARD (27 Siege) war der erste Flieger in Frankreich, dem eine öffentliche Ehrung zuteil wurde.

MAURICE BOYAU (35 Siege), Kapitän der Rugby-Nationalmannschaft, fiel bei einem Angriff auf einen Ballon.

RENÉ FONCK (75 Siege), das größte As der Franzosen, wurde nach dem Krieg ein gefeierter Kunstflieger.

MICHEL COIFFARD (34 Siege) schoß 28 deutsche Ballons ab, bevor er im Oktober 1918 ums Leben kam.

diensthabenden Flieger – es war zufällig Nungesser – rufen und befahl, die neue Voisin zu starten. Natürlich konnten weder die Maschine noch der Flieger gefunden werden. Während der Staffelführer noch vor Wut tobte, kam die Nachricht durch, daß gerade einer der Deutschen von Nungesser abgeschossen worden sei. Nungesser wurde für das *Croix de Guerre*, das Kriegsverdienstkreuz, vorgeschlagen – und erhielt acht Tage Arrest. Bald danach wurde er zu den Jagdfliegern versetzt, wo er eine Ausbildung erhalten sollte, die seiner Begabung besser Rechnung trug.

Entzückt vom Anblick seiner ersten Nieuport, bemalte Nungesser sie mit dem Emblem, das sein Kennzeichen werden sollte: einem Sarg, der mit zwei Kerzen geschmückt war und unter dem ein Totenschädel mit gekreuzten Knochen prangte. Es sollte das Symbol seiner Todesverachtung sein. Nicht lange danach machte er eine Bruchlandung, wobei er sich beide Beine brach, den Unterkiefer verrenkte und seinen Gaumen durchstieß. Ein weniger robuster Mann wäre wahrscheinlich gestorben, und selbst Nungesser konnte nie wieder ohne Stock gehen. Sobald seine Wunden einigermaßen verheilt waren, erklärte er, daß er sich nun wieder zurückmelden würde, um sich „an der Front zu entspannen". Er flog wieder mit seiner Staffel bei Verdun und schoß kurz hintereinander vier deutsche Flugzeuge sowie einen Beobachtungsballon ab. Das letzte Flugzeugopfer hatte sich am Ende einer Sechserformation befunden, und sofort hatten die anderen fünf Nungesser angegriffen. Dieser aber hatte sich so geschickt in ihre Mitte manövriert, daß sie nicht schießen konnten, ohne einander zu treffen. So hatte er entkommen können.

Die Uniformen von Nungesser und Navarre glänzten vor Orden; Nungesser war auf seine Auszeichnungen so stolz, daß er sie bei allen Gelegenheiten trug, selbst im Kampf. Aber beide Männer trieben dem Unglück in die Arme. Am 17. Juni mußte Jean Navarre über dem Argonner Wald niedergehen; er war so schrecklich zerschossen, daß er nie wieder als Jagdflieger aufsteigen konnte. Nungesser wurde ebenfalls im Juni erneut verwundet und mußte einen Monat lang zwangspausieren.

Ein junger Franzose von ganz anderer Art nahm den Platz dieses vitalen Heldenpaares ein. Bei ihm konnte man sich stets darauf verlassen, daß er Befehlen gehorchte, sich tadellos benahm und sein Flugzeug mit absoluter Präzision flog, ohne daß es ihm deswegen an der nötigen Portion Verwegenheit mangelte. Georges Guynemer schien berauscht von der Fliegerei, und er konnte daher auch seine Kameraden mitreißen. In kurzer Zeit sollte der Junge, der 1914 am Strand von Biarritz vom Fliegen geträumt hatte, als „Geflügeltes Schwert Frankreichs ... das reinste Symbol der nationalen Ideale Frankreichs" gefeiert werden. Guynemer tat Aussprüche, die man von einem Ritter erwartete: „Ich gehöre meinem Land", „Erwähnt mir gegenüber nichts von Rückzug" und „Tod ist das Risiko meines Berufs, aber viel lieber sterben, als in Gefangenschaft geraten". Mit solchen Leitsprüchen war der Sproß einer Familie, die so alt wie Frankreich selbst war, groß geworden. Ein altes Heldengedicht besang einen Guynemer des 8. Jahrhunderts, der mit Karl dem Großen gegen das maurische Spanien gezogen war. Von einem anderen Vorfahren hieß es, daß er sich als kleiner Junge zur Zeit der Französischen Revolution dem gefürchteten Robespierre entgegengestellt habe, um seine verurteilte Lehrerin zu retten, damit sie mit dem Unterricht fortfahren konnte. Die Eile, mit der sich Georges Guynemer im August 1914 zum Kriegsdienst gemeldet hatte, zeigte, daß er aus demselben Stoff wie seine Vorfahren gemacht war.

Der schneidige Jean Navarre steht im Cockpit eines Morane-Eindeckers, der mit Abweisern versehen ist, um den Propeller vor dem nicht synchronisierten Maschinengewehrfeuer zu schützen. Bevor die Flugzeuge mit fest montierten Maschinengewehren ausgestattet waren, versuchte Navarre einmal einen Zeppelin mit einem Küchenmesser anzugreifen. Trotz seiner Tollkühnheit überlebte Navarre den Krieg, verunglückte jedoch 1919 tödlich bei dem Versuch, den Arc de Triomphe zu durchfliegen.

Guynemer lernte 1915 auf einer alten dreizylindrigen Blériot in Pau fliegen, und von Anfang an hatte er einen unermüdlichen – fast unheimlichen – Eifer an den Tag gelegt. Sein Fluglehrer rügte in einem Bericht „das überspannte Selbstvertrauen, seine Verrücktheit und den grotesken Humor". Im Juni kam er als Fliegerunteroffizier in der Staffel M.S.3 unter Hauptmann Felix Brocard an die Front bei Vauciennes. Der kampferprobte Offizier betrachtete Guynemer mit Wohlwollen. Das war nicht verwunderlich: Nach einem Aufklärungsflug berichtete Guynemers Beobachtungsoffizier, daß der junge Pilot nach einer Stunde Aufklärung unter schwerem Beschuß darauf bestanden habe, direkt über die feindlichen Geschütze zu fliegen. Er gab dem Offizier seine eigene Kamera und bat ihn, einige Photos von den Granaten zu machen, die rings um das Flugzeug explodierten. Auf den Flugplatz zurückgekehrt, zeigte er Brocard aufgeregt und stolz die Schrapnellöcher im Flugzeug und bestand darauf, daß Brocard sie mit seinen Fingern befühlte.

Guynemers erster Sieg einen Monat später verstärkte noch seinen Enthusiasmus. Sein Bericht über das Zusammentreffen mit einer Aviatik über Soissons enthüllt eine Besessenheit, die nur zum Teil mit seiner Jugend erklärt werden kann. „Jeder in der Stadt beobachtete den erstaunlichen Zweikampf über ihren Köpfen", erzählte er später einem Reporter. „Ich hielt mich in ungefähr 15 Meter Abstand von meinem Boche und blieb trotz all seiner Kurvendreherei in seiner Nähe." Guynemers Kampfbeobachter feuerte 115 Schüsse und erhielt selbst zwei Streifschüsse. Dann, berichtete Guynemer, „hatte ich ein herrliches Gefühl, als ich sah, wie der Pilot auf dem Boden seines Cockpits zusammensank, während der Beobachter verzweifelt seine Arme hochwarf und die Aviatik aufflammend in die Tiefe stürzte". Das besiegte Flugzeug fiel zwischen die Schützengräben. „Ich landete, so schnell ich konnte, in der Nähe", sagte Guynemer, „und ich kann versichern, daß ich mich niemals mehr gefreut habe als in diesem Augenblick." Guynemer war so in Eile, daß er mit der Nase seines Zweisitzers einen Heuschober eindrückte und der Propeller zerbrach.

Trotz seiner Jungenhaftigkeit verdiente sich Guynemer durch seinen Kampfgeist und seine Kühnheit die Bewunderung des Kommandeurs. Ohne Furcht und vom Kriegsgeist besessen, wußte er, wie man sein Flugzeug genau neben das des Feindes setzte, wenn die Schießerei begann. Als er zur Jagdfliegerschulung zugelassen wurde, beging er dieses Ereignis, indem er über dem Haus seiner Eltern im nahe gelegenen Compiègne Kunstflugfiguren vorführte. Nach der Landung schrieb er aufgeregt nach Hause: „Habt Ihr mich gesehen?" „Ja", antwortete sein Vater, „und bei der Vorführung ist Deine Mutter vor Angst fast gestorben." Guynemer erwiderte voller Reue, er fühle sich „elend, daß mein Kurven Mama erschreckt hat".

An einem Sonntagmorgen im Dezember 1915 war er ein zweites Mal erfolgreich, sein erster Sieg in einer Nieuport „Bébé". Er schnitt einem deutschen Flugzeug den Weg ab, das nicht weit von Compiègne ins Trudeln geriet. Aber Guynemer verlor die Stelle, an dem das feindliche Flugzeug niedergegangen war, aus den Augen. Er landete daraufhin auf einem Feld wiederum in der Nähe seines Heims, wartete auf seine Familie, die zur Messe gegangen war, und lief ihnen dann entgegen.

„Vater", sagte er, „ich habe meinen Boche verloren. Sieh dich nach ihm um und finde ihn." Dann verschwand er. Ziemlich verwirrt machten sich seine Eltern daran, das Wrack des deutschen Flugzeugs zu suchen, damit der Abschuß bestätigt werden konnte. Guynemer startete, und als er sich seinem

Einsatzflugplatz näherte, ließ er zum Zeichen seines jüngsten Triumphes den Motor laut aufheulen.

Bis Heiligabend, dem Tag, an dem er 21 Jahre alt wurde, hatte er vier Siege erzielt, war zum Stabsunteroffizier befördert und als „wertvoller Pilot, ein Vorbild an Aufopferung und Mut" in die Ehrenlegion aufgenommen worden. Obwohl er niemals seine ungestüme Leidenschaft fürs Fliegen und Kämpfen verlieren sollte, wurde er doch reifer. Sein Wissen, das er sich während seiner Mechanikerlehrzeit angeeignet hatte, wurde durch genaue Kenntnisse der technischen Einzelheiten der Nieuport noch erweitert, und mit der Zeit und der Übung war er ein unfehlbarer Jäger geworden. Vor dem Start umkreiste er schweigend minutenlang seine Nieuport, untersuchte jede Schraube, Niete und Drahtstrebe und ließ seine Finger über die Bespannung gleiten, um Unebenheiten aufzuspüren. Auch die Ausrichtung seines Lewis-Maschinengewehrs überprüfte er. Wenn er die Fliegerkombination anzog, konzentrierte er sich bis in die letzte Faser seines Körpers. In diesem Moment, sagte ein Kamerad, „waren seine Blicke wie Schläge".

Ebenso wie sein Wesen reifte auch sein Flugstil. Außer als „letzte Möglichkeit" griff er nie mehr im Luftkampf „auf Kunstflugfiguren zurück". Statt dessen, erklärte er, „besteht meine Methode darin, schnurstracks anzugreifen. Es ist riskanter, und alles hängt davon ab, ob man sich in den toten Feuerwinkel manövrieren kann."

Der Versuch, letzteres unter Beweis zu stellen, hätte ihn beinahe das Leben gekostet. Im März 1916 wurde seine Staffel nach Verdun beordert. Guynemer, zu diesem Zeitpunkt Unterleutnant, konnte es kaum erwarten. „Für mich ist es ein großes Erlebnis, an der großen Schlacht teilzunehmen", sagte er, und auf dem Weg zu seinem neuen Einsatzort überholte er ein deutsches Flugzeug und griff es an. „Ein paar Schüsse, Feuer! Schon war alles vorbei", berichtete er. Es war sein achter Sieg. Bei Verdun dagegen waren die Besten der deutschen Luftstreitkräfte zusammengezogen, und die Sache war nicht mehr so einfach. An seinem ersten Tag nahm Guynemer es mit zwei Deutschen auf, einen ließ er „mit Blei in seinen Flügeln davonfliegen", dann wirbelte er herum, um den anderen von unten anzugreifen. „Er war ohne Frage ein As", sagte Guynemer später mit einigem Verdruß. „Er hatte keine Angst und schoß so scharf wie möglich." Offensichtlich ging Guynemer ihn zu heftig an, denn plötzlich fand er sich vor seinem Feind wieder, und es erwischte ihn ein „heißes Feuer" der Maschinengewehrgeschosse. Zwei schlugen in seinen linken Arm ein. Ein anderes riß ihm Wange und Nase auf. Vor lauter Blut fast blind, sackte er 300 Meter ab und konnte die Maschine erst kurz über dem Boden abfangen. „Mit einer Hand steuernd", gelang es ihm, in einem fast völlig zerstörten Flugzeug zu entkommen.

Drei Monate lang hielten die Wunden den ungeduldigen Guynemer am Boden fest. Im Juni kehrte er zurück – gerade rechtzeitig, um in die Bresche zu springen, die Nungessers und Navarres Unglück geschlagen hatte. Die Alliierten standen kurz vor ihrer Großoffensive an der Somme. Sie hofften, dadurch den Druck der Deutschen bei Verdun ein wenig mindern zu können. Auf dem Boden sollten die Engländer den Hauptteil der Aufgaben übernehmen. Ursprünglich hatte Frankreich geplant, 40 Divisionen in die Somme-Offensive zu schicken, aber zu viele Männer waren auf den Schlachtfeldern von Verdun gefallen. Statt dessen stellte Frankreich 16 Divisionen und 201 Flugzeuge – die sechs mit Nieuport-Maschinen ausgerüsteten Staffeln unter Hauptmann Brocard zählten dazu.

Bewegliche Stützpunkte an einer unbeweglichen Front

Während des Ersten Weltkriegs war Westeuropa von der Schweiz bis zur Nordsee mit Flugplätzen der Deutschen und Alliierten übersät. Zur Ergänzung der schon vor dem Krieg vorhandenen Flugplätze bauten beide Seiten zusätzlich eine große Anzahl von Einsatzflughäfen. Auf der Karte rechts sind 61 von ihnen eingezeichnet.

Einige Flugplätze waren ständige militärische Einrichtungen. Aber die meisten – mitunter lagen sie kaum zehn Kilometer hinter der Front – bestanden aus nichts weiter als einem offenen Feld, an dessen Rand ein paar Baracken, Zelte und Hangars notdürftig errichtet worden waren. Auf manchen Flugfeldern grasten ungehindert Rinderherden zwischen den Flugzeugen. Nur wenige Flugplätze wurden ständig benutzt; wenn jedoch in der Nähe eines solchen Flugplatzes die Schlacht entbrannte, wurde er Wochen und Monate hindurch Ausgangspunkt rastloser Einsätze. Verlagerte sich die Schlacht, sank der Flugplatz wieder zur Bedeutungslosigkeit herab – oder wurde ganz aufgegeben.

Die Westfront selbst verschob sich ab Winter 1914 bis Kriegsende nur wenig. Die Linien auf der Karte zeigen die größten Veränderungen an: Die gestrichelte Linie kennzeichnet die Grenzen, bis zu der die deutschen Armeen in Belgien und Frankreich (im September 1914) am weitesten vordrangen; die durchgezogene Linie zeigt die Grenze des letzten Vorstoßes der Alliierten 1918 an, der mit dem Waffenstillstand am 11. November endete.

ENGLAND

NORDSEE

NIEDERLANDE

Waal

Maas

Rhein

Dover

STRASSE VON DOVER

Seebrügge ✠

Ostende ✠

Les Moëres

Dünkirchen

Veurne

St.-Pol-sur-Mer

Houthem

Calais

Hondschoote

Boulogne-sur-Mer

Abele

Ypern

Menen

Antwerpen

Gent

Schelde

ÄRMEL-
KANAL

St.-Omer

Leie

Kortrijk ✠

Brüssel ⊛

BELGIEN

Lüttich

Lys

Armentières

Neuve-Chapelle

Lille ✠

Leuze ✠

Noeux-les-Mines

Bruay-en-Artois

Loos

Lens

Mons

Fleurus ✠

St.-Pol-sur-Ternoise

Douai ✠

Valenciennes

Sambre

DEUTSCHLAND

Auxi-le-Château

Arras

Favreuil ✠

Cambrai ✠

Maubeuge

Ourthe

Bertincourt

Le Cateau ✠

Bertangles

Somme

St.-Quentin

Amiens

Cappy ✠

Cachy

Vervins ✠

Charleville ✠

LUXEMBURG

Montdidier

Noyon

Tergnier ✠

Laon ✠

Rethel ✠

Meuse

Luxemburg ⊛

Beauvais

Estrées-St-Denis

Blerancourt ✠

Aisne

Tellancourt ✠

Compiègne

Soissons

Fismes

Reims

Pont-Faverger ✠

Sivry

Verdun

Metz ✠

Seine

Oise

Villers-Cotterêts

Le Plessis-Belleville

Château-Thierry

Marne

Ste.-Ménehould

Souilly

Thiaucourt

Montigny ✠

Paris

Épernay

Châlons-sur-Marne

St.-Mihiel

Nomeny ✠

Versailles

FRANKREICH

Bar-le-Duc

Toul

Nancy

Moyenvic ✠

Malzéville

Seine

Aube

Vaucouleurs

Colombey-les-Belles

Lunéville

Mosel

⊙ **Ständige alliierte Flugplätze**

✠ **Ständige deutsche Flugplätze**

▬ **Waffenstillstandslinie, 11. Nov. 1918**

┅ **Weitestes Vordringen der Deutschen, 8. Sept. 1914**

0   50   100

Kilometer

Luxeuil-les-Bains ⊙

87

Großbritannien hatte 185 Flugzeuge für den Einsatz über der Somme zur Verfügung; praktisch alle Jagdflugzeuge waren in Sonderstaffeln zusammengezogen. Lanoe Hawkers 24. Staffel wurde von 12 auf 18 D.H.2 vergrößert und schloß sich bei Cachy den französischen Einheiten an. Dort begannen die alliierten Flieger, gemeinsam Einsätze zu fliegen.

Wenn sie nicht in der Luft waren, bemühten sich die Flieger sehr, den Krieg um sich herum zu vergessen. Die Engländer vertrieben sich die Zeit damit, Nachbarstaffeln anzurufen und ihre Freunde mit Tennisbällen zu bombardieren. Solche Angriffe stießen auf die Gegenwehr der Bodenparteien, die mit Seltersflaschen und Sprühpistolen bewaffnet waren. Am Abend, wenn das Kriegsspiel zu Ende ging, wurden feucht-fröhliche Waffenstillstände gefeiert. Der übliche Höhepunkt solch turbulenter Veranstaltungen war ein Rugby-Match, das entweder im Kasino oder in einer leeren Halle stattfand. Selbst Hawker, ein geachteter Major von 25 Jahren, vertrieb sich gern seine Freizeit mit diesen Spielen, obwohl er dabei einmal so heftig zu Boden geschlagen wurde, daß er ohnmächtig liegenblieb.

Die Ausgelassenheit spiegelte nicht nur die jungenhafte Unbekümmertheit der Flieger, sondern auch die – von Boom Trenchard erhoffte – gestiegene Kampfeslust wider, nun, da die Alliierten in der Luft zum Angriff übergegangen waren. Um den Weg für die Somme-Offensive zu ebnen, griffen Hawker, Guynemer und ihre Kameraden in Wellen entlang der Front an, fegten Lastwagen von der Straße, zerschossen Lokomotiven und Güterwaggons und attackierten im Tiefflug die Schützengräben, während Aufklärer die deutschen Stellungen photographierten, die denen der britischen 4. Armee gegenüberlagen.

Am 18. Juni mußte die deutsche Luftwaffe einen schweren Schlag hinnehmen, Max Immelmann stürzte in den Tod. Der „Adler von Lille", der 15 Luftsiege errungen hatte, hatte kaum eine Woche zuvor ein eigenes Kommando erhalten. Die Engländer behaupteten, daß ihn eine F.E.2b abgeschossen habe. Aber die Deutschen waren anderer Meinung. Ein Kamerad, der neben Immelmann geflogen war, sagte, daß dieser in Wirklichkeit die F.E.2b angegriffen habe, sich dann aber selbst abschoß, weil seine Synchronisationsvorrichtung ausgefallen war. Eine Untersuchung des Flugzeug-Wracks, das auf deutscher Seite niedergegangen war, ergab, daß ein Propellerblatt genau in der Schußlinie von Immelmanns Maschinengewehrfeuer durchschlagen war.

Ganz Deutschland trauerte um den Verlust dieses großen Fliegers. Oswald Boelcke flog zur Trauerfeier nach Douai. „Es war sehr feierlich", schrieb er später, „Immelmann lag im Hof eines Lazaretts wundervoll aufgebahrt. Ringsherum standen große Obelisken mit Pechfackeln. Es waren verschiedene Fürsten, darunter die Kronprinzen von Bayern und Sachsen, und über 20 Generäle erschienen."

Boelcke hatte in Immelmann einen Freund und zugleich einen Rivalen um den Spitzenplatz unter den deutschen Fliegerhelden verloren. Seine eigene Abschußzahl stand jetzt bei 18, mehr als sonst ein Flieger auf einer der beiden Seiten verzeichnen konnte. Als er zu seinem Einsatzflugplatz zurückkehrte, erwartete ihn der Befehl, sich sofort beim Chef des Feldflugwesens zu melden. Boelcke war mit 25 Jahren kurz zuvor zum Hauptmann, dem jüngsten der deutschen Luftstreitkräfte, befördert worden. Er nahm an, daß er an der Somme-Front eingesetzt werden sollte, wo sich ein großer Aufmarsch der Alliierten vorbereitete. Statt dessen teilte man ihm mit, daß er bis auf weiteres mit dem Fliegen aufhören müßte. Jetzt,

Auf diesem Luftbild von dem Trichtergelände an der Somme gehen französische Infanteristen im Rauch eines explodierten deutschen Munitionsdepots vor.

Französische Soldaten versuchen einen Ballon am Boden zu halten, während er gerade mit Wasserstoff gefüllt wird.

Gefährliche Einsätze in luftiger Höhe

Fesselballons, mit Stahlkabeln am Boden verankert, waren nicht wie die Flugzeuge von Glanz umgeben, ihr Beitrag zur Feindaufklärung war jedoch nicht weniger wichtig. Beide Seiten setzten die gasgefüllten „Würste" dicht hinter der Front ein, um das Artilleriefeuer zu leiten und die Bewegungen des Feindes zu überwachen.

Jeder Ballon war mit zwei Beobachtern besetzt, die mit der Bodenstation durch Fernsprecher verbunden waren. Manövrierunfähig und unbewaffnet, waren die Ballons einladende Ziele. Zu ihrem Schutz wurden Flugabwehrgeschütze eingesetzt, und die Besatzung trug meist Fallschirme.

Deutsche Bodentruppen beobachten, wie ein Fesselballon über der Front aufgelassen wird.

Ein britischer Ballon, dessen Korb nur noch als kleiner Punkt zu erkennen ist, schwebt über dem Trichtergelände bei Ypern. Ballons wurden gewöhnlich drei bis acht Kilometer hinter den eigenen Linien aufgelassen und konnten Höhen von bis zu 1500 Metern erreichen.

Das gleichzeitige Ende zweier deutscher Ballons, die in der Nähe der französischen Stadt Boyelles abgeschossen wurden, ist auf diesem außergewöhnlichen Photo festgehalten. Angreifende Flugzeuge verwendeten Leuchtspurgeschosse, um das hochexplosive Gas in den Ballons zu entzünden, die sich dann in weniger als 20 Sekunden in nichts auflösten.

nach dem Tod von Immelmann, könne sich Deutschland unter keinen Umständen den Verlust eines weiteren Fliegerhelden leisten. Er solle sich in Charlesville „in einen Glaskasten setzen".

Boelcke explodierte. Wollte man tatsächlich von ihm verlangen, sich „bei Charlesville in eine Kaltwasserheilanstalt (zu) setzen, in den Himmel (zu) starren und ein Konsortium von frontuntauglichen, nervenschwachen und erholungsbedürftigen Fliegern (zu) führen"? Auch der – vom Kaiser selbst befürwortete – Alternativvorschlag, er solle, statt in Charleville zu sitzen, eine Reise in die Türkei und an die Ostfront unternehmen, stimmte Boelcke nicht zufriedener. Enttäuscht stürmte er zu seinem Flugzeug, startete – und schoß sein 19. Feindflugzeug nieder. Dann packte er seine Sachen und machte sich in Richtung Osten auf. Düster bemerkte er, daß seine Erfahrung und seine Fähigkeiten in der sicherlich bald beginnenden Offensive von großem Nutzen gewesen wären.

Im Juni 1916 eröffnete britische Artillerie die Somme-Schlacht mit einem so dichten Trommelfeuer, daß ein Überleben für niemanden mehr möglich schien. Neun Tage lang hörte das Trommelfeuer nicht auf. Der britische Flieger Cecil Lewis berichtete, daß die feindlichen Linien ständig unter einer dichten Explosionswolke verborgen waren; „auf viele Quadratkilometer hin wurde das Land aufgerissen, in die Luft gesprengt, bis es wie pockennarbiges Ödland aussah. Schützengräben waren ausradiert, eingeebnet".

Alles, was die Alliierten in die Luft senden konnten, war über die Somme-Front beordert worden. Am Nachmittag des 25. Juni griffen britische Flugzeuge 15 deutsche Beobachtungsballons an, die hinter der Front hingen, und schossen acht von ihnen ab – zum Teil mit Raketen, die an den Tragflächenstreben angebracht waren. Flugzeugbesatzungen bekamen den Auftrag, knapp über das Inferno hinwegzufliegen und mit Funksignalen das Artilleriefeuer vorzuverlegen, um die nachfolgende Infanterie nicht zu gefährden. Durch Angriffe auf ihre Flugplätze wurde deutschen Flugzeugen jeglicher Gegenschlag verwehrt.

Kurz nach Sonnenaufgang am 1. Juli erreichte das Trommelfeuer seinen Höhepunkt, und ab 7.30 Uhr stürmten auf einer 30 Kilometer langen Front 66 000 Briten in mehreren Wellen. Sturm und Regen verhinderten zunächst den Einsatz fast aller Flugzeuge. Später konnten sie jedoch aufsteigen; und als die Flugzeuge dann dicht über dem Boden hinwegflogen, mußten sie eine furchtbare Feststellung treffen. Eine große Anzahl Soldaten war getötet oder verwundet worden – allein 30 000 in der ersten Stunde. Am Ende des Tages lagen fast 60 000 Tote und Verwundete auf der aufgewühlten Erde, niedergemäht von deutschen Maschinengewehren, deren Schützen zum großen Teil in den tief eingegrabenen Unterständen überlebt hatten. Trotz aller Vorbereitungen in der Luft und auf dem Boden erlitten die Engländer größere Verluste, als Großbritannien jemals zuvor in einer Angriffsschlacht hatte hinnehmen müssen.

Dieser – für sie am Boden so unglücklich verlaufene – Angriffstag brachte den Alliierten in der Luft jedoch einige Erfolge. Am frühen Nachmittag vernichteten alliierte Bomber ungestört einen Munitionszug zwischen Cambrai und Aubigny-au-Bac. Ein weiterer Angriff bei St.-Quentin sprengte 60 Munitionswagen in die Luft und zerstörte zusätzlich so viel Material, daß ein ganzes Regiment für den Fronteinsatz ausfiel.

Deutsche Bomber und Jagdflieger krümmten an diesem Tag keinem einzigen britischen Soldaten ein Haar. Dagegen nahm es Major L. W. B.

DER LETZTE LOOPING

Die Engländer verwendeten Plakate wie diese als Schulungsmaterial, um unerfahrene Piloten auf die Gefahren im Luftkampf aufmerksam zu machen. Das Plakat oben zeigt, wie das Heck eines siegreichen britischen Flugzeugs abbricht – eine Warnung vor unnötiger Flugakrobatik. Die Szene rechts oben beschreibt die Situation, in die ein Flieger geraten kann, wenn er zu arglos ein einfach scheinendes Ziel angreift. Das Plakat rechts unten veranschaulicht eine bevorzugte Taktik im Luftkampf: den Angriff aus der Sonne heraus.

IN DIE FALLE GEGANGEN

WARNUNG VOR DEM FEINDLICHEN ANGRIFF AUS DER SONNE

Rees allein mit etwa zehn deutschen Bombern auf. Er zwang sie alle in die Flucht und wurde später dafür mit dem Viktoriakreuz belohnt.

Hätte die Luftüberlegenheit nicht bestanden, wären die Verluste der Alliierten noch unvorstellbar schlimmer ausgefallen. Doch trotz dieser schrecklichen Verluste rückte die Bodenoffensive weiter vor. Während des langen Sommers, in dem Angriff und Verteidigung ständig wechselten, ließen die alliierten Luftangriffe nie nach. In einem Zeitraum von vier Monaten gingen durch französische und britische Flugzeuge auf fast 300 Ziele mehr als 17 600 Bomben nieder. Schwärme von Beobachtungsballons und Aufklärungsflugzeugen dirigierten das alliierte Artilleriefeuer mit vernichtendem Erfolg. Im September entdeckten Aufklärungsflugzeuge der britischen 4. Armee 29 deutsche Geschütze, die daraufhin von der Artillerie prompt zum Schweigen gebracht wurden. Die alliierten Tiefflugangriffe wirkten so niederschmetternd auf die deutschen Soldaten, daß sich während eines solchen Einsatzes 370 von ihnen einer Gruppe von Soldaten des Leicester-Infanterieregiments ergaben, nachdem sie zuvor dem britischen Flugzeug, das sie unter Maschinengewehrbeschuß genommen hatte, mit weißen Taschentüchern Zeichen gegeben hatten.

Von der zahlenmäßigen Überlegenheit des Gegners erdrückt, konnten die deutschen Fliegereinheiten der verzweifelt kämpfenden Infanterie und Artillerie kaum helfen. Ununterbrochen wurden die deutschen Flugplätze angegriffen. „Feindliche Flugzeuge in Verbänden von sechs, acht, zehn oder mehr nahmen sich unsere Flugplätze vor", berichtete ein deutscher Pilot. Die Überlebenschance für einen deutschen Frontflieger war auf einen neuen Tiefpunkt gesunken; nicht selten wurde ein Ersatzmann bereits Minuten nach dem Start zu seinem ersten Einsatz getötet.

Unter den neuen Männern, die am Triumph des alliierten Luftsiegs mit beteiligt waren, fiel ein besonders jugendlicher auf. Mit 19 Jahren hatte sich Albert Ball während der Vorbereitungen zur Offensive zu den Luftstreitkräften gemeldet. Bei seinen ersten Versuchen, das Maschinengewehr seiner Bristol-Scout abzufeuern, schoß er sich fast selbst ab: Weil die Synchronisation versagte, wurde der Propeller seiner Maschine durch die Geschosse fast in zwei Teile getrennt. Ball wechselte auf eine Nieuport 16 über und hatte eine drei Monate dauernde Erfolgsserie, die die Siege aller anderen Flieger weit in den Schatten stellte. Zwischen Anfang Juli und Ende September schoß er 30 feindliche Flugzeuge ab, übertraf damit Boelcke und Guynemer zugleich und wurde für eine Weile der erfolgreichste Pilot des Krieges. Für seine Taten wurde er mit der Verdienstmedaille, dem Distinguished Service Order, ausgezeichnet, und die Bewunderung der britischen Nation, die bis dahin um ihre Flieger nicht gerade viel Aufhebens gemacht hatte, war ihm sicher.

Ball war für seine Rolle als Held gut vorbereitet. Zu Hause bei seinen Eltern hatte er den Tennisplatz in Beschlag genommen, um darauf Pistolenschießen zu üben, und hatte es bis zum Meisterschützen gebracht. Einen alten Schuppen hatte er zu seiner Werkstatt gemacht, um darin mit Motoren und Radiogeräten zu experimentieren. Mit 17 Jahren betrieb er bereits eine eigene kleine Messinggießerei und Elektrowerkstatt.

In Balls Kampfstil fanden sich Elemente der Techniken Guynemers und Hawkers wieder, denen er jedoch ein eigenes Gepräge gab. Wie Nungesser und andere französische Asse war er ein Einzelgänger. Er haßte den Formationsflug und sonderte sich häufig ab, um allein den Kampf mit dem

Französische Flugzeuge unter alliiertem Kommando

Frankreich baute einige der besten – und sicherlich die verbreitetsten – Flugzeuge des Ersten Weltkriegs. Nicht nur die französischen Staffeln, sondern auch die Luftstreitkräfte der Belgier, Italiener, Russen, Engländer und – seit 1917 – der Amerikaner waren mit in Frankreich hergestellten oder entwickelten Flugzeugen ausgerüstet.

Die zweisitzige Breguet 14. B2 *(ganz unten)* war Frankreichs Standardbomber. Er bestand größtenteils aus mit Segeltuch bespanntem Duralumin, einem neuen Material im Flugzeugbau,

und hatte den Vorteil der Doppelsteuerung. Das Nieuport-17-Jagdflugzeug, das rechts mit einem synchronisierten Maschinengewehr abgebildet ist, wurde Anfang 1916 eingeführt und hat mit dazu beigetragen, den deutschen Fokkern die Luftüberlegenheit streitig zu machen. Später war die von der Société pour l'Aviation et ses Dérivés gebaute Spad 13 *(unten)* das bevorzugte Flugzeug der Asse mehrerer Nationen. Sowohl der Franzose René Fonck als auch der Amerikaner Eddie Rickenbacker erzielten die meisten ihrer Luftsiege mit der Spad 13.

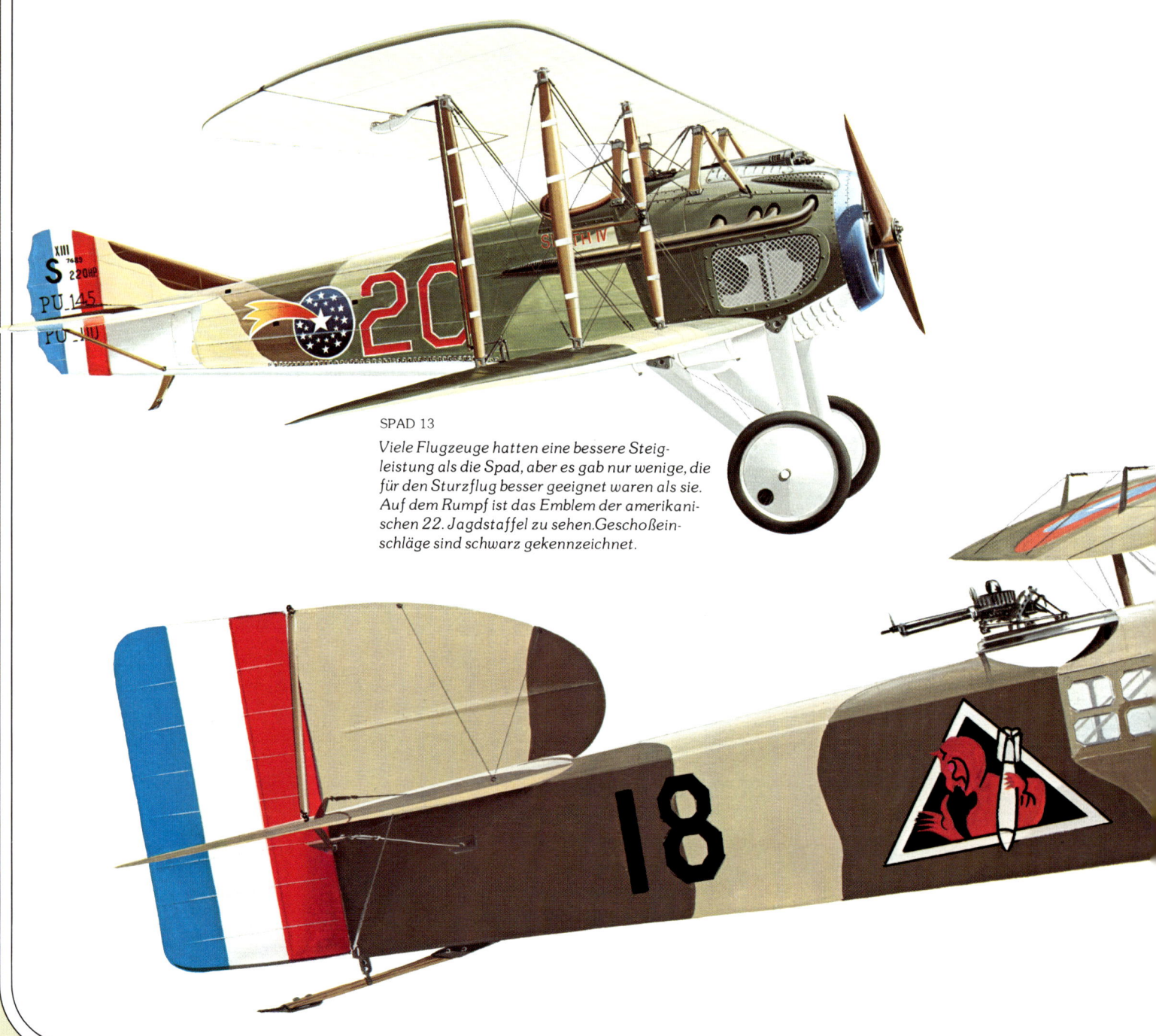

SPAD 13

Viele Flugzeuge hatten eine bessere Steigleistung als die Spad, aber es gab nur wenige, die für den Sturzflug besser geeignet waren als sie. Auf dem Rumpf ist das Emblem der amerikanischen 22. Jagdstaffel zu sehen. Geschoßeinschläge sind schwarz gekennzeichnet.

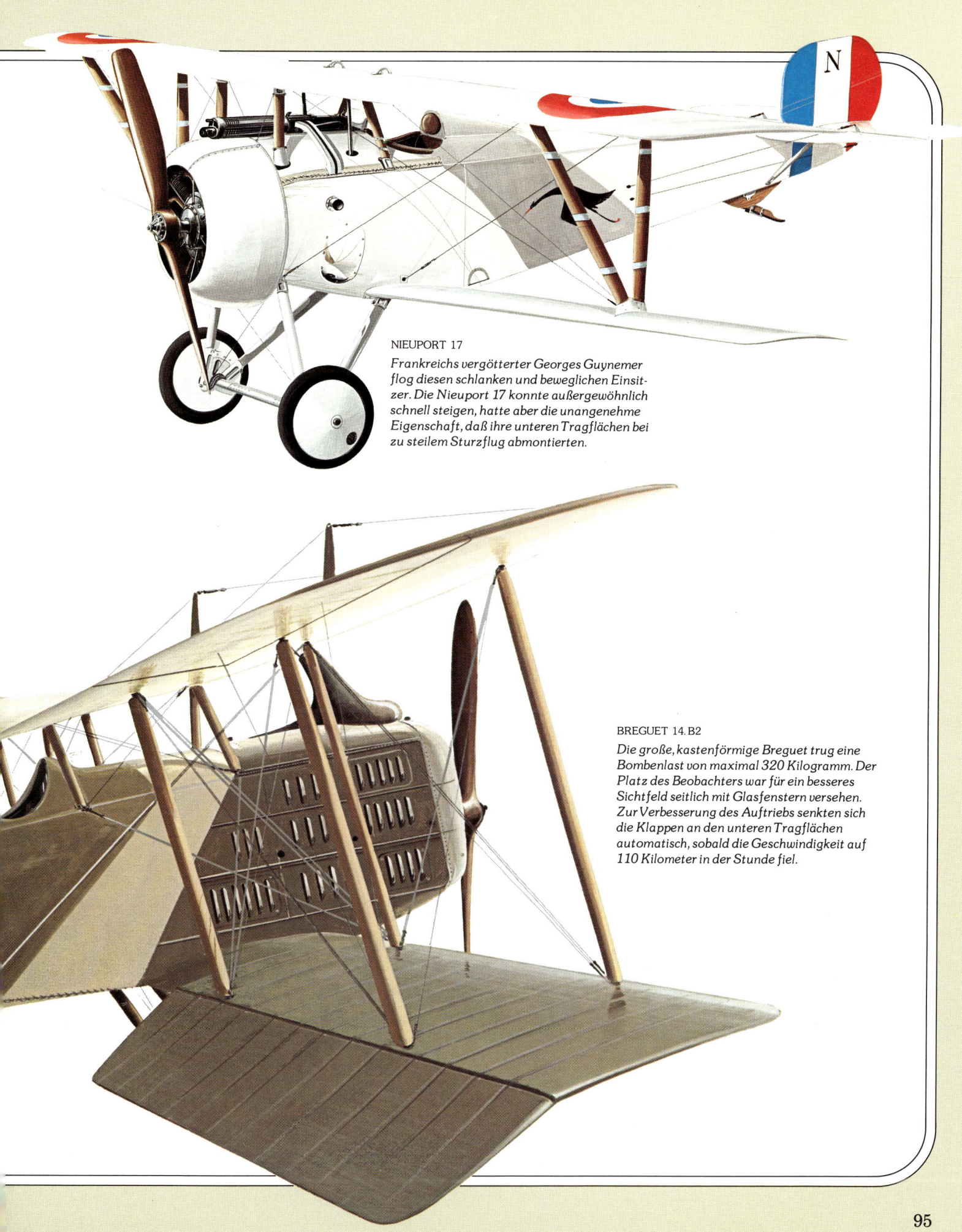

NIEUPORT 17

Frankreichs vergötterter Georges Guynemer flog diesen schlanken und beweglichen Einsitzer. Die Nieuport 17 konnte außergewöhnlich schnell steigen, hatte aber die unangenehme Eigenschaft, daß ihre unteren Tragflächen bei zu steilem Sturzflug abmontierten.

BREGUET 14. B2

Die große, kastenförmige Breguet trug eine Bombenlast von maximal 320 Kilogramm. Der Platz des Beobachters war für ein besseres Sichtfeld seitlich mit Glasfenstern versehen. Zur Verbesserung des Auftriebs senkten sich die Klappen an den unteren Tragflächen automatisch, sobald die Geschwindigkeit auf 110 Kilometer in der Stunde fiel.

Feind aufzunehmen. An manchen Tagen ließ er die Staffel ganz und gar im Stich und suchte sich seine eigene Beute.

Wie Guynemer wurde Ball ein Tüftler, was das Flugzeug und seine Bewaffnung betraf. Er veränderte ständig die Stellung der Maschinengewehrhalterung, der sogenannten Foster-Lafette. Ihr beweglicher Halterungsbolzen ermöglichte es, das Lewis-Maschinengewehr auch nach oben abzufeuern. Außerdem hatte er die Steuervorrichtung des Flugzeugs so abgewandelt, daß er in kritischen Kampfsituationen freihändig fliegen und das Maschinengewehr mit beiden Händen bedienen konnte. Er war der erste, der einen Rückspiegel über seinem Cockpit befestigte, um den Luftraum hinter sich überblicken zu können, ohne den Kopf wenden zu müssen. Dies wurde später von vielen Piloten übernommen.

In seiner abgewandelten Nieuport wurde Ball der eifrigste Vertreter von Lanoe Hawkers Grundsatz, alles anzugreifen, was sich bot. Seine Angriffslust brachte ihn oft in Schwierigkeiten: Sechsmal wurde er abgeschossen. Ende August 1916 ereignete sich so ein Unglück. Ball war allein in seiner Nieuport losgeflogen, um deutsche Jagdflieger, die bei Cambrai lagen, herauszufordern. Als sie aufstiegen, um ihn abzufangen, stieß Ball direkt in ihre Mitte, trieb sie auseinander und hatte so voneinander getrennte Ziele vor seinem Lewis-Maschinengewehr. Zwei von Balls Opfern taumelten manövrierunfähig zu Boden. Aber die Deutschen wehrten sich und überschütteten Ball mit einem Geschoßhagel, der schließlich seinen Motor außer Betrieb setzte. Da er seine Munition verschossen hatte, zog Ball seine Pistole und feuerte eine Abschiedssalve auf seine Gegner ab, bevor er sich im Gleitflug über die eigene Front rettete und sein beschädigtes Flugzeug sicher notlandete.

Bei solchen Unternehmungen entwickelte Ball seine eigene Methode, um Abschüsse zu erzielen. Wenn möglich, versuchte er, unter den Flugzeugrumpf des Deutschen zu kommen. Dann zog er den Verschluß seines Gewehres nach unten und feuerte aus zehn Meter Entfernung aufwärts, manchmal kippte er sein Flugzeug von einer Seite zur andern, damit der Geschoßhagel auf die gesamte Unterseite des Feindes prallte. Seltsamerweise brachten seine Erfolge am Himmel Ball seinen Staffelkameraden nicht näher. Er wohnte nicht in demselben Quartier wie sie. Statt dessen lebte er allein hinter dem letzten Hangar seiner Staffel in einem Holzschuppen, den er seine „gute, alte Hütte" nannte. Zwischen den Einsätzen arbeitete er stundenlang neben der Hütte in seinem Gemüsegarten, hervorgegangen aus Samen, die ihm seine Familie auf seine Bitte hin geschickt hatte. Abends blieb er, statt mit den anderen Piloten laute Feste zu feiern, in der Hütte und lauschte seinem Grammophon oder spielte Geige.

Er war ein verschlossener und sehr empfindsamer junger Mann, der sehr zwiespältige Gefühle über sein Dasein als Kampfflieger hegte. Einmal beschrieb er den deutschen Flieger als „guten Kerl, der sein Bestes versucht. Nichts ist schlimmer, als ihn abstürzen zu sehen". Ein anderes Mal erinnerte er sich mit Freude daran, wie er ein schon beschädigtes Flugzeug noch beschoß, „um die Insassen auch sicher zu erwischen". Ein Brief vom 24. August 1916 an seine Schwester strotzte vor Selbstzufriedenheit:

„Hallo, Ihr Lieben!

„Wirklich, ich habe einfach zu viel Glück für mein Alter. Bin zwölf Hunnen begegnet.

„Kampf Nr. 1. Ich griff an und schoß, holte die Maschine eben außerhalb eines Dorfes herunter. Völlig zerstört.

Augenzeugenbericht eines Bombenschützen

Leutnant Henri Farré, Kampfbeobachter in einem Bombenflugzeug der französischen Luftstreitkräfte, trug ständig einen Skizzenblock bei sich – selbst im Einsatz. Seine Skizzen, die er später auf Leinwand übertrug, stellen einen eindrucksvollen Augenzeugenbericht vom Luftkrieg dar, der, wie Farré sagte, „nicht nur von mir gemalt, sondern an den verschiedensten Frontabschnitten Frankreichs erlebt wurde."

Häufig war es ein düsterer Bericht. Die zwei Gemälde, die hier abgebildet sind, zeigen den Tod eines von Farrés Kameraden, den bei der Rückkehr von einem Bombeneinsatz 1915 über Deutschland ein feindliches Geschoß traf.

Der Tod von Hauptmann Albert Féquant ist auf diesen beiden Gemälden dargestellt. Tödlich verwundet hängt er oben aus dem Cockpit des Voisin-Doppeldeckers. Unten salutiert der Pilot der Maschine, als Féquants Leiche aus dem Flugzeug gehoben wird.

„Kampf Nr. 2. Ich griff an. Von unten. Der Hunne stürzte brennend ab.

„Kampf Nr. 3. Ich griff an. Die Maschine stürzte genau auf ein Hausdach.

„Ich wurde nur elfmal an den Tragflächen getroffen. Ich kehrte um und holte neue Munition. Diesmal hatte ich nicht ganz so viel Glück. Ich wurde von 14 Hunnen, ungefähr 25 Kilometer hinter ihren Linien, erwartet. Mein Windschutz wurde an vier Stellen getroffen, der Spiegel ging drauf, der Holm meines linken Flügels mußte dran glauben, und der Motor hatte kein Benzin mehr.

„Oh, la, la. Umwerfend, nicht?"

Bei einer anderen Gelegenheit dagegen schrieb Ball (vielleicht etwas aufrichtiger): „Ich wünsche mir so sehr, all dies entsetzliche Töten für eine Weile hinter mir lassen zu können." Ende September hatten sich diese wechselnden Stimmungen zu einer fliegerischen Erschöpfung verdichtet, einem so neuen Phänomen, daß die Ärzte der Luftstreitkräfte noch keinen Namen dafür wußten. Die ersten Symptome traten nur unauffällig auf, so daß nur wenige Piloten das Einsetzen dieser Krankheit erkannten.

Ein Amerikaner, der in einer britischen Staffel flog, hat beschrieben, wie sich tägliches, wochenlang ohne Unterbrechung andauerndes Fliegen, schlechtes Essen und zuwenig Schlaf zunehmend auswirkten: „Zuerst ist man angespannt, dann erreicht man das Stadium großer Kaltblütigkeit und Gefaßtheit. Man denkt, man sei ein wirklich hervorragender Schütze und ein verdammt guter Pilot und es müsse einer schon gewaltig viel besser sein, um mich zu erwischen." Nach der Euphorie kam die Erschöpfung, langsamere Reaktionen und eine Tollkühnheit, die die Flieger in unnötige Gefahren trieb. Heilung konnte durch ein Herabsetzen des Tempos erreicht werden, aber nur selten erhielten überarbeitete Piloten Startverbot, bekamen einen verlängerten Urlaub bewilligt oder wurden in die Etappe versetzt.

Ball hatte Glück. Er fühlte, daß etwas nicht in Ordnung war – er hatte in letzter Zeit zuviel aufs Spiel gesetzt –, und bat seinen Kommandeur, ihn für eine Weile nach Hause zu entlassen. Ein paar Tage später erhielt er die Nachricht, daß er, obwohl erst 20 Jahre alt, zum Hauptmann befördert worden war. Dann fuhr er nach Hause, um von König Georg V. persönlich die Verdienstmedaille in Empfang zu nehmen und sich während einer sicheren und ruhigen Dienstreise in England zu erholen.

Für die Erfolgsphase der Alliierten in der Luft war nicht zuletzt eine Gruppe amerikanischer Freiwilliger mit maßgeblich. Ursprünglich waren sie als Escadrille Américaine, als amerikanische Staffel, bekannt – bis sich der deutsche Botschafter in Washington über solch eine eindeutige Parteinahme eines angeblich neutralen Staates beschwerte. Danach wurde die Staffel in Lafayette Escadrille, Lafayette-Staffel, umbenannt nach dem französischen Edelmann, der unter George Washington für die amerikanische Unabhängigkeit gekämpft hatte. Seit April 1916, dem Bestehen der Staffel, gehörten ihr insgesamt 38 Amerikaner an. Es waren nicht die einzigen Amerikaner, die für Frankreich flogen; 172 weitere Freiwillige dienten bei den französischen Luftstreitkräften; und obwohl sie auf viele Einheiten verteilt waren, nannte man sie zusammenfassend das Lafayette Flying Corps. Tatsächlich fügten die Amerikaner den Deutschen nur geringen Schaden zu – in ihren fast 20 Kampfmonaten erzielte die Lafayette-Staffel 57 Abschüsse –, aber ihre Anwesenheit an der Front brachte die Vereinigten Staaten den Alliierten näher und ließ auf wesentlich größere Hilfe zu einem späteren Zeitpunkt hoffen.

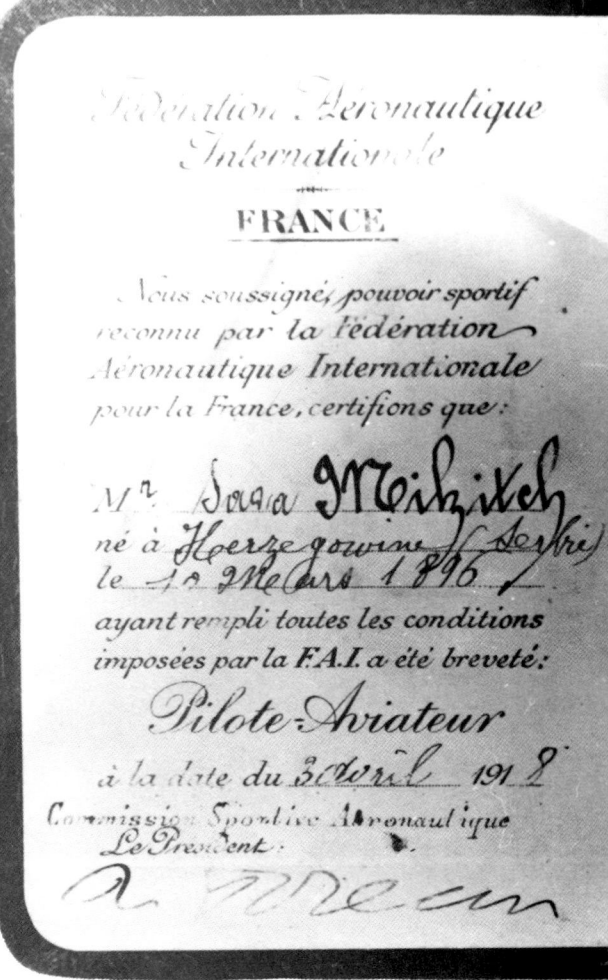

Dieser französische Pilotenschein, ein typisches Ausweispapier, wie es die Flieger für den Fall einer Gefangennahme bei sich trugen, ist auf den Namen des serbischen Piloten Sava Mikitch ausgestellt. Da Serbien selbst über keine Ausbildungsmöglichkeiten verfügte, schickte es viele seiner Flugschüler nach Frankreich.

Die Lafayette-Staffel richtete sich im Oktober in Cachy nahe der Somme ein, und die Amerikaner zeigten sich sogleich als die stilvollsten Gastgeber an der Westfront. Der erste Eindruck von Cachys Unterkünften brachte zwei von ihnen dazu, nach Paris zu eilen; dort besorgten sie einen Lastwagen und beluden ihn mit Eisenöfen, Töpfen, Pfannen und Geschirr. Auf dem Rückweg entführten sie den französischen Koch eines benachbarten Regiments, der früher im Ritz in New York gearbeitet hatte.

Bald erschienen die französischen und britischen Flieger in Scharen und erfreuten sich nicht nur am Essen, sondern auch an den ununterbrochenen, lauten Würfel- und Pokerspielen. Aus dem Grammophon schallte eine schier endlose Mischung aus Ragtime, Foxtrott und Opernmelodien. Die Besucher bewunderten auch die Maskottchen der Amerikaner, zwei in Paris gekaufte, gelbbraune Löwenjunge, die auf die Namen „Whiskey" und „Soda" hörten und frei auf dem Flugplatz umhertollten.

Aber vor allem gefiel den alliierten Fliegern die lockere Art der Amerikaner. Der besondere Liebling der „Störche" war ein rauhbeiniger Amerikaner französischer Abstammung, Raoul Lufbery. Seine Kameraden hatten ihn erst kürzlich aus einem Gefängnis in Chartres geholt, wo er hatte einsitzen müssen, weil er einem Eisenbahnangestellten die Zähne ausgeschlagen hatte. Hier fand Nungesser einen Mann nach seinem Herzen, und er stattete der Staffel häufig einen Besuch ab. Bei einem früheren Besuch hatte das französische As – kaum daß die letzten Wunden verheilt waren – in einer geliehenen Nieuport einen Abschuß für die Staffel erzielt. Er hatte den Neuankömmlingen nur zeigen wollen, wie man so etwas macht.

Raoul Lufbery hatte einen langen Weg zurückgelegt, um nach Frankreich und zur Staffel zu kommen. Er hatte als Soldat der Vereinigten Staaten auf den Philippinen gedient und war dann Mechaniker bei einem durch Indien, China und Ägypten reisenden Kunstflieger geworden. 1914 tauchte er mit seinem Pilotenfreund in Paris auf, um sich zur französischen Fremdenlegion zu melden, für einen amerikanischen Bürger damals die einzige Möglichkeit, am Krieg teilzunehmen. Wie viele andere Fremdenlegionäre wechselte er zur Fliegertruppe über und ging schließlich als Mechaniker an die Front. Im folgenden Oktober schloß Lufbery seine Fliegerausbildung ab und flog reguläre Bombereinsätze.

Für die meisten Mitglieder der Lafayette-Staffel war der Weg an die Westfront einfacher, wenn auch manchmal nicht weniger lang gewesen. Die Brüder Kiffin und Paul Rockwell kamen aus Asheville, North Carolina. Einer ihrer Vorfahren hatte in der Armee von George Washington zusammen mit dem Marquis de Lafayette gekämpft. Die Brüder Rockwell schrieben dem französischen Konsul in New Orleans, daß sie sich dem republikanischen Ideal verpflichtet fühlten und daher für Frankreich kämpfen wollten. William Thaw, der das Fliegen aus Liebhaberei betrieb und sich auch zunächst als Freiwilliger zur Fremdenlegion gemeldet hatte, war der Sohn einer wohlhabenden Familie aus Pittsburgh. Victor Chapman, der sich in Paris auf ein Examen vorbereitete, ging, als Frankreich mobil machte, zunächst mit seinen Eltern, die gerade auf Urlaub in Europa weilten, nach London. Er kehrte jedoch schon bald nach Paris zurück, um sich zu melden. Und der Flugschüler Norman Prince brach von Prides Crossing, Massachusetts, nach Frankreich auf, mit der Absicht, eine amerikanische Freiwilligenstaffel auf die Beine zu stellen.

Prince besprach seinen Plan mit anderen Amerikanern in Paris und mit den französischen Behörden. Letztere wollten zuerst nichts davon wissen.

Gerade war ein Englisch sprechender Spion erschossen worden, der sich unter der Vorgabe, amerikanischer Freiwilliger zu sein, in die französische Fliegertruppe eingeschlichen hatte. Aber als Frankreichs Verluste Anfang 1916 die Zweimillionengrenze überschritten, zeigte sich die französische Regierung aufgeschlossener für solche Vorschläge. Auch Dr. Edmund L. Gros, der einflußreiche Leiter des freiwilligen amerikanischen Sanitätsdienstes in Paris, unterstützte den Plan, eine Fliegerstaffel aus Freiwilligen aufzubauen. Mit Hilfe von Dr. Gros konnten die Amerikaner ihren Plan dem neuernannten Direktor für Luftfahrt vortragen. Er genehmigte die Aufstellung einer Freiwilligenstaffel. Die Motive der Amerikaner waren unterschiedlich. Einige meldeten sich aus reiner Abenteuerlust, andere, weil sie fest an die Sache der Alliierten glaubten und hofften, daß sie der Welt den Frieden bescheren könnten. Fast alle waren Individualisten, bereit, Opfer zu bringen und ihre Sicherheit aufzugeben, um sich den Gefahren des noch jungen Luftkriegs zu stellen.

Sobald sie ihre Ausbildung beendet hatten, sollten die Amerikaner einen Teil der Nieuport-Jagdflugzeuge erhalten. Einige aus der Gruppe, wie Lufbery, dienten bereits in der französischen Luftwaffe und hatten Erfahrungen zumindest in zweisitzigen Kampfflugzeugen gesammelt; die anderen erhielten die in Frankreich übliche Ausbildung. Im April wurden sie an einen ruhigen Abschnitt bei Luxeuil-les-Bains geschickt, wo sie sich verhältnismäßig ungestört mit ihren Nieuports vertraut machen konnten.

Luxeuil war zu Zeiten Ludwigs XV. Kurort des französischen Königshauses gewesen und wirkte noch immer imponierend. Natürliche Heilwasserquellen sprudelten in rosa Granitwannen. Die Flieger wurden in einem ausgezeichneten alten Gasthof untergebracht. Hauptmann Thénault erinnerte sich, dort folgendes gegessen zu haben: „köstliche Forelle aus einem nahe gelegenen Fluß, Hühner, Wild, Hasen, Wildgeflügel ... sorgfältig zubereitet, dazu ausreichend Burgunder zum Nachspülen!" Luxeuil war von blühenden Obstbäumen auf grünen Hängen umgeben, und dahinter erhoben sich, nicht weit entfernt, die schneebedeckten Gipfel der Vogesen.

Auch Thénault und die Freiwilligen freuten sich über die Unterstützung, die sie sowohl von der französischen Regierung als auch von einer Gruppe großzügiger Amerikaner in Paris bekamen, zu denen auch Dr. Gros und William K. Vanderbilt gehörten. Nach einem Bericht von James McConnell schien das „Bodenpersonal der Staffel beim ersten Hinsehen zahlreicher zu sein als die Armee Nicaraguas – Mechaniker, Fahrer, Waffenwarte, Kradmelder, Telephonisten, Funker, Sanitäter, Schreiber!" Vor dem Gasthof warteten Wagen mit Scheinwerfern aus Messing zur persönlichen Verfügung der Flieger, im Gasthof brauchten sie nur in die Hände zu klatschen, schon erschienen Bedienstete, um sich nach ihren Wünschen zu erkundigen. „Es erinnerte mich an den Brauch unserer Urahnen", sagte McConnell, „diejenigen Menschen, die sie zum Opfer auserwählt hatten, vor dem Tod noch einmal besonders zu verwöhnen."

Seine Sorgen waren begründet. Im Frühjahr 1916 unternahmen die jungen Amerikaner inmitten ihrer idyllischen Umgebung in ihren Nieuports Erkundungsflüge, die mehr schöne Ausblicke als Kampfhandlungen boten – bis nach ungefähr einem Monat Kiffin Rockwell meldete, er habe tatsächlich ein deutsches Flugzeug, eine zweisitzige L.V.G., abgeschossen und damit den ersten Sieg der Staffel erzielt. „Ein Luftraumbeobachter gab die Meldung telephonisch durch, bevor Rockwell zurück war", erinnerte sich McConnell, „und er wurde stürmisch empfangen. Ganz Luxeuil riß sich um

Der Krieg aus japanischer Sicht

空獨英絶快絶壯 （其四十九）報畫亂戰 大洲歐

Die Vision einer gewaltigen Luft- und Seeschlacht zwischen deutschen und britischen Streitkräften wird in dieser japanischen Lithographie aus dem Jahre 1915 phantastisch ausgemalt. Japan war im August 1914 auf Seiten der Alliierten in den Krieg eingetreten. Da Photos von den Kriegsschauplätzen nur sehr schwer erhältlich beziehungsweise zu reproduzieren waren, erstand die Bevölkerung, die an den Ereignissen in Europa sehr interessiert war, begierig Lithographien wie diese.

ihn. Aber", fügte McConnel hinzu, „er konnte nicht bleiben, um seine Beliebtheit zu genießen." Die Staffel war nach Verdun beordert worden.

Man quartierte die Lafayette-Staffel in einer geräumigen Villa beim Flugplatz Bar-le-Duc ein. Immer noch schien der Krieg eine großartige Angelegenheit zu sein. Der gutaussehende und idealistische Victor Chapman, dessen erklärtes Ziel es war, „für die Sache der Menschlichkeit, die edelste Sache, die es gab, zu kämpfen", schrieb nach Hause: „Fliegen ist viel zu romantisch, um Teil eines modernen Kriegs mit all seinem Furchtbaren zu sein. Gestern nachmittag war der Himmel hell, nur hin und wieder trieben ausgefranste Wolken wie von Göttern oder Geistern gemachter Schaum dahin. In 3000 Meter Höhe flog man vollkommen sicher auf einem violetten Nebelmeer. Ich begegnete einer Gruppe Nieuports und sah weiter hinten eine Kette weißgeflügelter L.V.G.'s. Wie sieht das doch alles nach Spiel aus!"

Aber plötzlich wurde der Krieg für Chapman bitterer Ernst. Seine Freunde hatten ihn schon seit einer Weile gewarnt, er würde mehr wagen, als gut sei. Als er eines Tages mit Thénault und zwei anderen Piloten einen Erkundungsflug unternahm, hatte er den strikten Befehl, auf dem rechten Ufer der Maas zu bleiben. Sobald jedoch deutsche Flugzeuge am linken Ufer erschienen, stürzte sich Chapman – nach Aussagen Thénaults – „wie ein Tiger auf eine der Ketten". Chapmans Freunde folgten und zogen ihn aus einem Schwarm Deutscher. Aber später am Tag stieg er noch einmal allein auf und kehrte mit Kopfwunden und einem schwer zerschossenen Flugzeug zurück. Chapman verlangte daraufhin ein anderes Flugzeug, und entgegen dem Befehl, am Boden zu bleiben, solange seine Wunden noch nicht ausgeheilt waren, griff er eine Woche später allein fünf Fokker an. Er wurde hinter den feindlichen Linien abgeschossen; sein Flugzeug zerbrach im Fallen in der Luft. Chapman war der erste aus einer bekannten amerikanischen Einheit, der im Ersten Weltkrieg im Kampf fiel.

Die Staffel schlug mit einem wuchtigen Angriff zurück, der Lufbery und Kiffin Rockwell jeweils vier Siege einbrachte. Aber dann fiel auch Rockwell, als er einen deutschen Zweisitzer so hitzig angriff, daß er selbst in die Schußlinie des Gegners geriet. Drei Wochen nach Rockwells Tod starb auch Norman Prince, der sich zusammen mit Dr. Gros und William Thaw bei den französischen Behörden für die Aufstellung der amerikanischen Staffel eingesetzt hatte. Er erlag den schweren Verletzungen, die er sich, während er Begleitschutz für einen Bombereinsatz flog, beim Zusammenprall seiner Nieuport mit einer Überlandleitung zugezogen hatte. Prince hatte in weniger als sechs Monaten an der Front 122 Einsätze gegen feindliche Flugzeuge geflogen. Ihm wurden fünf Abschüsse bestätigt; seine Offizierskameraden schrieben ihm allerdings noch einige mehr zu, die aber in offiziellen Listen nicht auftauchten.

So mußten die Amerikaner im Sommer 1916 im „ersten großen Einsatz von Fliegerstaffeln", wie es in einem zeitgenössischen Bericht hieß, schwere Schläge hinnehmen. Die alliierten Fliegerverbände hatten nach den Worten eines deutschen Generals „die fast unangreifbare Luftherrschaft" erreicht, und Boom Trenchard vom RFC konnte mit Zufriedenheit berichten, daß in einer einzigen Herbstwoche „nur 14 feindliche Flugzeuge die Grenze des Einsatzraums der 4. Armee, dagegen aber 2000 bis 3000 unserer Maschinen die Linien überflogen haben". Sie zerstörten unter anderem 521 Geschütze.

Indem er stolz die Leistungen Frankreichs hervorhob, stellte Hauptmann Felix Brocard fest, daß allein seine „Störche" an 388 Luftkämpfen

Norman Prince wurde Pilot, nachdem er sein Studium in Harvard abgeschlossen hatte. 1916 half er beim Aufbau der Lafayette-Staffel, der amerikanischen Freiwilligen-Staffel in Frankreich. Bis zu seinem Tod im Jahre 1916 schoß er fünf deutsche Flugzeuge ab.

Eine Gedenkfahne, die nach dem Krieg für die Lafayette-Staffel und das amerikanische Fliegerkorps entworfen wurde, zeigt das Indianerkopf-Emblem der Staffel. Die Sterne repräsentieren die 65 Mitglieder, die im Krieg gefallen oder anderweit ums Leben gekommen sind.

teilgenommen und 72 Flugzeuge abgeschossen hatten. Brocard war besonders erfreut über Georges Guynemer, den er lobend seinen „allerbesten Storch" nannte. Dieses Lob sollte Guynemer auch weiterhin sicher sein. Er hatte im September seine Nieuport gegen ein neues, noch schnelleres Jagdflugzeug eingetauscht, die Spad 7. Spad war die Abkürzung des Herstellernamens, Société pour l'Aviation et ses Dérivés. Das Flugzeug besaß ein synchronisiertes Vickers-Maschinengewehr. Guynemer malte den Namen „Vieux Charles" (alter Charles) auf den Rumpf der Spad und brannte darauf, mit ihr seinen Ruhm noch zu vermehren.

Aber er hatte seine Rechnung ohne das Kriegsglück gemacht. Nachdem er drei deutsche Flugzeuge angegriffen und mit hervorragend gezielten Feuerstößen aus nächster Nähe heruntergeholt hatte, flog er in 3000 Meter Höhe zur eigenen Front zurück, als ein verirrtes Geschoß der französischen Flugabwehr die Bespannung seiner oberen Tragfläche durchschlug. Das Flugzeug trudelte 1500 Meter in die Tiefe, bevor Guynemer es abfangen konnte. Nur 100 Meter neben der Batterie, die auf ihn gefeuert hatte, gelang ihm schließlich die Notlandung.

Die französischen Kanoniere waren entsetzt. Sie hatten das Flugzeug erkannt, als es zur Erde stürzte, und dachten, nun hätten sie das „Geflügelte Schwert Frankreichs" für immer zerbrochen. Dann erschien das blasse Gesicht und der dünne Körper Guynemers aus dem Wrack der Spad. Seine einzige Verletzung war ein aufgeschlagenes Knie. Die Kanoniere rannten ihm entgegen und versuchten, ihn – trotz seiner blutenden Wunde – auf ihre Schultern zu heben. Dann begannen sie zu singen – ergriffen stimmte erst einer, dann der nächste und dann der übernächste die Marseillaise an, bis schließlich alle im Chor die mitreißende Hymne schmetterten. ～～

Mitglieder der Lafayette-Staffel haben sich mit ihren Maskottchen, den beiden Löwenjungen Whiskey und Soda, vor ihren Unterkünften bei Chaudun in Frankreich für eine Aufnahme versammelt. In der Mitte der Gruppe befinden sich Hauptmann Thénault (sitzend, vierter von links), der französische Staffelchef und Raoul Lufbery (sitzend, vierter von rechts), mit seinen 17 Luftsiegen das führende As der Staffel.

Ein Ehrenmal für tapfere Krieger

Die Beweggründe der Amerikaner waren vielfältig, und sicherlich waren einige davon naiv: Abenteuerlust, Ruhmessucht oder einfach „der Drang zum Kämpfen", wie es einer der amerikanischen Flieger ausdrückte. Aber, so sagte Edwin Parsons von der Lafayette-Staffel viele Jahre später: „Ich kenne keinen einzigen unter den Jungen, der nicht tief in sich den Wunsch verspürte, Frankreich zu helfen."

Die tapfere Haltung der jungen Amerikaner – und manche waren buchstäblich noch im Jungenalter – erfüllte die Franzosen mit Dankbarkeit und Rührung. Nach dem Krieg ließ ein französisch-amerikanisches Komitee den Freiwilligen in Frankreich ein Ehrenmal errichten, dessen Glasmalereien zum Teil auf dieser und den folgenden Seiten abgebildet sind.

Zwischen 1916 und 1918 flogen mehr als 200 Amerikaner für Frankreich. Die meisten waren inzwischen zu den US-Luftstreitkräften übergewechselt, jedoch dienten einige noch weiter in der Lafayette-Staffel, während andere, die dem Lafayette-Fliegerkorps angehörten, über die gesamten französischen Luftstreitkräfte verteilt waren. „Sie kämpften darum, hineinzukommen", erinnerte sich Parsons. Und die, die es geschafft hatten, waren gute Kampfflieger; insgesamt erzielten sie 199 anerkannte Luftsiege. Aber der Preis, den sie dafür zahlten, war hoch: 63 Amerikaner fielen im Kampf, zwei starben durch Krankheit oder durch einen Unfall während des Krieges.

Die meisten der Gefallenen liegen im Ehrenmal der Lafayette-Staffel in der Nähe von Versailles begraben. Das Grabmal, das am 4. Juli 1928 eingeweiht wurde, besteht aus einem Triumphbogen, der von Bogengängen flankiert wird, und einer Gruft. Das Licht fällt in das Ehrenmal durch 13 bunte Glasfenster, die durch eine öffentliche Sammlung finanziert und von einem unbekannten Künstler geschaffen wurden. Sie zeigen amerikanische Piloten bei Einsätzen über den verschiedenen Kampfgebieten an der europäischen Westfront.

In dem von dem englischen Dichter Richard Le Gallienne verfaßten Epitaph heißt es unter anderem: „Frankreich, von den vielen, die dich liebten, brachte dir/Keiner Liebe von leuchtenderer Flamme entgegen als diese …/Sie gaben ihre goldene Jugend, und hier liegen sie/Tief in den Armen Frankreichs, für das sie gestorben sind."

Von einem kriegerischen Adler begleitet, überqueren amerikanische Flugzeuge den Atlantik. Die abgebildete Glasmalerei trägt den Namen „Für die Freiheit" und schmückt das Ehrenmal der Lafayette-Staffel in der Nähe von Versailles.

Auf diesem Triptychon ist ein Angriff der Lafayette-Staffel auf dem hitzig umkämpften Hartmannsweilerkopf im Elsaß dargestellt.

Das Lafayette-Fliegerkorps unterstützt französische Panzer bei einem alliierten Vorstoß auf dem Craonne–Plateau im Jahre 1917.

Ein Adler, der die amerikanische Präsenz symbolisiert, beschützt die Kathedrale von Reims, ein häufiges Ziel deutscher Bombenflugzeuge.

Ein Schwarm Flugzeuge stürzt sich auf deutsche Stellungen nahe Château-Thierry, einem der größten Schauplätze amerikanischer Kämpfe.

Eine Rollbahn auf dem Wasser

Seit dem Augenblick, da man die Nützlichkeit von Flugmaschinen für militärische Zwecke erkannte, suchten Marinefachleute der ganzen Welt nach Möglichkeiten, das Flugzeug auch im Seekrieg einzusetzen. 1910 unternahm der amerikanische Pilot Eugene Ely mit einem Doppeldecker den Versuch, von einer schrägen Rampe vom Kreuzer U.S.S. *Birmingham* aus zu starten. Das Flugzeug sackte nach dem Start so sehr durch, daß die Propellerspitzen durch das Wasser schlugen, doch es landete schließlich sicher am Ufer. Einige Monate später setzte Ely mit seinem Flugzeug erfolgreich auf dem ankernden Schlachtschiff U.S.S. *Pennsylvania* auf, das mit einer ebenen Landeplattform ausgerüstet worden war.

Während des Krieges setzte die englische Luftwaffe als erste ihre Flugzeuge von Schiffen aus zu Bombenangriffen und Aufklärungsflügen ein – jedoch nur mit mäßigem Erfolg. Bei der Rückkehr vom Einsatz mußte das vom Schiff aus gestartete Landflugzeug versuchen, die Küste zu erreichen oder neben dem Schiff notzulanden. Wasserflugzeuge konnten bei ruhiger See zwar geborgen werden, die Flugzeugmutterschiffe waren jedoch so langsam, daß sie nach ihrem Stopp zur Übernahme des Flugzeugs ihren Flottenverband nicht mehr einholen konnten.

Um dies Problem zu lösen, bauten die Engländer den noch nicht ganz fertiggestellten leichten Kreuzer H.M.S. *Furious* in einen Wasserflugzeugträger um. Mit einer Höchstgeschwindigkeit von gut 30 Knoten war die *Furious* schnell genug, um die anderen Schiffe des Verbandes nach der Bergung eines Flugzeugs wieder einzuholen.

Der Start vom Vorschiff der gegen den Wind laufenden *Furious* galt als relativ problemlos. Das Landen dagegen schien so riskant, daß es von der Admiralität für dieses Schiff nicht einmal erwogen wurde. Doch der Staffelführer E. H. Dunning, der Chefpilot des Schiffes, überredete seine Vorgesetzten, ihn eine Landung versuchen zu lassen; er würde langsam am Schiff entlangfliegen, um dann unmittelbar vor der Brücke auf dem Deck aufzusetzen. Im August 1917 zeigte Dunning, daß eine derartige Landung möglich, wenngleich mit großen Gefahren verbunden war *(S. 112–115)*. Im folgenden Winter wurde auf das Heck der *Furious* ein Landedeck mit noch recht primitiven Auffangvorrichtungen gebaut; die Versuchslandungen darauf mißlangen aber meist. Die Kriegsflugzeuge starteten jedoch weiterhin vom Deck der *Furious* aus. Am 19. Juli 1918 hoben sieben Sopwith Camels vom Flugdeck des Schiffes ab, nachdem es bis auf 130 Kilometer an den deutschen Luftschiff-Flugplatz bei Tondern herangekommen war. Sie zerstörten zwei feindliche Luftschiffe am Boden. Alle Piloten bis auf einen überlebten; entweder setzten sie ihre Flugzeuge auf dem Wasser auf oder landeten sicher in Dänemark.

An Bord der H.M.S. „Furious" steht eine Sopwith, vor Böen geschützt durch einen zaunähnlichen, zusammenklappbaren Windschutz, startbereit auf dem Vordeck (links). Rechts ist ein kleines Luftschiff, von einem U-Boot-Aufklärungseinsatz zurückgekehrt, auf dem Achterdeck gelandet. Ein aus Tauwerk bestehendes Gitter vor dem Luftschiff hatte ursprünglich den Zweck, landende Flugzeuge daran zu hindern, den Schornstein des Schiffes zu rammen.

Drei Sopwith Camels stehen startklar auf dem Deck der „Furious". Der Aufzug im Vordergrund führt auf ein Hangardeck, das acht Flugzeugen Platz bot.

Zum Starten wurde ein Fahrwerk (Vordergrund) unter die Schwimmer der Wasserflugzeuge gesetzt. Nach geglücktem Start wurde es vom Flugzeug abgeworfen.

Bei dem Versuch, auf dem Deck der H.M.S. „Furious" zu landen, nähert sich die Sopwith Pup des britischen Staffelchefs E. H. Dunning mit einer etwas höheren Geschwindigkeit, als das Schiff läuft. Offiziere eilen herbei, um das Flugzeug durch das Festhalten an Schlaufen die an den Tragflächen und dem Heck angebracht sind, möglichst schnell abzubremsen.

Staffelchef Dunning steigt aus dem Cockpit seines Flugzeugs, während ihn Offiziere und die Mannschaft der „Furious" umringen, um ihm zur ersten gelungenen Landung auf einem in Fahrt befindlichen Schiff zu gratulieren.

Nach zwei erfolgreichen Landungen versuchte
Dunning es bei stürmischem Wetter ein drittes
Mal. Oben jagen Offiziere hinter seinem
Flugzeug her, das zu weit vorn aufgesetzt hat.
Sekunden zuvor hatte Dunning nach einem
fehlerhaften Anflug versucht, wieder Höhe für
einen zweiten Anlauf zu gewinnen. Der Motor
reagierte jedoch nicht, und als das Flugzeug
hart aufsetzte, platzte der rechte Reifen.

Außerstande, Dunnings Flugzeug rechtzeitig
zu fassen und zum Stoppen zu bringen, muß
die Mannschaft der H.M.S. „Furious" hilflos
zusehen, wie es über Bord kippt. Bevor man ihn
bergen konnte, war der Staffelchef Dunning
bereits im Cockpit seiner Maschine ertrunken.

4

Das Jahr des Roten Barons

Am Rand eines sandigen deutschen Flugplatzes in der Nähe von Kowel auf den ausgedörrten Ebenen Rußlands antwortete an einem Augustmorgen 1916 Leutnant Manfred Freiherr von Richthofen auf das Klopfen an seiner Quartierstür. Er öffnete und sah „den großen Mann mit dem Pour le mérite" vor sich stehen. Der Besucher war Hauptmann Oswald Boelcke, und seine Anwesenheit verschlug Richthofen die Sprache. „Auf den Gedanken kam ich nicht, daß er mich aufgesucht hatte, um mich aufzufordern, sein Schüler zu werden", schrieb er später. Aber genau das wollte Boelcke. Er war an die Westfront zurückgerufen worden, um einen Jagdverband in den deutschen Luftstreitkräften, der völlig neu organisiert werden sollte, zusammenzustellen. Boelcke hatte darüber hinaus freie Hand, die Piloten auszuwählen, die ihm gefielen, und Richthofen „wäre ihm fast um den Hals gefallen" vor Freude, daß die Wahl auf ihn gefallen war. Drei Tage später saß Richthofen in der Eisenbahn und fuhr in Richtung Westen in „die schönste Zeit meines Lebens".

Es war eine schicksalshafte Begegnung. Boelcke war mehr als nur das führende As seiner Nation; er hatte sich einen Ruf als hervorragender Lufttaktiker, Lehrer und Staffelführer erworben. Richthofen, damals noch ein unbekannter Flieger mit einem einzigen unbestätigten Sieg, sollte sein überragender Schüler werden, der seinen Meister allmählich sogar noch übertraf und der Schrecken der alliierten Flieger wurde. Gemeinsam sollten Lehrer und Schüler dazu beitragen, den deutschen Luftstreitkräften aus ihrer Notlage herauszuhelfen, und Richthofen wurde das Symbol deutschen Wiedererstarkens am Himmel.

Der deutschen Militärmacht, die mit so großen Erwartungen das Jahr 1916 begonnen hatte, stand im Spätsommer die Niederlage bevor. Obwohl die deutschen Truppen gegenüber dem ununterbrochenen alliierten Ansturm an der Somme-Front kaum nachgegeben und daher nur wenig Boden verloren hatten, mußten sie doch fast 500 000 Mann Verluste hinnehmen. Am Himmel hielt die alliierte Offensive die deutschen Luftstreitkräfte weiterhin in „absoluter Unterlegenheit", wie ein älterer deutscher Kommandeur es nannte. Anfang August besaß Deutschland nur ungefähr 250 einsatzfähige Flugzeuge an der Somme, die Alliierten fast doppelt soviel. Nach den Rückschlägen bei Verdun und an der Somme trat der Chef des deutschen Generalstabs, Erich von Falkenhayn, am 28. August von diesem Amt zurück.

Falkenhayns Nachfolger, Generalfeldmarschall Paul von Hindenburg, und sein Generalquartiermeister, Erich Ludendorff, planten, die Produktion deutscher Flugzeuge zu steigern und den größten Teil der deutschen Fliegerverbände von Verdun, wo die Offensive gestoppt worden war, zur umkämpften Somme zu verlegen. Ende 1916 sollten ungefähr 33 neue Jagdstaffeln – abgekürzt Jastas genannt – an der Front im Einsatz sein. Die

Die Mütze keß ein wenig schräg auf dem Kopf und den „Blauen Max" am Kragen, strahlt der Deutsche Manfred von Richthofen unerschütterliches Selbstbewußtsein aus. Die deutsche Regierung verteilte stolz Tausende von Kopien dieses Photos von dem berühmtesten Kampfflieger des Ersten Weltkriegs.

Aufstellung der Jastas war der erste sichtbare Schritt in Richtung einer umfassenden Reorganisation, die, wie Graf von Moltke Jahre zuvor gedrängt hatte, die Luftstreitkräfte als eigenständigen Teil der Armee „unter einer Autorität" vereinigte. Zum Kommandierenden General der Luftstreitkräfte wurde General Ernst von Hoeppner ernannt, der erfahrene Oberstleutnant von der Lieth-Thomsen wurde sein Generalstabschef. Gemeinsam schlugen sie einen neuen Offensivkurs in der deutschen Luftstrategie ein. Die deutschen Flugzeuge sollten sich nicht länger auf defensive Erkundungsflüge hinter ihren Linien, das Sperrefliegen, beschränken, noch sollten sie einzeln fliegen. In Zukunft sollten laut Hoeppner große Verbände deutscher Jagdflieger dazu ausgebildet werden, als „geschlossene Einheit" zu operieren.

Oswald Boelcke wurde die Jagdstaffel 2 zugeteilt, und er hatte die Ehre, während eines Essens im Hauptquartier der Obersten Heeresleitung zwischen Hindenburg und Ludendorff zu sitzen. Für ihn bedeutete die neue Strategie die Verwirklichung von Ideen, die er seit fast einem Jahr seinen Vorgesetzten vorgetragen hatte. Ende August waren die ersten der von ihm ausgewählten Flieger in Bertincourt versammelt, und er ging daran, sie nach seinen Vorstellungen auszubilden. Während der drei Wochen, in denen die Jasta auf die Ankunft der neuen Flugzeuge wartete, flog Boelcke oft allein. Mit wahrer Besessenheit fügte er seiner Siegesserie, die im Juni unterbrochen worden war, sechs weitere Abschüsse hinzu, auf die seine Schüler mit großer Begeisterung und Bewunderung reagierten.

Richthofen empfand – ebenso wie die anderen Flieger – große Verehrung für Boelcke, obwohl das große As nur ein Jahr älter als er selber war. „In den letzten Tagen hatte er zum Frühstück schon mindestens einen, manchmal auch zwei Engländer abgeschossen", prahlte Manfred. Boelcke erklärte mit fachlicher Genauigkeit den weniger erfahrenen Piloten seine Kampftaktik. Über die Nieuport sagte er zum Beispiel: „Sehr wendig und schnell. Verliert in längerem Kurvenkampf meistens an Höhe. Angriff möglichst von hinten, möglichst dicht auf."

„Was Boelcke uns sagte, war uns daher ein Evangelium", schrieb Richthofen, und Boelcke hatte die volle Aufmerksamkeit seiner Männer. „Jetzt sind sie in ihrem Eifer, was zu leisten, manchmal noch wie die jungen Dackels", und wenn man ihn fragte, welcher seiner „Dackel" zu einem hervorragenden Jagdflieger heranwachsen würde, deutete er auf Richthofen: „Das ist der Mann."

Aber Boelcke war nicht an einzeln kämpfenden Helden interessiert. Er bestand darauf, daß die Jasta lernte, als ein Team zu arbeiten und in dichter Formation zu fliegen, jedes Flugzeug an einem bestimmten Platz. „Alles hängt davon ab, zusammenzubleiben, wenn die Staffel in den Kampf fliegt", sagte er mit Bestimmtheit. „Es kommt nicht darauf an, wer den Treffer erzielt, Hauptsache, die Staffel siegt."

Am 16. September erhielt die Jasta 2 den neuen Doppeldecker, auf den sie gewartet hatte: die schlanke Albatros D.II mit einem leichten, aber kräftigen Sperrholzgerippe, 160-PS-Mercedes-Reihenmotor und einem Zwillingsmaschinengewehr aus den Spandauer Waffenwerken. Die aufgeregten Flieger waren überzeugt, daß sie mit diesem Flugzeug höher steigen und besser schießen konnten als alle anderen, die am Himmel flogen. Nachdem sie am nächsten Morgen ihre Maschinengewehre eingeschossen und letzte Anweisungen entgegengenommen hatte, folgte die Jasta 2 Boelcke in die Luft. „Der nächste Morgen war ein wunderbarer Tag",

Kampfregeln eines Lufttaktikers

Auf Wunsch seiner Vorgesetzten stellte Oswald Boelcke auf der Grundlage seiner Kampferfahrungen diese präzisen Regeln für Jagdflieger auf, die dann in Gefechtsvorschriften der deutschen Luftstreitkräfte ihren Niederschlag fanden.

BOELCKES GRUNDSÄTZE

Vorteil suchen vor Angriff. Sonne möglichst im Rücken.

Angesetzten Angriff stets durchführen.

Nur auf kurze Entfernung feuern und nur dann, wenn Gegner sicher im Ziel.

Gegner ständig im Auge behalten, sich nicht durch Finten täuschen lassen.

Für jeden Angriff wichtig, den Gegner von hinten zu fassen.

Kommt der Gegner im Angriff von oben, dann nicht ausweichen, sondern ihm entgegenfliegen.

Über feindlichem Gebiet nie die eigene Rückzugslinie vergessen.

Für die Staffel: Angriff grundsätzlich zu viert oder sechst. Bei Auflösung in Einzelkämpfe nicht mehrere auf einen Gegner.

Diese Silbermünze, die Oswald Boelcke im Profil zeigt, wurde zum Gedenken an seinen Tod, den er bei einem Zusammenstoß in der Luft im Oktober 1916 fand, herausgegeben.

erinnerte sich Richthofen. „Wir waren gerade an die Front gekommen, als wir ein feindliches Geschwader erkannten. Boelcke war natürlich der erste, der es sah. Wir waren uns alle klar, daß wir unsere erste Prüfung unter den Augen unseres verehrten Führers zu bestehen hatten."

Die jungen Flieger waren aufmerksame Schüler gewesen. Im folgenden Gemenge schoß jeder Deutsche ein britisches Flugzeug ab. „Mein erster Engländer!" jubelte Richthofen. Zur Feier des Sieges ließ er sich aus Berlin einen kleinen silbernen Becher kommen, auf dem das Datum seines ersten Erfolges als Mitglied der Jasta 2 eingraviert war.

Eine Woche später konnte er seinen zweiten Becher bestellen und in der darauffolgenden Woche den dritten. Er wurde darüber hinaus ein eifriger Andenkensammler. Meistens gelang es, abgestürzte feindliche Flugzeuge aufzufinden, und von seinem zweiten Opfer nahm Richthofen das Maschinengewehr mit, das von seinem eigenen Maschinengewehr getroffen und außer Gefecht gesetzt worden war. Außerdem sammelte er Seriennummern, Pistolen, Propellerteile – alles, was man aus einem abgestürzten Flugzeug bergen konnte. Er schickte es seiner Mutter nach Hause, und sie stellte es gewissenhaft in seinem alten Zimmer im großen Haus der Familie in Schweidnitz auf.

Die Zeit mußte berauschend wirken auf einen jungen Deutschen, der in der jahrhundertealten Tradition des Dienstes am Vaterland aufgewachsen war und der die ersten zwei Jahre des Krieges eher als enttäuschend und durchaus nicht ruhmreich empfand.

Manfred von Richthofen wurde am 2. Mai im schlesischen Breslau als ältester von drei Brüdern geboren. Er stammte aus einer Familie, der schon zu Zeiten Friedrichs des Großen von Preußen das Adelsprädikat verliehen worden war. In seiner Jugend lernte er auf den verschiedenen Familiensitzen Reiten, Jagen und Schwimmen. Nach Besuch der Kadettenanstalt und nach der Offizierausbildung wurde er Leutnant in einem Ulanenregiment der Kavallerie. Er gab eine gute Figur ab mit seinem seidigen blonden Haar, dem feingeschnittenen Gesicht und der aufrechten Haltung, und er ritt sein Pferd bei Hindernisrennen mit so viel Schneid, daß er – neben anderen Trophäen – den begehrten Kaiserpreis gewann.

Zu Kriegsbeginn schrieb er feierlich: „Es liegt wohl im Blut jedes Germanen, den Gegner über den Haufen zu rennen." Zu dieser Zeit war der Kavallerist Richthofen bei einer Erkundung so weit nach Polen vorgedrungen, daß er fast von russischen Soldaten gefangengenommen worden wäre. An die Westfront versetzt, ritt er in einen französischen Hinterhalt und verlor fast alle 15 Ulanen seiner Patrouille. „Wenn ich diesen Krieg überlebe", schrieb er in einem seiner vielen Briefe nach Hause, „habe ich mehr Glück als Verstand." Die im Schlamm versinkende Westfront mit ihren Schützengräben und ihrem Stacheldraht war kein Ort für einen Kavalleristen, und in den nächsten acht Wochen erhielt Richthofen eine Reihe langweiliger Aufträge, in denen er sich selbst oft als „Etappenschwein" und „Kellerhelden" sah. Den absoluten Tiefpunkt erreichte er in seinem Dienst als Versorgungsoffizier; und obwohl er es später energisch abstritt, wird berichtet, daß er sich seinem Vorgesetzten gegenüber mit bitteren Worten beschwert habe: „Ich bin nicht in den Krieg gezogen, um Käse und Eier zu sammeln." Auf jeden Fall entsprach man Ende Mai seiner Bitte um Versetzung zur Fliegertruppe.

„Es gibt eben nichts Schöneres für einen jungen Kavallerieoffizier", schrieb Richthofen, „als auf Jagd zu fliegen." Aber der junge Reiter konnte

Der Dreidecker des Barons

Baron Manfred von Richthofen erzielte die letzten 21 seiner 80 Siege in Fokker-Dr.I-Dreideckern, von denen hier eine im Schnitt abgebildet ist. Die Dr.I kam 1917 zum Einsatz und besaß zusätzlich zu den drei Tragflächen zur Auftriebsverbesserung noch ein weiteres Tragflächenteil zwischen den Fahrwerksrädern. Aufgrund dieser Ausstattung konnte das recht kleine Flugzeug (Länge: 5,80 Meter, Flügelspannweite: 7,20 Meter) höher steigen und enger kurven als irgendein alliiertes Flugzeug zu jener Zeit. Allerdings ermöglichte der kleine, 110 PS starke Oberursel-Umlaufmotor nur eine Geschwindigkeit von 170 Kilometern in der Stunde.

Trotzdem war ein geübter Pilot, der diesen wendigen Dreidecker flog, im Luftkampf gewöhnlich im Vorteil. Er konnte seinen Verfolgern entkommen, indem er enge Kurven flog. Und wenn er sich einmal hinter ein Opfer gehängt hatte, war er meist nicht abzuschütteln – es sei denn, durch einen sehr steilen Sturzflug. Falls sich der Luftkampf bis auf Baumwipfelhöhe herunterspiralte, hatte der alliierte Pilot nur noch eine Chance zu entkommen: durch die schnelle Flucht im Zickzackflug. Jeder Versuch, zu kurven oder zu steigen, verringerte nur die Entfernung zwischen ihm und der Fokker.

Eine Möglichkeit, die Dr.I zu bezwingen, bestand darin, sich von oben auf sie zu stürzen – es war die Taktik, mit der es einem kanadischen Piloten gelang, Richthofen zu besiegen.

Am Steuerknüppel der Fokker Dr.I befanden sich praktischerweise die Abzüge für die Maschinengewehre, die unmittelbar vor das Cockpit montiert waren, und eine Fernsteuerung für den Gashebel. Aber sonst gab es wenig Armaturen. Neben Benzin- und Ölanzeiger (hier nicht zu sehen) standen dem Piloten nur ein Geschwindigkeitsmesser und ein Kompaß zur Verfügung.

HÖHENLEITWERK   SEITENRUDER   HECKSPORN

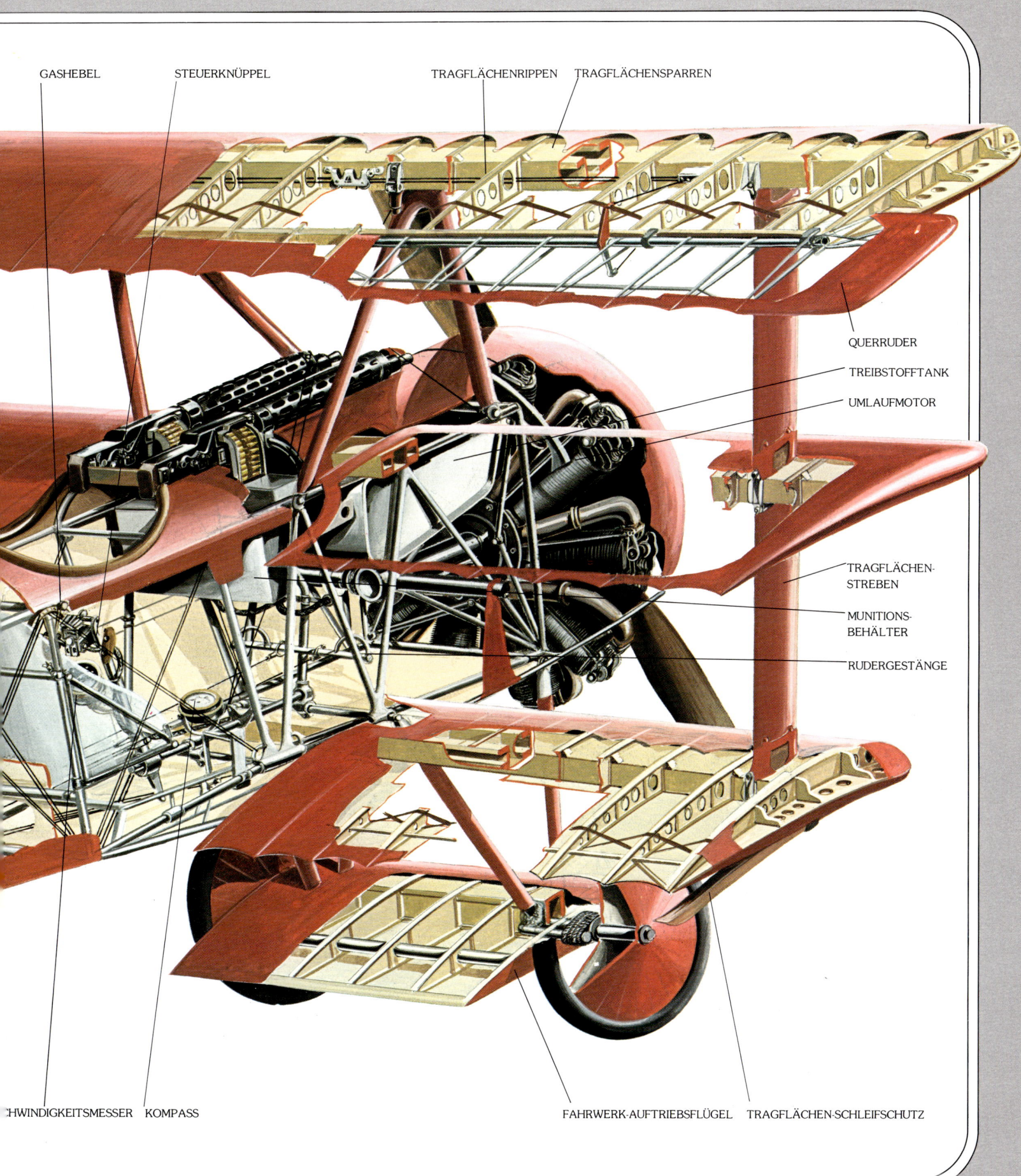

GASHEBEL STEUERKNÜPPEL TRAGFLÄCHENRIPPEN TRAGFLÄCHENSPARREN

QUERRUDER

TREIBSTOFFTANK

UMLAUFMOTOR

TRAGFLÄCHEN-
STREBEN

MUNITIONS-
BEHÄLTER

RUDERGESTÄNGE

...HWINDIGKEITSMESSER KOMPASS

FAHRWERK-AUFTRIEBSFLÜGEL TRAGFLÄCHEN-SCHLEIFSCHUTZ

auch über sich selbst lachen. Den ersten Kontakt mit einer Flugmaschine beschrieb er folgendermaßen: „Eine Verständigung mit dem Führer war nicht möglich. Nahm ich ein Stück Papier heraus, verschwand es. Mein Sturzhelm verrutschte, der Schal löste sich, die Jacke war nicht fest zugeknöpft, kurz und gut, es war kläglich." Und all dies passierte, bevor das Flugzeug vom Boden abgehoben hatte.

Aber der junge Baron hielt trotzdem durch und wurde bald ein guter Beobachter, der zuerst an der russischen Front Dienst tat und später der ersten deutschen Langstreckenbombereinheit in Belgien angehörte, den Ostender „Brieftauben". Dann regte ihn eine zufällige Begegnung mit Oswald Boelcke an, sich für die Fliegerausbildung zu bewerben. Boelcke, der schon ersten Ruhm geerntet hatte, ermutigte ihn, Jagdflieger zu werden. Richthofens erste Versuche als Flieger waren allerdings nicht vielversprechend. Als man ihn fragte, ob er bereit sei, allein zu fliegen, war er versucht zu antworten: „Ich habe zu große Angst." Aber solch eine Antwort, wußte er, „soll ja der Vaterlandsverteidiger niemals in den Mund nehmen. Also mußte ich wohl oder übel meinen Schweinehund 'runterschlucken und mich in die Maschine setzen". Sein erster Alleinflug endete mit einer Bruchlandung; bei seiner ersten Pilotenprüfung fiel er durch. Aber am ersten Weihnachtstag bestand er die dritte und letzte Prüfung, und nun, ein Jahr nach seinem zufälligen Treffen mit Boelcke, entdeckte er, daß er die gleiche Begabung für den Luftkampf wie sein Mentor besaß. Am 16. Oktober 1916 schoß Richthofen sein sechstes feindliches Flugzeug ab. Am nächsten Tag erzielte Boelcke seinen 35. Abschuß; in der voraufgegangenen Woche hatte er seine Stellung als führendes As von dem Briten Albert Ball zurückerobert.

Boelcke und sein Musterschüler kämpften nicht allein. Die Jasta 2 holte zwischen Mitte September und Mitte Oktober 40 alliierte Flugzeuge vom Himmel. Andere Jastas taten das Ihrige. Deutsche Berichte von September und Oktober zeigten, daß die Alliierten 211 Maschinen – gegenüber 39 deutschen Verlusten – verloren hatten. Die alliierte Luftherrschaft war gebrochen – „nicht zuletzt wegen Boelcke und der von ihm geführten Jagdstaffel", erklärte General von Hoeppner erfreut. Die Männer der Jasta 2 waren unermüdlich. Boelcke selbst holte Ende Oktober fünf weitere Flugzeuge herunter, die Zahl seiner Abschüsse belief sich damit auf 40. Aber die Deutschen sollten einen hohen Preis für ihre Siege zahlen.

Am böigen, bedeckten Nachmittag des 28. Oktober hoben fünf der Jasta-2-Flugzeuge von ihrem neuen Flugplatz bei Lagnicourt ab, um einen Infanterieangriff zu unterstützen. Boelcke und sein Freund Erwin Böhme flogen Tragfläche an Tragfläche in enger Formation; Richthofen war über ihnen. Als sie die Front erreichten, griffen sie zwei britische Jagdflieger an. Mit feuernden Maschinengewehren kurvten sie am Himmel. Mit Mühe konnten Böhme und Boelcke einem feindlichen Flugzeug ausweichen, dem Richthofen dicht auf den Fersen war. Aber fast unmerklich hatte dabei Boelckes linke Tragfläche das Fahrwerk von Böhmes Flugzeug berührt. Boelckes Albatros ging in weitem Kurvengleitflug zur Erde, die linke Tragfläche brach, und der Rest des Flugzeugs fiel wie ein Stein zur Erde.

Oswald Boelcke war tot, aber sein Geist sollte unter den jungen deutschen Fliegern weiterleben. An seinem Grab wurde ihnen einige Tage später eingeschärft, daß ihr persönlicher Wahlspruch von nun an lauten müsse: „Ich will ein Boelcke werden."

Das schien eine schwere Aufgabe. Aber es war zumindest Manfred von Richthofens erklärtes Ziel, es seinem gefallenen Führer, zu dessen Ehren die

Jasta 2 in „Jagdstaffel Boelcke" umbenannt wurde, gleichzutun. Am 9. November hatte Richthofen sein achtes Feindflugzeug abgeschossen, und er bemerkte enttäuscht, es sei ärgerlich, daß man jetzt nicht mehr bereits nach acht Siegen den „Blauen Max" erhielt, wie es noch bei Boelcke und Immelmann der Fall gewesen war. Zwei Wochen später konnte Richthofen jedoch einen Erfolg ganz anderer Art für sich verbuchen.

Als er außerhalb Lagnicourt Patrouille flog, wurde er von einer britischen D.H.2 angegriffen, deren Pilot so hervorragend manövrierte, daß Richthofen sofort wußte, daß er es mit einem der Besten der Feinde zu tun hatte. Die beiden Gegner umkreisten sich geschickt, jeder versuchte, sich in die bessere Position zu bringen und die tödliche Geschoßgarbe in den Rücken des anderen zu feuern. Die D.H.2 war wendiger, aber Richthofens Albatros war schneller. In den Steilkurven konnten die Piloten jeweils einen Blick aufeinander werfen; einmal winkte der Engländer seinem deutschen Gegner sogar fröhlich zu.

Der britische Flieger warf sein Flugzeug in eine Folge von Loopings, sein Maschinengewehr ratterte, die Geschosse zischten nahe an Richthofens Albatros vorbei. Dann löste sich der Engländer plötzlich aus dem Duell. Offensichtlich ging ihm der Treibstoff aus. Verzweifelt versuchte er, im Zickzack-Kurs zu entkommen. Aber Richthofen setzte ihm nach, und kurz vor den britischen Linien war die Jagd zu Ende. Von einem Kopfschuß getroffen, stürzte der Engländer ab. Wenig später erfuhr Richthofen, daß sein Opfer Major Lanoe Hawker, der tapfere Führer der 24. Staffel und Träger des Viktoriakreuzes, gewesen war.

Richthofens Sieg über einen der ersten britischen Fliegerhelden war ein typisches Beispiel für das Wiederaufleben der deutschen Kampfkraft. Gegen Ende 1916 hörten die alliierten Angriffe an der Somme auf. Sie hatten über eine Million Verluste auf beiden Seiten gefordert. Mehr als 350 000 Franzosen waren bei Verdun gefallen. An der Ostfront war eine große russische Offensive, die eine Million Verluste gekostet hatte, zusammengebrochen. Die Armee des Zaren war übel zugerichtet und ihre Kampfmoral so tief gesunken wie nie zuvor.

In der Zwischenzeit hatte die deutsche Flugzeugindustrie die neuen Jagdstaffeln nicht nur durch die D.II, eine verbesserte Albatros, sondern auch durch das verläßliche Jagdflugzeug Typ-D Halberstadt schlagkräftiger gemacht. Und Januar 1917 traf sogar eine noch weiter verbesserte Albatros, die D.III mit einer noch größeren Steigleistung und Höhengeschwindigkeit, an der Front ein.

In demselben Monat erzielte Manfred von Richthofen seinen 16. Abschuß eines Feindflugzeugs und setzte sich damit an die Spitze der noch lebenden deutschen Flieger. Mitte Januar verlieh ihm der Kaiser den von ihm so lange ersehnten Pour le mérite, und er bekam einen eigenen Jagdverband, die Jagdstaffel 11. Der Orden schien die größere Auszeichnung zu sein. Die Jasta 11 war fast genau so lange an der Front wie die Jasta Boelcke, hatte aber bisher nur einen unbestätigten Abschuß aufzuweisen. Der neue Führer der Staffel machte es sich selbst zur Aufgabe, diese traurige Bilanz zu verbessern: Als er das erste Mal mit seiner neuen Einheit flog, erzielte er seinen 17. Abschuß.

Richthofen konnte das Wissen, das er von Boelcke erworben hatte, und seine eigene Führungsbegabung auf glanzvolle Weise miteinander verbinden. Nach Flügen setzte er sich zu seinen Piloten und zeigte ihnen mit lebhaften Gebärden, wie sie es hätten besser machen können. Besonders

Sowohl auf der Siegestrophäe der Marine (oben) als auch auf dem Ehrenpokal (unten) ist der Sieg eines deutschen Piloten durch einen mächtigen Adler, der sein Opfer bezwingt, symbolisiert. Die seltene Marinetrophäe erhielt Leutnant Wolfram Eisenlohr für die Versenkung eines russischen Zerstörers; der Pokal wurde Leutnant Ernst Hess verliehen, der 17 Siege erzielte, bevor er 1917 fiel.

zwei seiner Piloten, Kurt Wolff und Karl Allmenröder, lernten so schnell, daß sie nach einiger Zeit 33 beziehungsweise 30 Siege für sich verbuchen konnten. Für ihre Erfolge wurden beide vom Kaiser mit dem „Blauen Max" ausgezeichnet.

Richthofen selbst wurde Gegenstand geradezu mythischer Verklärung. Der Grund hierfür mag in erster Linie in seinem persönlichen Erfolg im Luftkampf wie auch in seinem Erfolg als Staffelkapitän zu suchen sein; aber sicherlich war auch die knallige Farbe seines Flugzeugs dafür mitverantwortlich. Damit sein Flugzeug für Feind und Freund gleichermaßen kenntlich war, hatte er es grellrot angemalt. Fast sofort wurde das rote Flugzeug auf beiden Seiten der Front berühmt. Alliierte Piloten, die es mit ihm aufnehmen mußten, prägten den französischen Begriff ‚le Diable Rouge' – „der Rote Teufel". In einem britischen Geschwader ging das Gerücht um, das rote Flugzeug würde von einer deutschen Jeanne d'Arc gesteuert, denn nur eine Frau könne ein Flugzeug in so auffälliger Farbe fliegen. Deutsche Zeitungen berichteten, daß die Engländer ein Jagdgeschwader gebildet hätten, dessen einzige Aufgabe es sei, die rote Maschine abzuschießen. Die Belohnung betrüge £ 5000 für den, der den Erfolg für

Ein Bild, das aus dem vorderen Cockpit eines Letord-Dreisitzers aufgenommen wurde, zeigt den Bordschützen an einem Lewis-Zwillingsmaschinengewehr, während der Pilot im Rückspiegel, der an Spanndrähten befestigt ist, den Luftraum beobachtet (Vordergrund Mitte).

sich verbuchen könne. Richthofen fragte scherzhaft, ob nicht vielleicht er selbst den Preis gewinnen könne, wenn er statt dessen das ganze Geschwader vom Himmel fege – und im Februar und März brachte er, wenn auch nicht ein ganzes Geschwader, so doch zehn weitere britische Flugzeuge zum Absturz.

All dies spornte einen zweiten Richthofen an, der, ohne eine einzige Stunde Kampferfahrung in Jagdflugzeugen zu haben, frisch von der Fliegerschule an die Front kam. Er hieß Lothar und war der Jasta 11 auf Betreiben seines Bruders zugeteilt worden, der ihm besorgt befahl, während seines ersten Einsatzes dicht hinter ihm zu bleiben, „um sich die Sache zunächst einmal genau anzusehen". Lothar war ein gelehriger Schüler; während seines dritten Fluges löste er sich von der Staffel und schoß fachmännisch sein erstes britisches Flugzeug vom Himmel. „Mein Herz hüpfte vor Freude", schrieb Manfred.

Deutschland bedurfte dringend solcher Männer wie Lothar von Richthofen, die schnell lernten und die Gefallenen ersetzen konnten, denn die ersten Frühlingswochen an der Westfront versprachen kritisch zu werden. Die Deutschen waren dabei, ihren Frontverlauf zu begradigen und sich in gut ausgebaute Stellungen zurückzuziehen, die von den Alliierten Hindenburglinie und von den Deutschen Siegfriedlinie genannt wurden. Damit die Aktion ein Erfolg würde, brauchten die Deutschen die Kontrolle des Luftraums, bis ihre Truppen den Rückzug sicher durchgeführt und sich in ihren neuen Stellungen eingerichtet hatten.

Während der letzten Märztage lag beißender Rauch in der Luft. Die Deutschen hatten auf ihrem Rückzug Städte und Brücken angezündet, um zu vernichten, was dem Feind nützlich sein könnte. Die Alliierten rückten nach und nahmen die verlassenen Stellungen ein. Hunderte britischer Flieger griffen an; da sie jedoch meist Flugzeuge flogen, die denen der Deutschen unterlegen waren, fanden viele von ihnen den Tod. „Die Luft dagegen überließen wir den Engländern nicht so bald", erklärte Richthofen, und die britischen Flieger sollten den folgenden April als die schlimmste Zeit des Krieges im Gedächtnis behalten.

Für Richthofen begann der „Blutmonat" am Frühmorgen des 2. April; sein persönlicher Erfolg lag bei 31 Abschüssen. Als er noch in seinem Quartier in Douai im Bett lag, stürzte sein Bursche ins Zimmer und rief: „Herr Leutnant, die Engländer sind schon da!" Als er sah, daß britische Flugzeuge tatsächlich über dem Flugplatz kreisten, fuhr er in Windeseile in seinen Fliegeranzug und kletterte in seine rote Albatros. Sobald er in der Luft war, griff er einen dieser „frechen Kunden" an und jagte ihn in eine Häusergruppe, wo er zerschellte. Der Baron kehrte dann in seine Unterkunft zurück, um sich zu rasieren.

Etwas später an jenem Morgen bekam Richthofen Besuch von Werner Voss, einem ehemaligen Kameraden aus der Jasta Boelcke. Voss war ein ungezwungener Mensch, der sich häufig auf dem Fluggelände herumtrieb, alte Wollsocken über seine Hosenbeine gezogen, die Mütze schief auf dem Kopf und die Hände in den Taschen einer ölverschmierten Uniform. Aber in der Luft trug er seine beste Uniform und ein sauberes Seidenhemd, um so, wie er fröhlich erklärte, besser den Kavalier bei den Pariser Damen spielen zu können, falls er abgeschossen und gefangengenommen werden sollte. Voss' lockere Art schlug im Kampf ins Gegenteil um: Gerade einen Tag zuvor hatte er seinen 23. Sieg erzielt, wodurch er in der Rangfolge der erfolgreichsten deutschen Flieger an zweiter Stelle hinter Richthofen lag.

Furchtlose Kämpfer für das Vaterland

Hinsichtlich der Zahl ihrer Abschüsse kamen die elf auf diesen Seiten abgebildeten Asse Manfred von Richthofen *(S. 116)*, dessen 80 Siege unübertroffen blieben, am nächsten. Außer Manfred von Richthofen und seinem Bruder stammte keiner von ihnen aus einer adligen Familie; es waren Söhne von Soldaten, Förstern, Kaufleuten, Lehrern und Ärzten. Doch jeder glich dem Baron in der unbeirrbaren Zielstrebigkeit.

Rudolf Berthold war als „Eiserner Ritter" bekannt; er flog Kampfeinsätze trotz einer eiternden Wunde, die ihn vor Schmerz fast besinnungslos machte. Franz Büchner griff einmal allein eine britische Formation aus acht Flugzeugen an und schoß vier von ihnen ab. Und Ernst Udet besiegte schließlich mehr feindliche Flugzeuge als jeder andere deutsche Flieger außer Richthofen, um sich und seinem ursprünglich skeptischen Vater seine Furchtlosigkeit zu beweisen.

WERNER VOSS (48 Siege) wurde wegen seines fliegerischen Könnens als unschlagbar eingeschätzt.

OSWALD BOELCKE erzielte seine 40 Siege in einem Zeitraum von nur 16 Monaten.

FRITZ RUMEY (45 Siege) war eines der wenigen Asse, die nicht den Rang eines Offiziers bekleideten.

RUDOLF BERTHOLD (44 Siege) wurde mit seinem eigenen „Blauen Max" 1920 von Kommunisten erdrosselt.

PAUL BÄUMER, der als Zahnarzthelfer zu den Luftstreitkräften kam, hatte bis zum Kriegsende 43 Siege erzielt.

LOTHAR VON RICHTHOFEN kam als Verwundeter mit 40 Siegen aus dem Krieg. Er starb 1922 bei einem Flugzeugabsturz.

BRUNO LOERZER (41 Siege) übte oft mit seinen Piloten eine neue Taktik: Tieffliegerangriffe auf feindliche Truppen.

ERNST UDET (62 Siege) überlebte den ersten Weltkrieg; er beging 1941 Selbstmord.

ERNST LOEWENHARDT (53 Siege) war als körperlich untauglich für die Infanterie befunden worden.

FRANZ BÜCHNER (40 Siege) setzte einen deutschen Rekord, indem er sechs Flugzeuge an einem Tag abschoß.

JOSEF JACOBS (41 Siege) erwies sich im Kampf selbst den berühmtesten alliierten Assen gegenüber als ebenbürtig.

An jenem Nachmittag brachte Richthofen mit Voss an seiner Seite den 33. Abschuß zustande – und bestellte seinen 33. silbernen Becher.

Während der folgenden vierzehn Tage schoß Manfred von Richthofen an einem einzigen Tag drei Flugzeuge ab, sein Bruder Lothar erzielte zwei Luftsiege, und andere Flieger der Jasta 11 konnten an demselben Tag acht weitere Erfolge verbuchen.

Doch der Triumph der deutschen Kampfflieger wurde von Nachrichten überschattet, die für die Zukunft Schlimmes ahnen ließen. Verbittert über die Versenkung ihrer Schiffe durch deutsche U-Boote, hatten die Vereinigten Staaten Deutschland am 6. April 1917 den Krieg erklärt, und einige amerikanische Politiker drohten, „den Himmel Europas" mit einer Armada von 20 000 Flugzeugen zu verdunkeln. Ungefähr zur gleichen Zeit begannen britische Geschütze ein schweres Trommelfeuer, um einen Angriff auf die Hindenburglinie bei Arras vorzubereiten. Aber deutsche Maschinengewehrschützen beherrschten das Schlachtfeld, so daß die Engländer und ihre kanadischen Kameraden den Angriff einstellen mußten. Aus Rußland kamen Nachrichten, die fürs erste die drohende amerikanische Intervention mehr als wettmachten. Der Zar hatte im März abgedankt, und trotz des Appells der neuen Regierung an die russischen Soldaten, weiterzukämpfen, zerbröckelte ganz offensichtlich das Bollwerk an der Ostfront. Und was die Verdunkelung des Himmels anbelangte, so trug die „Luftflotte" der Vereinigten Staaten mit kaum mehr als 50 Flugzeugen, von denen nur eines einsatzbereit war, nicht gerade dazu bei, daß die Drohung sehr ernst genommen wurde.

Der Himmel über Westeuropa gehörte in diesem Frühling Deutschland. Und der Deutsche, der von den Alliierten am Himmel am meisten gefürchtet wurde, war Manfred von Richthofen. Mitte April hatte er seinen 45. Sieg errungen – und damit übertraf er sowohl Guynemers Gesamtzahl von 36 als auch die 40 Abschüsse von Boelcke. Er hatte in der Zwischenzeit etwas von seiner Auffälligkeit eingebüßt. Seine Piloten hatten ihn überzeugt, daß ein einzelnes rotes Flugzeug für den Gegner ein viel zu einladendes Ziel darstelle, und daraufhin erhielt jedes Flugzeug der Jasta 11 einen leuchtendroten Anstrich – allerdings kamen bei den anderen Flugzeugen noch andere Farbtöne hinzu. Das Heck von Lothar von Richthofens Flugzeug war zum Beispiel leuchtend gelb.

Am Ende des „blutigen April" 1917 hatte Manfred von Richthofen zu dem deutschen Gesamtergebnis des Monats von 150 abgeschossenen britischen Flugzeugen mit 21 Abschüssen beigetragen. Damit hatte er die Zahl seiner Siege auf 52 erhöht – und sich redlich einen Urlaub verdient. Als er den Urlaub am 1. Mai antrat, überließ er die Führung der Jasta 11 seinem Bruder. Als Dank schoß Lothar eine Woche später einen weiteren Engländer ab – vermutlich Hauptmann Albert Ball.

Das britische As war inmitten des „blutigen April" an die Front zurückgekehrt. Seine Nerven hatten sich während seiner Dienstreise in der Heimat nur teilweise erholt. Er war mit seinem neuen, zwar vielversprechenden, aber ihm noch ungewohnten Doppeldecker, der S.E.5, nicht zufrieden, obwohl er ihm mit seinem 150 PS starken V-8-Motor und den zwei Maschinengewehren im Vergleich zu seiner alten Nieuport eine viel größere Siegeschance gegenüber der Albatros bot. Seine Gewohnheit, allein und so lange zu fliegen, bis ihm die Munition ausging und der Benzinstand gefährlich niedrig wurde, hatte er nicht aufgegeben. In den Tagen des Jahres 1916 mochte so ein Verhalten noch als Heldentat

Heraldische Embleme der Luftfahrt

Schwingen waren das stolze Erkennungszeichen, das von allen Piloten der Alliierten und der Mittelmächte verwendet wurde. Neben den Abzeichen für Heerespiloten, die auf dieser Seite abgebildet sind, gab es noch unterschiedliche Kennzeichen für Marineflieger jeder Nation und für die Luftbeobachter beider Waffengattungen. Einige Schwingen, wie die gestickten Stoffabzeichen der USA und Großbritanniens, waren stark stilisiert. Italien und Österreich-Ungarn dagegen wählten realistischere, detaillierte Adlerfiguren.

Die Mittelmächte begnügten sich mit Abzeichen, die auf den Uniformröcken getragen wurden. Die meisten alliierten Luftstreitkräfte schmückten nicht nur ihre Uniformen, sondern auch ihre Flugzeuge mit farbigen Kennzeichen (folgende Seiten).

FRANKREICH

VEREINIGTE STAATEN

GROSSBRITANNIEN

ITALIEN

DEUTSCHLAND

TÜRKEI

ÖSTERREICH-UNGARN

Insignien berühmter Staffeln

Die Abzeichen der Staffeln widersprachen zwar jedem Tarnungsprinzip, halfen aber den alliierten Piloten, ein Zugehörigkeitsgefühl zu ihrer Einheit zu entwickeln. Die Engländer gaben sich mit einfachen, geometrischen Mustern zufrieden. Die anderen Luftstreitkräfte bevorzugten dagegen originelle Erkennungszeichen, die sie auch auf ihre Flugzeuge malten.

Eine Auswahl aus Hunderten höchst unterschiedlicher Kennzeichen ist hier abgebildet. Einige, so zum Beispiel der französische Storch und das amerikanische Hut-im-Ring-Symbol, waren bekannter als die offiziellen Bezeichnungen der Einheiten, die sie repräsentierten.

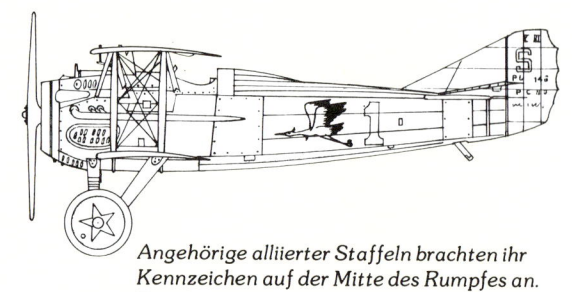

Angehörige alliierter Staffeln brachten ihr Kennzeichen auf der Mitte des Rumpfes an. Der oben abgebildete Storch ist das Emblem der französischen SPA.167-Staffel.

FRANZÖSISCHE STAFFELN

C. 18

AR. 35

N. 89

N. 124 (Lafayette)

V. B. 135

SOP. 207

SOP. 231

V. R. 292

ITALIENISCHE STAFFELN

83.

91.

94.

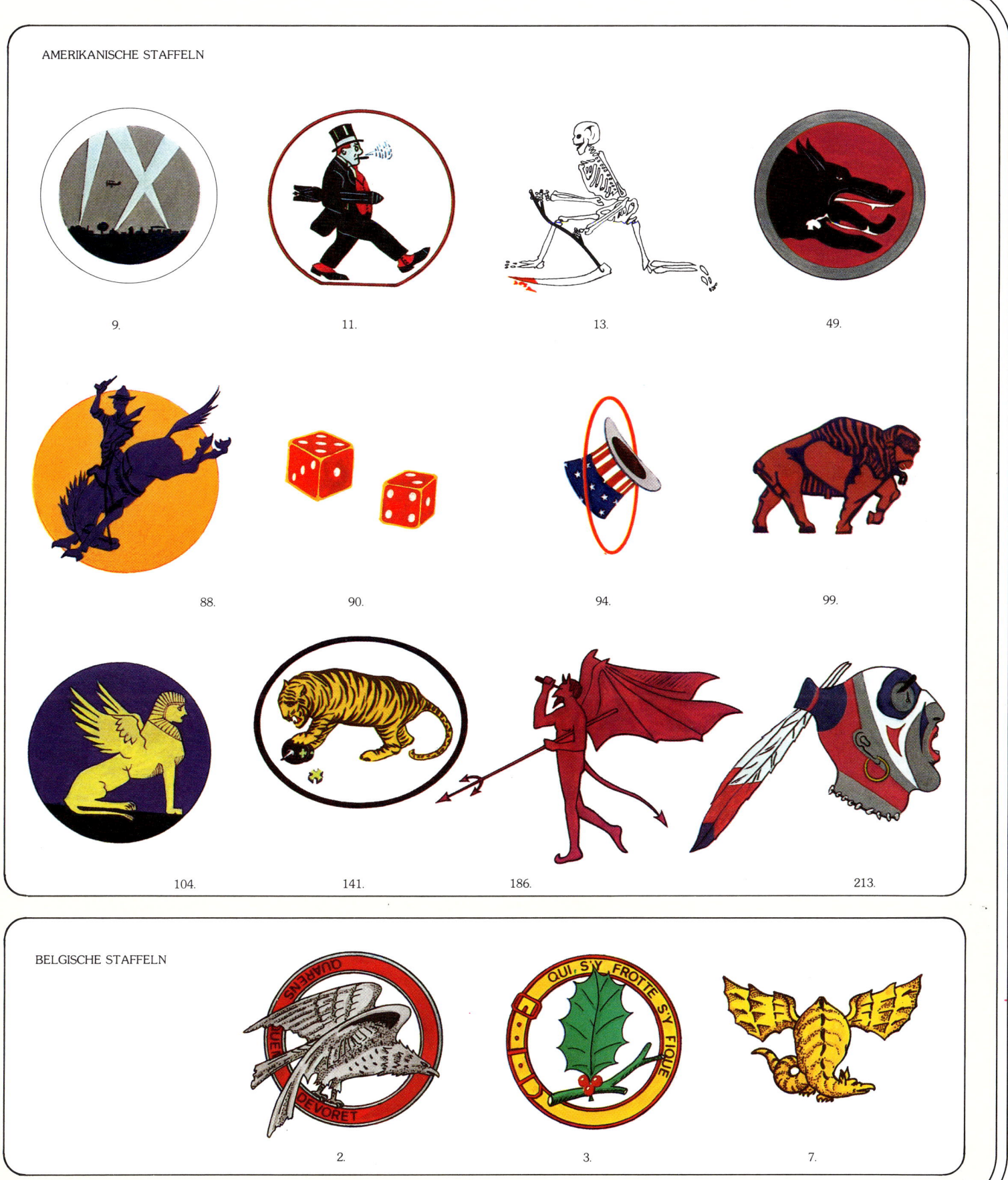

AMERIKANISCHE STAFFELN

9. 11. 13. 49.

88. 90. 94. 99.

104. 141. 186. 213.

BELGISCHE STAFFELN

2. 3. 7.

gegolten haben, jetzt aber, im Kampf gegen die disziplinierten Angriffe der deutschen Jastas, kam es praktisch Selbstmord gleich.

Sein Können hatte ihn dagegen nicht im Stich gelassen. 15 weitere Flugzeuge hatte er zum Absturz gebracht, als er am 7. Mai mit seiner S.E.5 in einer Kette Patrouille flog. Seine Kette traf auf die von Lothar von Richthofen geführte Jasta 11. Beide nahmen sofort den Kampf mit einem der Gegner auf. Lothar und sein Gegner, der einen Sopwith-Dreidecker flog, eines der verbesserten Modelle, die den schwergeprüften Engländern in jenem Frühjahr geliefert worden waren, trennten sich nach einem ergebnislosen Duell. Dann stürzte sich – nach Lothars späterem Bericht – der Dreidecker wieder auf ihn. Aber vermutlich irrte sich Lothar hier; dieser letzte Angriff scheint von einem anderen Flugzeug geführt worden zu sein. Nach einigen Berichten war es Ball, der in seinem S.E.5-Doppeldecker die Verfolgung einer sich aus der Luftschlacht lösenden Albatros aufgenommen hatte. Das verfolgte Flugzeug machte kurz darauf auf deutscher Seite eine Bruchlandung, und auch Ball verschwand mit einer langen Rauchfahne in einer Wolke.

Es war Lothar von Richthofen, der in der Nähe der Linien mit durchlöchertem Benzintank eine Notlandung versucht hatte. Sein Gegner tauchte aus der Wolke auf und stürzte zur Erde. Lothar, der vom Flakfeuer eine Hüftwunde davongetragen hatte, überlebte. Albert Ball war zwar von keiner feindlichen Kugel getroffen worden, aber durch den Absturz hatte er tödliche Verletzungen erlitten. Er starb kurz nachdem man ihn aus dem Wrack seines Flugzeugs gezogen hatte.

Manfred von Richthofen blieb bis Juni im Urlaub und war nicht an der Front, als die Engländer mit starker Artillerieunterstützung einen neuen Angriff gegen die Hindenburglinie unternahmen. Wiederum nahmen Scharen von britischen Flugzeugen es mit den deutschen Jastas auf. Durch zahlenmäßige Überlegenheit und heldenhaften Kampfgeist eroberte das Royal Flying Corps diesmal die teilweise Luftüberlegenheit zurück.

Am augenfälligsten wurde der Kampfwille des RFC durch Billy Bishop, ein beherztes Rauhbein aus Kanada, verkörpert. Trotz eines recht unvorteilhaften Ausbildungsberichts, durch den er zunächst in der englischen Heimatluftverteidigung eingesetzt worden war, war es ihm damals gelungen, als Jagdflieger an die Front zu kommen.

Bishop wußte, daß er kein guter Flieger war. Aber er liebte handfeste Kämpfe und hörte so lange nicht auf, um eine Versetzung an die Front nachzusuchen, bis er endlich nach Frankreich geschickt wurde. Seine Leistungen wurden jedoch nicht besser, und nachdem er eine Nieuport vor den Augen einiger wichtiger Besucher – einschließlich des Brigadeführers – zu Bruch geflogen hatte, war man entschlossen, ihn nach England zurückzusenden. Unbeeindruckt stieg Bishop am nächsten Tag mit einer kleinen Kette Nieuports auf, um in der Nähe von St. Léger auf drei Albatrosse neuesten Typs zu stoßen. Eine von ihnen griff Bishop an.

Für einen ungeschickten Piloten in einer Nieuport standen die Chancen schlecht, das Zusammentreffen mit einer neuen Albatros zu überleben. Aber Billy Bishop reagierte im Einzelkampf mit überraschendem Instinkt, den selbst die Brüder Richthofen nicht übertreffen konnten. „Ich hatte eine blitzartige Eingebung", sagte Bishop, „und flog direkt auf die angreifende Maschine los." Er griff den Gegner in einem so wilden Sturzflug und mit einem solchen Geschoßhagel an, daß sein eigener Motor zu stottern anfing

Auf diesem Gemälde ist Albert Balls letzter Kampf in einer S.E.5 (Mitte) am 7. Mai 1917 dargestellt; die Verfolgung einer Albatros endete mit seinem Absturz. Er war der erste, dem dreimal die britische Verdienstmedaille verliehen worden ist. Außerdem wurde er posthum durch das Viktoriakreuz und die Aufnahme in die französische Ehrenlegion ausgezeichnet.

und fast ausgesetzt hätte. Er rettete sich, indem er die Maschine blitzschnell hochzog und – kaum 300 Meter von den deutschen Linien entfernt – eine meisterhafte Landung in dem von Minen zerfurchten Schlamm des Frontbereichs zustande brachte.

Billy Bishop hatte seine Fähigkeiten entdeckt. Durch sein Maschinengewehrfeuer fielen deutsche Flugzeuge fast wie Regentropfen vom Himmel. Am Ende des Sommers 1917 hatte er die erstaunliche Zahl von 47 Siegen erreicht. „Ich fand die Sache, die ich mehr liebte als sonst irgend etwas in der Welt", erinnerte er sich. „Für mich war es kein Geschäft und kein Beruf, sondern ein großartiges Spiel."

Bishop gab sich dem „Spiel" mit grimmiger Freude hin und verbrachte den Ostersonntag damit, sich mit drei Flugzeugen und einem Ballon in einen Kampf einzulassen, bevor er es allein mit fünf deutschen Flugzeugen aufnahm, von denen zwei brennend zu Boden gingen. Bei seinen Staffelkameraden hinterließ er den Eindruck, „ich müsse irgendein wildes Tier aus dem Zoo sein". Bald erhielt er das Militärkreuz und die Erlaubnis, allein fliegen zu dürfen, wann immer er wolle – was häufig der Fall war. Im Juni machte er sich eines Tages im Morgengrauen auf, um allein einen deutschen Flugplatz weit hinter der Front anzugreifen. Nach seinem Bericht zerstörte er dort die drei Flugzeuge, die nacheinander aufstiegen, um ihm zu begegnen. Obwohl es keinen zuverlässigen Zeugen gab, um die Tat zu bestätigen, erhielt er dafür das Viktoriakreuz.

Die Engländer wurden durch vermehrte Lieferungen zweier neuer Flugzeugtypen gestärkt, des Sopwith-Camel-Einsitzers mit doppelläufigen

Vickers-Maschinengewehren und der widerstandsfähigen zweisitzigen Bristol F.2B. Aber selbst durch diese Flugzeuge und so hervorragende Einzelleistungen wie die von Bishop konnten sie die Luftüberlegenheit nicht über längere Zeit behaupten. Am 14. Juni kehrte Manfred von Richthofen – ähnlich wie Oswald Boelcke im Jahr zuvor – mit Aufträgen an die Front zurück, die eine neue Phase der deutschen Luftkriegsführung einleiten sollten. Richthofen war dazu ausersehen, das erste Jagdgeschwader (abgekürzt JG), eine bewegliche Kampfeinheit von ungefähr 50 Flugzeugen, zusammenzustellen. Die Flugzeuge und Piloten des JG 1, das ursprünglich aus vier Jastas – einschließlich seiner eigenen – gebildet wurde, sollte in Zelten und zusammenlegbaren Baracken untergebracht werden, damit Lastwagen und Eisenbahnzüge sie schnell an jeden kritischen Punkt der Front transportieren könnten.

Um das Richthofen-Geschwader – und drei weitere nachfolgende Geschwader dieser Art – zu unterstützen, so daß sie sich gegen die wachsenden Schwierigkeiten behaupten könnten, schickten die Deutschen Bomber nach England. Das Ziel dieser Bombenangriffe war, die Front zu entlasten. Um die Mittagszeit des 13. Juni kreisten 14 zweimotorige deutsche Gothas ungehindert über London und warfen Bomben ab, die fast 600 Opfer forderten. Die britische Regierung rief zwei der erfahrensten Jagdstaffeln aus Frankreich ab und zog noch weitere Flugzeuge zusammen, um die Heimatluftverteidigung zu stärken.

Richthofen – mittlerweile zum Rittmeister befördert – nutzte die Gelegenheit, seinen Ruhm noch zu vermehren. Mit vier rasch aufeinanderfolgenden Luftsiegen hatte er die Zahl seiner Siege im Juli auf insgesamt 56 erhöht. Am liebsten griff er seine Opfer von oben an, und unter seiner Führung besaßen die Albatrosse noch in einer Flughöhe von fast 6000 Metern ausgezeichnete Eigenschaften. Der neue Führer des JG 1 flog unerschrocken an der Spitze einer nach oben abgestuften V-Formation, die es den Fliegern ermöglichte, sich gegenseitig zu decken, bis sie sich wie Falken auf unvorsichtige alliierte Flugzeuge stürzten.

In Anlehnung an das farbenfrohe Vorbild der Jasta 11 begannen die anderen Piloten des Richthofen-Geschwaders ebenfalls, ihre Flugzeuge bunt anzumalen. Britische Flieger nannten das Richthofen-Geschwader „Fliegenden Zirkus", einmal wegen der bunten Farbanstriche und zum andern, weil es wie ein Zirkus über Nacht seine Zelte abbrach und an einem anderen Ort wieder auftauchte. Billy Bishop machte sich über die „Harlekine der Luft" lustig, aber im übrigen konnten nur wenige alliierte Flieger über die Clowns des „Fliegenden Zirkus" lachen.

Die britischen Verluste nahmen derartig an Zahl zu, daß als Ersatz unzureichend ausgebildete Piloten und Kampfbeobachter in die Luft geschickt werden mußten, um den erfahrenen deutschen Jagdfliegern entgegenzutreten. Bei den Franzosen war der Mangel an erfahrenen Fliegern eher noch größer. Der Amerikaner Charles Biddle, der als Freiwilliger in einer französischen Staffel flog, war im Juli 1917 „ohne jede Übung im scharfen Schuß" mit seinem Flugzeug gestartet. „Unsere erste Schießübung erfolgte im Luftkampf über der Front", berichtete er.

Die Deutschen hatten für gewöhnlich wenig Erbarmen mit solchen Anfängern. Es hätte allerdings nicht viel gefehlt, und Rittmeister von Richthofen wäre von einem dieser schlecht ausgebildeten alliierten Flieger getötet worden. Am 6. Juli flog er in der Nähe von Ypern und beobachtete amüsiert, wie ein offensichtlich unerfahrener britischer Kampfbeobachter

Ein Angehöriger des Bodenpersonals (links) hilft einem deutschen Flieger, seinen elektrisch beheizbaren Fliegeranzug anzulegen. An den offenliegenden Drähten kann man sehen, wie primitiv die Ausrüstung war. Diese Anzüge waren für Aufklärungsflüge in großen Höhen entworfen worden; ein Regelwiderstand im Cockpit regulierte die Anzugstemperatur.

Um den Sauerstoffmangel in großen Höhen auszugleichen, befanden sich in einigen deutschen Flugzeugen Kanister mit flüssigem Sauerstoff (oben). Der Sauerstoff floß in eine Gummiflasche, und der Pilot trug eine Nasenklemme und atmete den Sauerstoff durch einen Gummischlauch mit Mundstück ein.

das Feuer auf sein Flugzeug aus einer Entfernung von fast 300 Metern eröffnete. Richthofen ließ ihn seine Munition verfeuern. „Denn auf eine Entfernung von 300 Metern und darüber hilft selbst dem besten Schützen seine Schießkunst nichts. Man trifft eben nicht!" dachte er, wie er später berichtete. In diesem Augenblick riß ein Zufallstreffer eine fast zehn Zentimeter lange Wunde in seine Kopfhaut und streifte den Knochen. Aber obwohl durch den Schlag sein Sehnerv gestört war, brachte er seine Maschine sicher zur Erde. Dann fiel er in Ohnmacht und erwachte erst wieder im Krankenhaus von Kortrijk. „Meinen Richthofenschen Schädel hatte ich wieder mal bewiesen", stellte er fest.

Ende Juli war der Baron wieder im Einsatz. Im August erzielte er zwei weitere Luftsiege und eine Doublette Anfang September. Die Gesamtzahl seiner Abschüsse belief sich nun auf 61. Seinen 61. Becher sollte er jedoch nicht erhalten, da dem Juwelier in Berlin das Silber ausgegangen war. Aber allmählich fand Richthofen nicht mehr soviel Freude an der Jagd. Sein Kopf schmerzte, und nach jeder Patrouille fühlte er sich „vollständig erschöpft".

Im September hatten sowohl die Deutschen als auch die Alliierten den Verlust eines ihrer Helden zu beklagen. Georges Guynemer hatte mit 54 Siegen die Spitzenposition unter den alliierten Fliegern eingenommen. Zu Jahresbeginn hatte er einem jungen deutschen Gegner – Ernst Udet – noch munter seine Wünsche für eine „gute Heimkehr" signalisiert, als dessen Maschinengewehr mitten im Kampf Ladehemmung hatte. Jetzt hielten seine Nerven die Anstrengungen nicht mehr aus, und seine Gesundheit verschlechterte sich zusehends. Mehr als zuvor davon besessen, „seinen Boche herunterzuholen", drang er weiter und weiter in feindliches Gebiet ein, gönnte sich immer weniger Erholungspausen und trieb so seinem Zusammenbruch entgegen. Sein Angriffsstil, der zuvor so kühl und so wohlberechnet gewesen war, hatte an Präzision verloren; er war tollkühn geworden und neigte zu Wutausbrüchen und Resignation. Einem Freund vertraute er an, daß er seinem Untergang entgegensah.

Am Morgen des 11. September wurden Guynemers Ahnungen Gewißheit. Über Poelcapelle griff er einen Zweisitzer an, verfehlte ihn bei seinem ersten Versuch und verschwand in einer Wolke, aus der ihn niemand wieder auftauchen sah.

Frankreich wollte Guynemers Tod nicht wahrhaben, obwohl die Nachricht über die Schützengräben hinweg in die Heimat drang, daß zwei deutsche Soldaten seine Leiche gefunden und ihn schnell im Schlamm begraben hätten. Wenig später gab das deutsche Auswärtige Amt öffentlich bekannt, daß Guynemer abgeschossen worden sei.

Trotzdem fiel Frankreich das Eingeständnis, daß sein „Geflügeltes Schwert" zerbrochen war, sehr schwer. Anläßlich des Gedenkgottesdienstes zu seinen Ehren in St.-Pol-sur-Mer marschierte ein Bataillon auf, das die vom Kampf und Alter zerfetzten Fahnen von 20 Regimentern trug. Ein Musikkorps spielte die „Marseillaise", die Nationalhymne, die die Soldaten gesungen hatten, als Guynemer nach seiner Bruchlandung bei Verdun völlig unerwartet aus dem Wrack gestiegen war. Dann verkündete General Paul-François Anthoine, dessen Stimme kräftige Seeböen davontrugen, daß von dem vermißten Flieger „keine Spur gefunden werden konnte"; es schien, „als ob der Himmel, eifersüchtig auf seinen Helden, der Erde nicht zurückgab, was ihr von Rechts wegen zustand". Ein Reporter sagte es einfacher: „Er flog so hoch, daß er nicht wieder herunterkommen konnte."

Kein solch romantisches Geheimnis umgab den Absturz von Leutnant Werner Voss am 23. September, der 48 Luftsiege erzielt hatte. Voss starb vor den Augen von sieben britischen S.E.5a-Piloten, mit denen er allein in seinem neuen Fokker-Dr.I-Dreidecker den Kampf aufnehmen wollte. Die Dr.I war wohl die wendigste Maschine an der Front, und während des zehnminütigen Kampfes, in dem der Deutsche nach Aussage eines britischen Fliegers genügend Gelegenheit hatte zu entkommen, drehte und wand sich Voss mit seiner Maschine wie ein Barrakuda. Seine Flugkunststücke waren „wunderbar anzusehen", sagte ein anderer Engländer. „Der Pilot schien auf uns alle gleichzeitig zu feuern." Aber das Kräfteverhältnis war zu unausgewogen, selbst für einen Werner Voss. Er wurde schließlich durch die Geschoßgarbe Leutnant A. P. F. Rhys Davids' bezwungen.

Rhys Davids, dem am nächsten Tag mitgeteilt wurde, daß sein Opfer der hochgeschätzte Voss war, bedauerte, einen so geachteten Gegner getötet zu haben. Derartige Skrupel kannte dagegen das französische As René Fonck nicht, als er im folgenden Monat Kurt Wissemann, den Piloten, dem der Abschuß von Georges Guynemer zugeschrieben wurde, vom Himmel holte. Fonck äußerte einem Journalisten gegenüber, daß „den Mörder meines guten Freundes" getötet zu haben, nur eine Tat der angemessenen Vergeltung gewesen sei.

Tatsächlich waren Fonck und Guynemer nie enge Freunde gewesen. Aber die Übertreibung war typisch für Fonck. Er war ein großartiger Flieger und sicherer Schütze, konnte es jedoch selten über sich bringen, seine Taten für sich sprechen zu lassen. Als Fonck 1917 ein As wurde, beschrieb er diese Leistung als „meinen neuerworbenen Ruhm". Sein siebter Abschuß überzeugte ihn, daß er „ein Virtuose geworden war". Schließlich sollte er behaupten, insgesamt nicht weniger als „120 Luftsiege, über die ich mir selbst ganz sicher bin", erzielt zu haben.

Das Verblüffende an René Fonck war, daß das meiste, was er über sich sagte, stimmte. Er wurde der bedeutendste Flieger Frankreichs – er übertraf sogar noch Guynemer. Seine Abschußzahl belief sich am Ende auf 75; sie lag damit zwar niedriger, als er behauptet hatte, war aber die höchste, die je ein alliierter Flieger erzielte. Aber trotz seiner Erfolge konnte er Guynemer den Platz als Volksheld nie streitig machen; und was die taktischen Fähigkeiten anbelangte, so kam er nie an Richthofen heran.

Manfred von Richthofen hatte aus der deutschen Luftkampftaktik eine tödliche Wissenschaft gemacht. Zu Beginn des Jahres 1918 hatte er seine Albatros gegen eine Fokker Dr.I eingetauscht, deren ausgezeichnete Steigleistung seiner Gewohnheit entgegenkam, über dem Feind zu bleiben, und deren große Wendigkeit präzises Manövrieren ermöglichte. Er zeigte dagegen wenig Interesse an seiner eigenen Abschußbilanz, die die seines nächsten Konkurrenten um über ein Dutzend Siege übertraf. Statt dessen verbrachte er viel Zeit damit, junge Piloten auszubilden.

Als Lehrer hatte Richthofen wenig Geduld mit Angebern, die ihre Gegner mit verwirrenden Flugkunststücken verblüffen wollten. „Fliegertricks während des Kampfes", beharrte er, seien „nur unvernünftig und unnütz", da sie den Kunstflieger in eine Lage brächten, in der er nicht schießen konnte. Formationsflug war ein anderes Lieblingsthema von Richthofen: „Überraschungen kann man nur vermeiden, wenn man in dichter Formation fliegt", betonte er. „Keiner Maschine darf es erlaubt werden, vorzupreschen oder hinterherzuhängen."

Manfred von Richthofens scharlachrote Albatros D.III ist das zweite Flugzeug von vorn. Dieses Photo von der Jasta 11 wurde 1917 in Douai aufgenommen. Im April erzielte allein diese Jasta 83 Siege, und britische Flieger nannten den Monat den „Blutigen April".

Der ältere Baron von Richthofen besuchte seinen berühmten Sohn in einem Feldlazarett in Kortrijk im Juli 1917. Einige Wochen nach seiner Kopfverletzung kehrte Manfred an die Front zurück, litt aber ständig unter Kopfschmerzen und Depressionen.

Richthofen mag vielleicht nie aufgefallen sein, daß seine Worte denen Boelckes immer ähnlicher wurden. Wie sein alter Lehrmeister hörte er nicht auf, den Schülern seine Grundsätze, von denen er glaubte, daß sie deutsches Leben retten könnten, einzuhämmern. Immer wieder betonte er die vorrangige Bedeutung des Kampfgeistes, der Fähigkeit, im Angesicht höchster Gefahr ruhig und besonnen zu handeln.

Einer von Richthofens besten Jagdfliegern, Ernst Udet, stieß erst spät zum „Fliegenden Zirkus". In einem seiner ersten Luftkämpfe war er hinter dem Maschinengewehr zu Stein erstarrt und nach Hause geflogen, ohne einen Schuß abgegeben zu haben. Aber er hatte seine Angst überwunden, und als Richthofen ihn aus einer anderen Jasta zu sich holte, hatte er es bereits zu 19 bestätigten Abschüssen gebracht. Als Udet im März 1918 zum erstenmal mit der Jasta 11 hinter Richthofen flog, war ihm bewußt, daß der Geschwaderkommodore seine Flieger immer genau im Auge behielt – besonders die neuen. „Er schätzte den Mann danach ein, was er für die Sache leistet", sagte Udet später über Richthofen. „Wer da besteht, für den setzt er sich voll ein. Mit seiner ganzen Persönlichkeit. Wer versagt, den läßt er fallen. Ohne Wimperzucken. Wer sich einmal bei einem Feindflug laurig zeigt, der muß das Geschwader verlassen. Noch am gleichen Tag."

Udet war entschlossen, die Prüfung zu bestehen. Als die Jasta einem britischen Zweisitzer begegnete, griff er den Feind an, schob sich unter ihn, feuerte die tödliche Geschoßgarbe und war innerhalb einer Minute wieder im Verband der Staffel. Richthofen drehte sich zu ihm um und winkte ihm anerkennend zu. Dann stürzte der Baron auf eine unter ihm fliegende Kette Sopwith Camels herab, fegte eine von ihnen vom Himmel, fing seine Maschine eben über dem Boden ab, um eine Marschkolonne alliierter Soldaten unter Beschuß zu nehmen, die ihm als Entgegnung die Tragflächen durchlöcherten. „Wir alle sind dicht hinter ihm", erläuterte Udet. „Die ganze Staffel ist *ein* Körper, seinem Willen untertan."

Udet hatte mehr als nur die Prüfung bestanden. Als die Jasta gelandet war, sagte Richthofen lächelnd zu seinem jüngsten Piloten: „Übrigens, die Staffel 11 können Sie morgen schon übernehmen."

Deutschland konnte glücklich darüber sein, daß Richthofen einen weiteren Spitzenflieger als Jasta-Führer hatte und daß er selbst wieder in Hochform war. Die Sopwith Camel war Richthofens sechster Abschuß seit Mitte März gewesen, und die Gesamtzahl seiner Abschüsse hatte sich damit auf insgesamt 69 erhöht. Aber in seinem Innern war der Baron weit davon entfernt, hinsichtlich der nahen Zukunft Deutschlands optimistisch zu sein. „Die Schlacht, die jetzt an allen Fronten stattfindet, ist sehr ernst geworden", schrieb er. „Von dem ‚lebhaften, fröhlichen Krieg', wie unsere Taten anfänglich genannt wurden, ist nichts mehr zu spüren. Nun müssen wir die Verzweiflung bekämpfen und uns rüsten, damit der Feind nicht in unsere Heimat eindringt."

Oberflächlich betrachtet schien solch Trübsinn während der ersten Monate 1918 nicht angebracht zu sein. Rußland war aus dem Krieg ausgeschieden. Die französische Armee litt immer noch unter den Nachwirkungen einer Meuterei, die im vorangegangenen Jahr in den Schützengräben ausgebrochen war. 400 000 britische Soldaten waren während der ständigen Angriffe auf die Hindenburglinie gefallen, und die erschöpften Überlebenden waren nahe daran, weitere Angriffsbefehle zu verweigern. Ein verzweifelter Ansturm von 380 britischen Panzern wurde von der deutschen Infanterie mit einem Gegenstoß zerschlagen; ein Drittel der Infanterieflieger, die den Panzerangriff decken sollten, wurde von deutschen Jägern und der Flugabwehr abgeschossen.

Nicht ein einziges amerikanisches Flugzeug hatte sich bisher über der Front gezeigt. Der amerikanische General John J. Pershing stritt mit anderen alliierten Befehlshabern darüber, wie die verhältnismäßig kleine Zahl amerikanischer Heeresdivisionen auf dem europäischen Kriegsschauplatz eingesetzt werden sollte. Deutschland, das seine Westfront mit 42 Divisionen aus dem Osten verstärkte, nachdem es mit Rußland einen Separatfrieden abgeschlossen hatte, bereitete seinen stärksten Angriff seit Verdun vor. Deutschlands Ziel war es, einen Keil zwischen die britischen und französischen Armeen zu treiben und ihre Kapitulation zu erzwingen, bevor die große Kampfkraft Amerikas fühlbar wurde. Ludendorff zog rund 70 Divisionen für einen Angriff gegen die britische Flanke südlich von Arras zusammen, verstärkte die Schlagkraft seiner Infanterie durch Giftgasgranaten, 6000 Geschütze und 730 Flugzeuge. Die Engländer hatten knapp 580 Flugzeuge, um dem ersten Angriff standzuhalten; zum erstenmal sollten die Deutschen in der Luft auch die zahlenmäßige Überlegenheit und die Luftherrschaft über einem breiten Frontabschnitt besitzen.

Am nebligen Frühjahrsanfang 1918 tauchten die Deutschen hinter einer Giftgaswolke und einem wütenden Artillerietrommelfeuer auf. Die britischen Linien zerbarsten, und es gelang den Deutschen, in vier Tagen 23 Kilometer vorzurücken. Auch die Franzosen wichen zurück, und deutsche Flugzeuge beherrschten den Luftraum über beiden Armeen und verhinderten ein Eingreifen alliierter Reserven.

Richthofen ging wieder einmal mit vollem Tatendrang in den Luftkampf. Sein Geschwader bezog einen neuen Frontstandort bei Léchelle, den die Engländer gerade verlassen hatten, und am 27. März flog der „Fliegende Zirkus" 118 Einsätze und schoß – ohne einen eigenen Verlust zu erleiden – 13 alliierte Flugzeuge ab. Richthofen selbst vernichtete drei feindliche Flugzeuge und erhöhte seine Abschußzahl auf 73. Aber Richthofen spürte wie viele andere deutsche Soldaten, daß dieser Angriff die letzte große Chance seiner Nation war. Die deutsche Artillerie litt unter Munitionsmangel. Die Vorräte an Menschen und Material waren aufgebraucht, und in der Heimat zeigte sich keine Besserung der Hungersnot. Wenn dieser Angriff keinen Erfolg bringen würde, müßten die Deutschen doch noch auf ihrem eigenen Heimatboden kämpfen.

Anfangs verlief die Offensive ganz nach Plan, und Richthofen, der für unverzügliche Unterstützung von einem Flugplatz bei Harbonnières aus sorgte, erzielte in der ersten Aprilwoche vier weitere Abschüsse. Vom Flakfeuer unterstützt, brachten deutsche Flieger im März und April mehr als 1000 britische Flugzeuge zum Absturz. Aber Richthofen, einst der fröhliche Jäger der Luft, bedrückte das lange, blutige Geschäft. „Mir ist nach jedem Luftkampf erbärmlich zumute", gestand er. „Wenn ich meinen Fuß auf dem Flugplatz wieder auf den Boden gesetzt habe, dann mache ich, daß ich in meine vier Wände komme, will niemanden sehen und von nichts hören."

Am 8. April wurde das JG 1 nach Cappy an der Somme verlegt, wo mehrere Regentage, die die Flieger zur Untätigkeit zwangen, nicht dazu beitrugen, Richthofens Stimmung zu heben. Am 20. April klarte das Wetter dann etwas auf; Richthofen startete wieder und schoß sein 79. Feindflugzeug, eine Sopwith Camel, ab. Der Pilot, Major Richard Raymond-Barker, kam beim Absturz ums Leben. Richthofen wollte gerade zu seinem eigenen Flugplatz zurückfliegen, als er eine weitere Sopwith entdeckte. Er zwang sie mit einem Tankdurchschuß zu Boden. Ihr Pilot, der neunzehnjährige Leutnant D. G. Lewis, wurde bei seiner erzwungenen Landung nur leicht verwundet. Er berichtete, daß Richthofen „30 Meter über dem Boden dahinflog und winkte", bevor er zu seinem Einsatzflughafen zurückkehrte.

Als Richthofen aus dem Cockpit seiner roten Fokker stieg, schien er zufrieden, fast glücklich – zum ersten Mal seit einigen Monaten. „Achtzig", rief er aus, „das ist wirklich eine ordentliche Zahl." Seine Flieger stimmten ihm aus vollem Herzen zu; an dem Abend feierten sie ihren Rittmeister, tranken ihm zu und nannten ihn: „Ein-Mann-Armee, unser Führer, unser Lehrer und unser Kamerad, das As aller Asse."

Am nächsten Morgen, dem 21. April, einem Sonntag, stieg Deutschlands bester Jagdflieger wieder in seinen roten Dreidecker. In Sekundenschnelle war er in der Luft und jagte auf der Suche nach Opfern an der Spitze einer Sechserformation über die Somme in Richtung Front.

Auf der Seite der Alliierten klagte an diesem verhangenen Morgen Hauptmann A. Roy Brown über Magenkrämpfe. Der 24 Jahre alte kanadische Flieger wußte, daß er eigentlich Krankenurlaub nötig hatte. Mißmutig flog er an der Spitze seines Verbandes von fünf Flugzeugen. Ein alter Schulfreund, Wilfred May, der bisher keine Erfahrung im Luftkampf hatte, befand sich in einem von ihnen. Schon bald trafen sie auf eine größere Anzahl deutscher Flugzeuge. Roy Brown machte sich – wie er später eingestand – nicht viel Hoffnung, diese Begegnung zu überleben.

Als sich der Luftkampf über der Straße zwischen Sailly-le-Sec und Le Hamel voll zu entfesseln begann, löste sich May, wie ihm Brown für den Fall, daß er in einen ernsten Luftkampf geraten würde, befohlen hatte, und machte sich auf den Weg zurück. In dem Augenblick stieß ein leuchtendroter Fokker-Dreidecker aus dem wirbelnden Nebel und setzte sich in Schußposition hinter den abfliegenden May. Um seinem Freund zur Hilfe zu kommen, griff Brown aus überhöhter Position an, riß seine Sopwith Camel herum und feuerte aus seinem doppelläufigen Vickers-Maschinengewehr Geschoßgarben auf den deutschen Dreidecker ab. „Eine volle Salve riß die Seite des Flugzeugs auf", berichtete Brown. „Sein Pilot drehte sich um und blickte auf. Ich sah das Aufleuchten seiner Augen hinter den großen Gläsern seiner Fliegerbrille, dann fiel er auf dem Sitz zusammen, Kugeln pfiffen um ihn. Ich stellte das Feuer ein." Der rote Fokker-Dreidecker verfolgte May noch mehr als zwei Kilometer, bis er neben Schützengräben mit australischen Soldaten hart aufschlug. Der Pilot war tot.

Im Quartier auf seinem Einsatzflugplatz war Brown gerade dabei, seinen Bericht zu schreiben, als das Telephon läutete. Der Staffelingenieur hob ab und rief Brown kurz darauf zu, er solle sich darauf vorbereiten, einen Orden in Empfang zu nehmen. „Warum?" fragte Brown. „Der Alte sagt, der rote Flieger war Richthofen", antwortete der Ingenieur.

Später am Tag ging Hauptmann Roy Brown – ungeachtet der Tatsache, daß australische Soldaten inzwischen behaupteten, sie hätten den roten Dreidecker vom Himmel geschossen, und so einen Streit eröffneten, der nie entschieden wurde – still zu dem Zelt, in dem die Leiche des Rittmeisters Manfred von Richthofen aufgebahrt lag. „Er erschien mir so klein, so zierlich", schrieb Brown später. „Man hatte seine Kappe entfernt. Blondes, seidenweiches Haar, wie das eines Kindes, fiel von der breiten, hohen Stirn. Sein Gesicht, besonders friedlich, hatte einen Ausdruck von Milde und Güte, von Vornehmheit." Brown wandte sich ab. „Ich ging weg, nicht als Sieger fühlte ich mich", sagte er. 〰

Hauptmann A. Roy Brown aus Kanada, dem viele den Abschuß von Richthofen zuschreiben, verbuchte elf Siege bis zum Zeitpunkt seines umstrittenen Triumphs. Kurz danach mußte er sich wegen eines Magengeschwürs in ärztliche Behandlung begeben und wurde beurlaubt.

Letzte Ehre für
einen gefallenen Gegner

Ein britischer Offizier mit schwarzer Armbinde führte den Trauerzug an. Hinter ihm marschierte eine Ehrenwache aus 13 australischen Soldaten mit gesenkten Gewehren. Dann folgte auf der Ladefläche eines britischen Fahrzeugs der einfache Holzsarg, in dem Manfred von Richthofen in Frankreich zu Grabe getragen wurde.

Die Alliierten beerdigten ihren deutschen Hauptwidersacher mit allen Ehren, die seinem Rang gebührten. Die Zustimmung, die sie dafür fanden, mochte nach fast vier schrecklichen Kriegsjahren erstaunen. An einem sonnigen Spätnachmittag im April begab sich der Zug von einem australischen Flugplatz, wohin Richthofens Leiche am vorangegangenen Tag gebracht worden war, durch die Frühlingslandschaft zu einem kleinen, von Pappeln gesäumten Friedhof nahe dem Dorf Bertangles. Viele Kränze waren von den in der Nähe stationierten alliierten Staffeln geschickt worden und schmückten nun den Sarg, den vier alliierte Flieger trugen.

Auf dem Friedhof hielt ein anglikanischer Pfarrer die Trauerandacht; und nachdem man den Sarg ins Grab hinabgesenkt hatte, wurden drei Salven abgefeuert.

Richthofen fiel elf Tage vor seinem 26. Geburtstag. Sieben Jahre nach dem Krieg wurde seine Leiche exhumiert und nach Deutschland übergeführt. Auf dem Invalidenfriedhof in Berlin hat Manfred von Richthofen seine letzte Ruhestätte gefunden.

Langsamen Schrittes begleiten britische und australische Offiziere und Mannschaften das Fahrzeug, auf dem die Leiche Manfred von Richthofens entlang einem Kanal im nordöstlichen Frankreich zum Friedhof gebracht wird.

Eine aus den Reihen der 3. Staffel des australischen Fliegerkorps gebildete Ehrenwache salutiert, als ein anglikanischer Pfarrer vor dem Sarg Richthofens durch den Eingang des Friedhofs von Bertangles schreitet. Die Sargträger waren – wie Richthofen – Staffelchefs und bekleideten den Rang eines Hauptmanns.

Französische Dorfbewohner und etwa 50 alliierte Flieger stehen in respektvoller Haltung, als das australische Ehrengeleit die Abschiedssalve feuert. Auf dem Grab lag ein großer Kranz des britischen Oberkommandos mit der Aufschrift: „Unserem ritterlichen und geschätzten Gegner."

5

Ein Crescendo der Kräfte

Die Amis kamen in immer größeren Scharen. Seit August 1917 kämpften Einheiten der American Expeditionary Force unter dem Kommando von General John Pershing an der Westfront, und am 4. April 1918, eine Woche vor Richthofens Tod, stürzten zwei deutsche Flugzeuge ab, vom Maschinengewehrfeuer jener Flugzeuge getroffen, die die rot-blau-weiße Kokarde der Vereinigten Staaten trugen. Es waren die ersten der rund 850 Flugzeuge und Ballons, die bis zum Waffenstillstand im November 1918 von amerikanischen Einheiten vom Himmel geholt werden sollten.

In jenen dramatischen letzten Monaten des Krieges kam dem Flugzeug eine immer größere Bedeutung zu. Mehr als 8000 Flugzeuge waren im Hochsommer an der Westfront im Einsatz. Jede Offensive und Gegenoffensive wurde von gewaltigen Luftschlachten begleitet, an denen zum Teil 20 und mehr deutsche und alliierte Flugzeuge teilnahmen, die jetzt Geschwindigkeiten von bis zu 200 Kilometern in der Stunde und Höhen von bis zu 6000 Metern flogen. Bombardements, Aufklärung und Photographie waren oft entscheidend für den Ausgang einer Schlacht, und die Bombenangriffe nahmen Ausmaße an, wie sie im Jahr zuvor nur wenige für möglich gehalten hätten. Mitte des Jahres zerstörten alliierte Bomber die Brücken hinter einer vorrückenden deutschen Armee und halfen damit, die letzte deutsche Großoffensive abzuwürgen. Und im September wurden 1500 Jagdflugzeuge und Bomber unter dem Kommando eines angriffslustigen amerikanischen Offiziers, William „Billy" Mitchell, zu der bis dahin größten Luftschlacht zusammengezogen, um eine amerikanische Offensive, die eine starke deutsche Frontausbuchtung in der Nähe von Verdun eindrücken sollte, zu unterstützen.

Großbritannien hatte am 1. April 1918 ein lang andauerndes Führungsproblem gelöst und damit jahrelange Auseinandersetzungen und Koordinationsmängel in den eigenen Reihen beendet. Das Royal Flying Corps und der Royal Naval Air Service wurden zur Royal Air Force vereinigt. Generalmajor Hugh Trenchard wurde erster Stabschef der RAF.

Deutschland bereitete sich mit aller Macht auf den Tag vor, an dem die USA ihre ganze unverbrauchte Kraft in die Waagschale werfen würden, und baute seine Luftstreitkräfte mit Hilfe des sogenannten Amerikaprogramms aus. Um dieses Programm bis zum vorgesehenen Termin, dem März 1918, verwirklichen zu können, mußte die Flugzeugproduktion auf 2000 im Monat erhöht, 24 000 Rekruten eingezogen und die Produktion von Flugzeugtreibstoff verdoppelt werden.

Aufgrund dieser außergewöhnlichen Anstrengungen waren Deutschlands Luftstreitkräfte eine Zeitlang besser als je zuvor ausgerüstet, am Ende aber konnte das Amerikaprogramm nicht durchgehalten werden. Eine alliierte Seeblockade verhinderte, daß Rohstoffe in genügendem Umfang

Der amerikanische Adler ist dem deutschen Reichsadler auf diesem Anwerbungsplakat der US-Luftstreitkräfte von 1918 weit überlegen. Die Vereinigten Staaten traten im April 1917 mit großen Ankündigungen in den Krieg ein; es verging jedoch ein Jahr, bevor ein amerikanischer Fliegerverband einen Luftsieg erzielte.

Deutschland erreichten, und es mangelte an geeigneten Bewerbern, die für die Pilotenausbildung in Frage kamen. Zum erstenmal geriet die Kampfmoral an der Heimatfront ins Wanken.

Die Rolle der USA im Krieg läßt sich in gewisser Hinsicht mit der des Flugzeugs vergleichen. Sie waren nützlich, selten dominierend und in bestimmten kritischen Situationen ausschlaggebend für Sieg oder Niederlage. Ab April 1918 wurden über eine „Schiffsbrücke" 100 000 bis 200 000 Soldaten im Monat nach Frankreich transportiert. Für General Ludendorff, den deutschen Generalquartiermeister, waren die Amerikaner zwar nur „diese grinsenden Cowboys", aber die ausgeruhten Truppen der AEF sorgten dafür, daß die brüchig gewordene alliierte Front nicht unter den wiederkehrenden, immer verzweifelter werdenden Schlägen der deutschen Armee zerriß. In der Tat, die Amerikaner waren unerfahren, aber sie waren gekommen, um zu kämpfen, und ihre Feuerprobe bestanden sie im Juni bei Château-Thierry, wo zwei amerikanische Divisionen den Franzosen halfen, die deutsche Offensive zurückzuschlagen, die – wie 1914 – erneut bis zur Marne vorgedrungen war.

Die amerikanische Fliegertruppe machte sich dagegen nicht so schnell bemerkbar. Viele Überlebende der Lafayette-Staffel und andere amerikanische Freiwillige, die für Frankreich geflogen waren, zogen jetzt die amerikanische Uniform an und wurden Ausbilder, Fluglehrer und Staffelführer. Am Ende sollten die USA eine Anzahl hervorragender Piloten stellen, aber zunächst mußte erst einmal eine Fliegertruppe aufgebaut und ausgebildet werden. Dieser Vorgang dauerte Monate, und viele der Fehler, die die Kriegführenden 1914 und 1915 begangen hatten, wurden wiederholt. Etliche der großzügigen Versprechungen und ehrgeizigen Produktionsvorhaben erwiesen sich als nicht realisierbar. Offensichtlich hatten die USA ihre Zusagen, die sie gaben, als sie in den Krieg eintraten, mehr auf Wunschdenken als auf Tatsachen gegründet.

Im Juni 1917 legte das US-Kriegsministerium einen Plan vor, nach dem in einem einzigen Jahr 22 625 Flugzeuge und doppelt so viele Motoren gebaut werden sollten. Der Kongreß bewilligte 640 Millionen Dollar für die Militärluftfahrt – die größte Summe, die bis dahin für ein einzelnes militärisches Projekt allein vergeben worden war.

Aber die Luftfahrt steckte in den USA praktisch noch in den Kinderschuhen. In den 13 Jahren seit den Flugversuchen bei Kitty Hawk hatten die USA nicht mehr als 1000 Flugzeuge jeglicher Art gebaut. Die Fliegertruppe besaß ein Sammelsurium von Flugzeugen, die im Kampf nutzlos und als Schulflugzeuge fast unbrauchbar waren.

Im Juni entsandte die amerikanische Armeeführung eine Delegation mit Major Raynal Bolling an der Spitze nach Europa, um herauszufinden, wie die USA ihre militärischen Anstrengungen effektiver gestalten könnten. Das Ergebnis der Untersuchung dieser sogenannten Bolling-Kommission war, daß die USA beschlossen, ihre Jagdflugzeuge im Ausland – und zwar hauptsächlich Spads und Nieuports von den Franzosen – zu kaufen und sich in der eigenen Produktion auf Schul- und Aufklärungsflugzeuge zu beschränken. Statt eigene neue Flugzeuge zu entwerfen, bauten die USA jetzt verschiedene ausländische Typen in Lizenz nach. Hierzu gehörte vor allem die de Havilland D.H.4, ein zweisitziges Mehrzweckflugzeug mit einem amerikanischen 400-PS-Liberty-12-Motor, das für Aufklärung und Bombenwurf geeignet war. Insgesamt wurden 1213 dieser Flugzeuge gebaut.

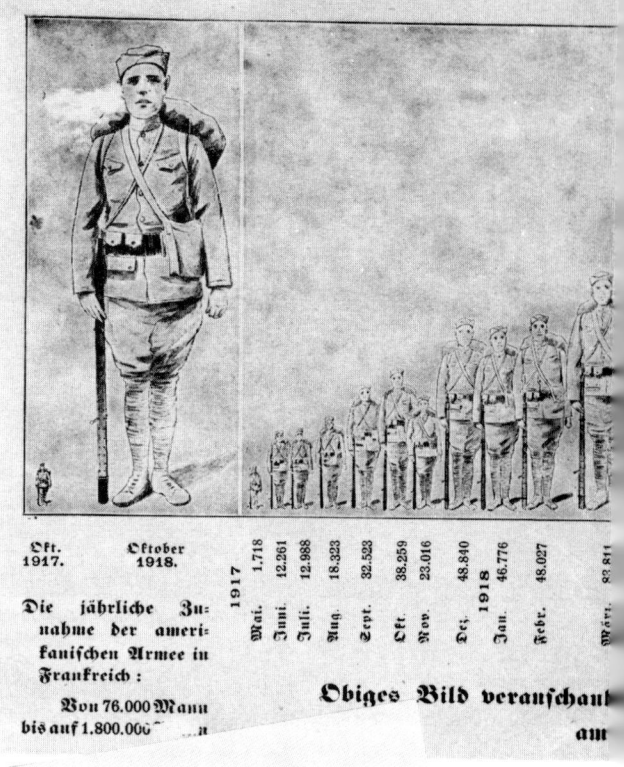

Von alliierten Flugzeugen abgeworfene Flugblätter verweisen auf die Ankunft großer amerikanischer Truppenmassen. Das Anwachsen der Streitkräfte der USA in Europa wird auf dem Flugblatt ganz oben den deutschen Soldaten deutlich vor Augen geführt. Auf einem Flugblatt, das für ukrainische Soldaten in der österreichischen Armee bestimmt war, warnt ein Soldat vor Millionen anrückender Amerikaner.

etzt in Frankreich, und mehr als zehn merika bereit.

244.345 | 276.372 | 284.000 | 313.000 | 311.000
Mai. | Juni. | Juli. | Aug. | Sept.

Anzahl der monatlich eingeschifften en Truppen.

Ogni minuto otto soldati Americani sbarcano in Europa!

In einem über der italienischen Front abgeworfenen Flugblatt marschieren Soldaten über ein Zifferblatt mit der Aufschrift: „In jeder Minute landen acht Amerikaner in Europa."

Als nächstes mußten geeignete Piloten und Techniker gefunden werden. Vor dem Kriegseintritt verfügte die US-Armee über kaum zwei Dutzend für den Luftkrieg ausgebildete Flieger; dazu kamen 113 Flieger, die sich noch in der Ausbildung befanden. Es mangelte jedoch nicht an Freiwilligen. Etwa 38 000 junge Männer – viele von ihnen zählten zur Elite ihrer Generation – drängten sich danach, zu den Luftstreitkräften zu kommen. Ebenso wie 1916 der Yale-Absolvent Harold Tittmann wurden wohl auch sie in erster Linie angezogen von der Tatsache, daß „die Aufstiegsmöglichkeiten grenzenlos schienen, es saubere Arbeit war und einen romantischen Anstrich hatte", wie es Tittmann formulierte. Vor allem, so hatte Tittmann noch hinzugefügt, „wollte ich nicht dafür Verantwortung tragen, daß Männer abgeschlachtet wurden, wie es in den Schützengräben unausweichlich war". Im Flugzeug dagegen mußte er allein die Folgen seines Handelns – sowohl des Könnens wie des Versagens – tragen.

Die amerikanische Pilotenausbildung bestand einheitlich aus drei Stufen: theoretische, Anfänger- und Fortgeschrittenenschulung. Die theoretische Ausbildung dauerte zwei bis drei Monate und erfolgte in einer von acht Schulen, deren größte der University of Texas beziehungsweise der University of California angeschlossen waren. Zusammen rekrutierten sie rund 23 000 Freiwillige, von denen ungefähr zwei Drittel zum Anfängerkurs auf den Militärflugplätzen zugelassen wurden. Dort lernten sie mit Hilfe von Doppelsteuerungen auf langsamen Curtiss-JN-4-Doppeldeckern, den sogenannten „Jennies", zu fliegen. Die Bolling-Kommission sorgte dafür, daß amerikanische Flieger ihre Fortgeschrittenenausbildung auf Einrichtungen in Großbritannien, Frankreich und Italien erhielten, wo erfahrene Fluglehrer und bessere Flugzeuge zur Verfügung standen. Immer mehr amerikanische Fliegeraspiranten drängten zu den europäischen Schulungsstätten, so daß viele zurückgewiesen werden mußten. Sie wurden statt dessen in behelfsmäßigen Lagern in den USA untergebracht, wo sie ihre Fortgeschrittenenausbildung erhielten. Eine der bekanntesten dieser Stätten war Kelly Field in Texas. Es bestand aus nicht viel mehr als „sechs Hangars aus Zeltbahnen, einigen schuppenähnlichen Kasernen und einer Ansammlung von Gruppenzelten, in denen wir untergebracht waren", berichtete ein Schüler, der sich dort 1917 in Ausbildung befand.

Nach und nach wurden mit diesem hastig aufgebauten System 10 000 amerikanische Flieger ausgebildet; ein Begleitprogramm sorgte für die gleiche Anzahl Flugzeugtechniker. Harold Tittmann absolvierte die theoretische Ausbildung an der University of Texas, dann meldete er sich für den fliegerischen Anfängerkurs auf dem Chanute Field bei Rantoul in Illinois. „Ich war noch nie so enttäuscht wie in Rantoul", schrieb Tittmann später in seinen unveröffentlichten Memoiren. In zehn Wochen erhielt er „kaum mehr als 25 Flugstunden in den wenigen verfügbaren ‚Jennies'". Tittmann bestand die Prüfung als Militärflieger der Reserve und wurde zum Leutnant ernannt. Mit Hunderten anderer junger Flieger schiffte er sich im November 1917 zum letzten Ausbildungsteil nach Europa ein.

Tittmann meldete sich in Issoudun, 200 Kilometer südlich von Paris. Issoudun war die größte der 22 Fliegerschulen, in denen Amerikaner in Frankreich ausgebildet wurden; als Tittmann eintraf, waren die acht Flugplätze und die dazugehörigen Gebäude jedoch noch im Bau. „Deutsche Kriegsgefangene und Arbeiter aus Französisch-Indochina arbeiteten unter der Aufsicht französischer Ingenieure", schrieb er. „Der Winter war besonders streng und das ganze Gelände bedeckt mit vereistem oder

Der Wunsch, die Kriegsanstrengungen zu unterstützen und eine fesche Uniform zu tragen, war für viele Frauen verlockend.

Ganze Arbeit –
für den halben Lohn

Wesentliche Hilfe erhielten die Luftstreitkräfte während der Kriegsjahre von Frauen.
In England dienten Frauen zunächst als
Hilfskräfte und nach dem 1. April 1918 der
Women's Royal Air Force. Manche Plakate –
wie beispielsweise das links abgebildete –
warben in erster Linie für traditionelle
Frauenbeschäftigungen. Tatsächlich verrich-
teten viele Frauen jedoch die Tätigkeiten
von Flugzeugmechanikern und Fabrikarbei-
tern – allerdings stets nur für die Hälfte des
üblichen Männerlohns.

Der Arbeitseinsatz der Frauen half, die
Flugzeugproduktion von 2000 Stück im
Jahr auf 2000 im Monat zu steigern. Bei
Kriegsende dienten 25 000 Frauen in der
WRAF – aber nicht eine als Pilotin.

Vier weibliche Mechaniker überholen ein Avro-Schulflugzeug, das Bordschützen als Übungsstand diente.

Schneiderinnen des WRAF nähen Bespannungstücher für Flugzeuge, die mit Spannlack überzogen wurden, damit sie eine dauerhafte Oberfläche erhielten.

feuchtem Lehm." Amerikanische Ärzte befürchteten, daß die Misthaufen der in der Nähe gelegenen Bauernhöfe gesundheitsschädlich seien, und da Kriegsgefangene nicht in der Nähe von Häusern arbeiten durften, bekamen die amerikanischen Soldaten den Auftrag, den Dung wegzuschaffen. Die Bauern, die herumstanden, schrieb Tittmann, fragten sich verwundert, „warum das Vorhandensein ihres Düngers, der ein Teil ihres Lebens gewesen war, solange sie zurückdenken konnten, plötzlich als etwas Ungesundes betrachtet wurde".

Umgekehrt mußten sich auch die Amerikaner umstellen und sich an die französische Art, Fliegen zu lernen, gewöhnen. Tittmann und die anderen hatten in einer „Jennie" mit Doppelsteuerung gelernt. Nun wurde ihnen ein Simulator zur Verfügung gestellt, ein Einsitzer, der – bis auf die gestutzten Flügel, die das Flugzeug am Abheben hinderten – einem völlig normalen Flugzeug glich. Nach stundenlangen Schießübungen vom Simulator auf dem Flugplatz aus erhielten die Flugschüler den Befehl, Flugzeuge in Normalausführung zu fliegen. Als nächstes mußten die Amerikaner von Bord einer geflickten Nieuport aus das Schießen in der Luft üben – zwei von Tittmanns Freunden verloren ihr Leben, als die Tragflächen ihrer Maschinen während des Fluges abbrachen.

Im April 1918 wurde Tittmann zum Flugplatz Orly in der Nähe von Paris beordert, von wo er neue Flugzeuge zu den wenigen amerikanischen Staffeln überführen sollte, die sich hinter der Front zu formieren begannen. Da die Flugzeuge direkt aus den französischen Fabriken kamen, fehlte ihnen noch jede Bewaffnung – ein Umstand, den Major Raoul Lufbery, das führende As der Lafayette-Staffel, der gerade Kettenführer in der 94. Staffel geworden war, bitter beklagte. „Es ist fast ein Jahr her, daß die Vereinigten Staaten den Krieg erklärt haben", beschwerte er sich. „Und was, meint ihr, macht die 94.? Sie wartet auf Maschinengewehre."

Um nicht bei Villeneuve-les-Vertus, der vorübergehenden Unterkunft der 94. Staffel, untätig am Boden herumzusitzen, ging Lufbery mit seinen ungeduldigen Piloten in ihren unbewaffneten Flugzeugen auf Erkundungsflüge. Beim ersten dieser gefährlichen Flüge wurde er von zweien seiner vielversprechendsten neuen Flieger begleitet: dem 21 Jahre alten Harvard-Absolventen Doug Campbell und dem 27 Jahre alten Eddi Rickenbacker, der es nicht einmal bis zum Abschluß der Grundschule gebracht hatte. Lufbery war sich im klaren darüber, daß diese Flüge auch dann noch schwierig genug waren, wenn sich seine Schützlinge an seine Anweisung hielten, nicht über deutsches Gebiet zu fliegen.

Rickenbacker hatte es besonders schwer. „Meine Baby-Nieuport schlingerte heftig", berichtete er. „Ich erlebte die ersten Anfälle von Luftkrankheit. Ich biß die Zähne zusammen und betete." Plötzlich wurde er durch eine Explosion nur wenige Meter hinter sich erschreckt. Die deutsche Flugabwehr hatte ihm seine Feuertaufe verpaßt und ihm dabei eine solche Angst eingejagt, daß er „jeden Gedanken an Luftkrankheit" verlor. Während der restlichen zwei Stunden des Erkundungsflugs wich Rickenbackers Schrecken der Aufregung und schließlich einer fast euphorischen Freude über die Tatsache, daß er ein richtiges Schlachtfeld an der Seite von Lufbery, dem gefeiertsten Piloten in amerikanischer Uniform, überflog.

Eddie Rickenbacker hatte fast alle Dinge im Leben auf mühselige Weise lernen müssen. 1890 wurde er in Columbus, Ohio, als Sohn deutscher Immigranten geboren, die die Schreibweise aus dem Heimatland beibehielten – Rickenbacher. Eddie kämpfte sich nach oben, verließ sich dabei auf

Eddie Rickenbacker, Amerikas Spitzen-As, steht im Cockpit seiner französischen Spad 13. Der frühere Rennfahrer gewöhnte sich schnell an Jagdflugzeuge und errang 26 Siege – 20 von ihnen in den letzten beiden Kriegsmonaten.

seine schnelle Auffassungsgabe und seine hervorragenden Reflexe. Als er 13 war, starb sein Vater, und er arbeitete in einer Reihe von Fabriken, um zum Lebensunterhalt seiner Familie beizutragen. Zunächst war er Nachtschichtarbeiter in einer Glashütte. Später stellte ihn eine kleine Automobilfirma ein, die einen Wagen pro Monat produzierte; und mit 16 Jahren hatte er sich zu einem versierten Rennwagenmechaniker emporgearbeitet. Im Alter von 20 Jahren hatte er bereits selbst etliche Rennen gewonnen, und die Zeitungen nannten ihn den „wilden Teutonen". Sein Bedürfnis, immer unter den ersten zu sein, brachte ihm einen Geschwindigkeitsweltrekord von 215 Kilometern in der Stunde und ein Einkommen von mehr als 35 000 Dollar im Jahr ein.

Während eines Englandbesuches Ende 1916 bemerkte er, daß sein Ruf als „Teutone" und sein deutscher Name die Aufmerksamkeit Scotland Yards auf sich zogen. Immer auf der Suche nach Spionen, trennten Beamte heimlich seine Schuhe auf und rissen das Futter seiner Kleidung heraus. Einmal nahmen sie ihn fest und befahlen ihm, sich zu entkleiden, so daß sie Zitronensaft auf seine Haut auftragen konnten; doch die Suche nach Geheimbotschaften blieb ergebnislos. Diese Erlebnisse führten dazu, daß Eddie die Schreibweise seines Namens änderte, er schien so weniger deutsch zu sein. Nach seiner Rückkehr versuchte Rickenbacker, die Armeeführung der USA zu veranlassen, eine eigene Jagdstaffel speziell aus Rennfahrern zu bilden. Er war der Meinung, daß schnell reagierende Männer, die an kritische Situationen bei hohen Geschwindigkeiten gewöhnt waren, hervorragende Flieger abgeben würden. Die Armeeführung lehnte ab und fügte hinzu, daß sie Rickenbacker aufgrund seines Alters und seiner geringen Schulbildung ohnehin für ein solches Kommando nicht für qualifiziert genug hielten. Nachdem die USA jedoch den Krieg erklärt hatten, war es für den bekannten Rennfahrer keine Schwierigkeit mehr, angenommen und als Fahrer des amerikanischen Generalstabs in Europa nach Frankreich gesandt zu werden. Bald hieß es überall, er sei der persönliche Fahrer von General Pershing. „Die Geschichte ist gut", bemerkte Rickenbacker – und ließ es dabei bewenden. Tatsächlich fuhr er jedoch für Oberst Billy Mitchell, der es auch war, mit dessen Unterstützung Rickenbacker bald an die Fliegerschule in Tours kam. Dort schloß er seine Ausbildung in nur 17 Tagen ab, „nicht weil ich besonders klug war", gab er zu, „sondern weil ich einige Erfahrung mit Geschwindigkeiten und Motoren hatte und mich in der Technik auskannte".

Rickenbacker hatte bald den Ruf erworben, daß er „nur in einen Motor hineinzuhören brauchte, um zu wissen, was nicht in Ordnung ist". Er wurde als Ingenieuroffizier nach Issoudun geschickt, um an der Schule eine Reparaturwerkstatt für Flugzeuge und Motoren aufzubauen.

Dagegen fand er bei seinen Kameraden, die alle aus privilegierten Schichten kamen, nur wenig Anerkennung; er war bei ihnen als ungehobeltes Rauhbein verschrien. „Rickenbacker war der denkbar unbeliebteste Mann in jenen frühen Tagen", urteilte Reed Chambers, einer seiner zukünftigen Staffelkameraden. „Er war kräftig, älter als wir, stahlhart Seine Rennfahrerausdrücke und seine rohe Sprache paßten nicht so recht zur Elite der amerikanischen Colleges."

All dies konnte Rickenbacker jedoch nichts anhaben. Wann immer sich die Gelegenheit dazu bot, begann er, sich in einer der Nieuports davonzustehlen, um seine Flugkenntnisse, die er sich so rasch angeeignet hatte, in der Praxis zu vervollkommnen. Im Januar 1918 überredete er den

Erfolgreiche Flugzeuge aus britischen Fabriken

Nach einem langsamen Anlaufen nahmen Großbritanniens Entwicklung und Produktion von Kampfflugzeugen an Schnelligkeit zu. Unter den RFC-Aufklärungsmaschinen spielte die frühe B.E.2 eine wichtige Rolle, aber selbst in der späteren Ausführung blieb sie langsam und schwerfällig und bot damit den Gegnern ein willkommenes Ziel. Bis Mitte 1917 verbesserten sich die britischen Flugzeuge rasch. Die de Havilland D.H.4 (*unten rechts*) wählten die USA für ihre Lizenzproduktion. Und Großbritanniens bestes Jagdflugzeug, die S.E.5a der Royal Aircraft Factory (*rechts*), bildete mit der Sopwith F.1 „Camel" (*unten*) ein wirksames Gespann. Das britische As James McCudden lobte die S.E.5a als allen Feindflugzeugen „weit überlegene" Maschine, und mit der Camel wurden mehr Siege im Krieg errungen als mit irgendeinem anderen Flugzeug.

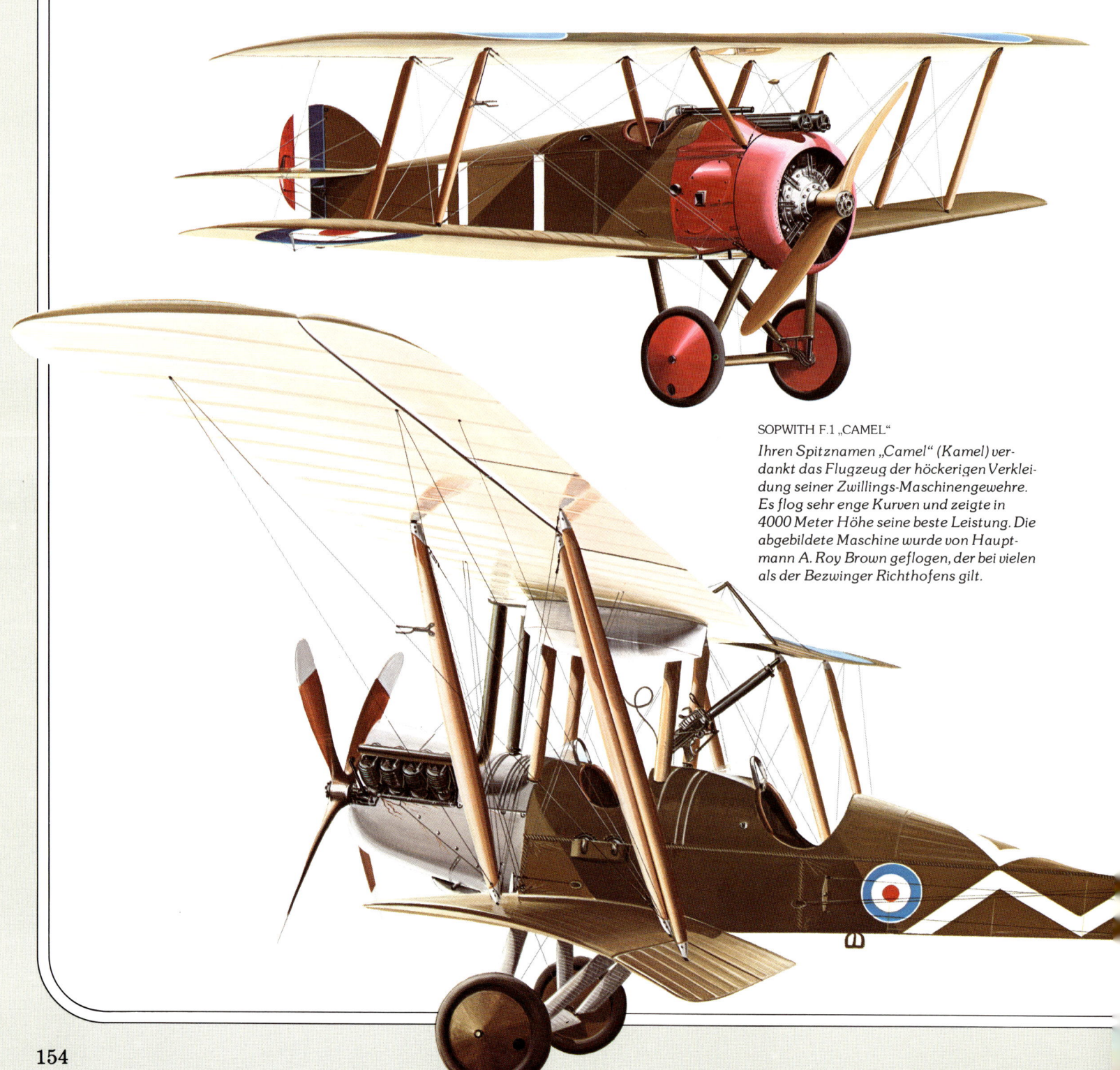

SOPWITH F.1 „CAMEL"

Ihren Spitznamen „Camel" (Kamel) verdankt das Flugzeug der höckerigen Verkleidung seiner Zwillings-Maschinengewehre. Es flog sehr enge Kurven und zeigte in 4000 Meter Höhe seine beste Leistung. Die abgebildete Maschine wurde von Hauptmann A. Roy Brown geflogen, der bei vielen als der Bezwinger Richthofens gilt.

S.E.5a

Obwohl nicht ganz so wendig wie ihre Mitstreiterin, die Camel, war die einsitzige S.E.5a leichter zu fliegen und im Geradeausflug schneller. Sie konnte bis in Höhen von 6000 Metern steigen, bewährte sich hervorragend im Sturzflug und erlaubte dem Piloten gute Sicht in alle Richtungen.

B.E.2e

Die B.E.2e war eine Variante des britischen Hauptaufklärungsflugzeugs bei Kriegsbeginn. Sie flog mit 145 Kilometern in der Stunde etwas schneller als ihre Vorgängerinnen und war mit einem einzelnen Lewis-Maschinengewehr ausgerüstet, das mühsam von einer Halterung auf die andere montiert werden mußte.

D.H.4

Das einzige in den USA produzierte Flugzeug, das im Krieg zum Einsatz kam, war das D.H.4-Mehrzweckflugzeug für Aufklärung und Bombenwurf, nach seinem 400-PS-Liberty-Motor „Freiheitsflugzeug" genannt. Das hier abgebildete Modell trägt das Kennzeichen der 50. Staffel.

kommandierenden Offizier in Issoudun, Major Carl „Tooey" Spaatz, ihn zur Schießausbildung nach Cazaux zu schicken, von wo aus er im März zur 94. Staffel versetzt wurde. Die Tage, da Rickenbacker an den Boden gefesselt war, waren vorüber, aber das Verhältnis zu seinen Kameraden verbesserte sich nicht so schnell. „Als Rick zu uns kam", sagte Chambers, „wurde er von den übrigen Piloten sofort geschnitten. Er spielte zu sehr den starken Mann." Aber, fügte Chambers hinzu, „er hat nach dem Eintritt in die Staffel eine ganze Menge gelernt".

Wieder einmal war die Lektion hart gewesen. Die 94. wurde zu einem Flugplatz bei Toul versetzt und erhielt endlich ihre Maschinengewehre. Aber Rickenbacker gelang es nicht, sich beim ersten bewaffneten Erkundungsflug der Staffel hervorzutun. Als Nebel den Kettenführer zur Umkehr zwang, setzte Rickenbacker – gefolgt von Reed Chambers – die Suche nach Deutschen auf eigene Faust fort. Sie verflogen sich im Nebel, und Rickenbacker fand nur mit Mühe zum Flugplatz zurück – allein. Chambers war nicht mehr bei ihm. Als er aus seinem Flugzeug stieg, war er auf eine Strafpredigt seitens seines Kettenführers vorbereitet, aber der Schrei eines Einsatzoffiziers „Schnell, zwei Boche-Flugzeuge. Gebt Alarm!" ließ es soweit nicht kommen.

Doug Campbell und ein anderer Amerikaner, Alan Winslow, starteten. Drei Minuten später lief ein anderer Soldat an Rickenbacker vorbei und rief, ein deutsches Flugzeug sei „gerade brennend auf unseren Flugplatz gestürzt!" Einen Moment später schlug eine weitere deutsche Maschine knapp einen halben Kilometer entfernt auf dem Boden auf. Es ist umstritten, welcher der beiden Amerikaner, Campbell oder Winslow, den ersten anerkannten amerikanischen Sieg in diesem Krieg verbuchen konnte. Aber klar war, wie es dazu gekommen war: Die deutschen Piloten waren Rickenbacker und Chambers in die Nebelbank gefolgt und fanden sich zu ihrem Entsetzen über dem amerikanischen Flugplatz wieder.

Der Doppelerfolg für die 94. Staffel am ersten Tag ihres regulären Einsatzes war eine große Ermutigung für die Amerikaner. Es trafen von überall her Telegramme und Telefonanrufe ein. Die Wracks der deutschen Flugzeuge stellte man auf dem Marktplatz von Toul aus – zur Freude der Einwohner, die sich um die amerikanischen Flieger drängten, sie küßten, ihnen zutranken und riefen „Vivent les Américains!" Gerade rechtzeitig zur Feier fand auch Reed Chambers aus dem Nebel zurück.

Eddie Rickenbacker brannte nun nur noch um so mehr darauf, selbst einen Deutschen abzuschießen. Zwei Wochen lang ging er auf Jagd nach einem Sieg, aber zweimal hätte es ihn beinahe selbst das Leben gekostet. Das erstemal war es ein Versehen: Eine französische Spad hatte sein Hoheitszeichen nicht erkannt; wiederholt stürzte sie sich auf ihn, bis Rickenbacker seine eigene Maschine querneigte, um den Franzosen auf sein auf die Tragflächen gemaltes US-Emblem aufmerksam zu machen. Das zweite knappe Entrinnen erlebte Rickenbacker, als er sich durch Flugabwehrfeuer stürzte, um ein deutsches Flugzeug anzugreifen, das seelenruhig weiterflog, als er herankam. In diesem kritischen Augenblick wandte sich Rickenbacker um und sah drei Albatrosse im Sturzflug auf ihn herabstoßen – er war so töricht gewesen, auf ihren Lockvogel hereinzufallen. Zu seinem Glück konnte er in einer großen Wolke Zuflucht finden; er kreiste darin, bis es sicher schien, daß er das Weite suchen konnte. Rickenbacker war entkommen; aber seine Abschußzahl stand immer noch bei Null. Seine Erfahrung hingegen wuchs zusehends.

Ein britischer Pilot einer S.E.5a hält Mitte 1918 ein Schild hoch, mit dem er stolz verkündet, daß seine Staffel innerhalb von 14 Tagen 39 feindliche Flugzeuge abgeschossen hat.

Ein Bild, das in vielen Notizbüchern deutscher Piloten zu finden war, zeigt einen Totenschädel, der einen 50-Mark-Schein in seinen Zähnen hält – ein makabrer Hinweis auf die „Fliegerzulage", die deutsche Flieger für Einsätze erhielten.

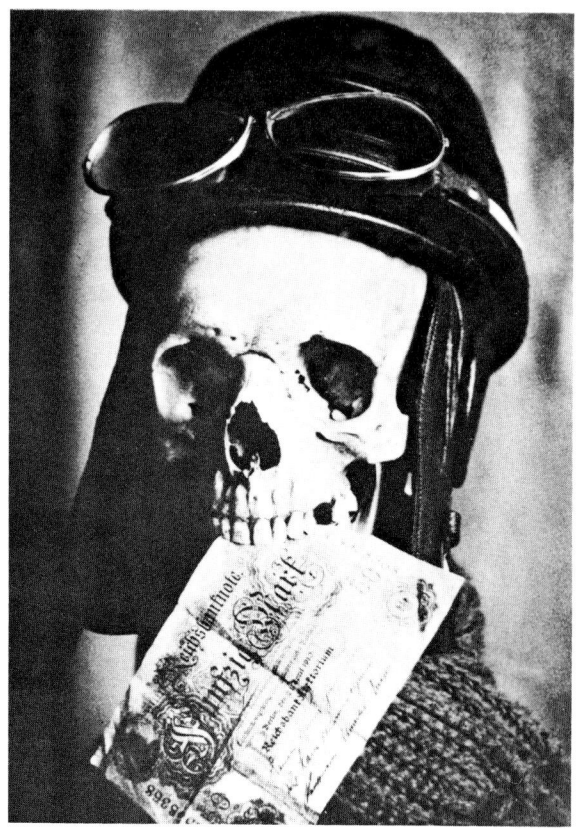

Über den Gräbern zweier deutscher Flieger, die in Belgien abgeschossen und mit anderen Gefallenen auf einem Friedhof in Flandern beigesetzt worden sind, wacht ein Denkmal, das ein Eisernes Kreuz und einen Propeller mit der Aufschrift „Unseren Tapferen Helden" trägt.

Am 29. April flog er mit James Norman Hall (dem späteren Mitverfasser des Seefahrer-Klassikers *Meuterei auf der Bounty*) auf Jagd. Hall hatte in der Lafayette-Staffel gedient und war wie Lufbery als Kettenführer zur 94. Staffel gekommen. An diesem Tag entdeckten die beiden Amerikaner ein deutsches Pfalz-Jagdflugzeug. Unbemerkt stiegen sie höher, um es aus der Sonne heraus angreifen zu können. Hall stürzte sich auf die ahnungslose Pfalz, während Rickenbacker oben blieb und den Weg nach Osten einschlug, um dem Deutschen den Rückweg abzuschneiden.

Die Pfalz versuchte, durch Kurven Hall auszuweichen, geriet dadurch aber genau in die Schußlinie von Rickenbackers Waffen. Er eröffnete das Feuer, die Pfalz überschlug sich und krachte in eine Baumgruppe innerhalb der deutschen Linien. Hall würdigte den ersten Abschuß seines Partners mit einem Wirbel von Flugkunststücken trotz des wütenden Sperrfeuers, das die deutsche Flugabwehr, die dem Kampf zugesehen hatte, hochjagte.

Die 94. Staffel, immer noch tatendurstig und vom Krieg begeistert, legte viel Gewicht auf solche Ereignisse wie erste Siege. Die Piloten hatten eine inoffizielle, aber feste Hierarchie innerhalb der Staffel geschaffen, es wurden sogar eigene Titel verliehen. Die untersten in der Rangordnung waren die Neuankömmlinge, *Vultures* (Geier) genannt, die noch keine Flugzeuge hatten und hauptsächlich darauf warteten, daß jemand verwundet wurde. Wenn ein Geier sein eigenes Flugzeug bekam, wurde er *Buzzard* (Bussard) und mußte seine Beförderung feiern, indem er einen Liter Champagner in der Messe trank und dabei das Kampflied der Staffel sang. Als er seinen ersten Abschuß erzielte, wurde Buzzard Rickenbacker einer der *Goofer*, über denen nur noch die herrschende Klasse der *Guimpers* standen – die Kettenführer und der Staffelchef. So rauhbeinig und verschlossen Rickenbacker auch war, so mußte er doch zugeben, daß die Herzlichkeit der Glückwünsche zu seinem ersten Sieg ihn tief rührten. Jedenfalls auf dieser Ebene hatte man ihn akzeptiert.

Den Mai hindurch eignete sich Rickenbacker einen immer tödlicheren Kampfstil an und fügte seiner Erfolgsliste weitere Siege hinzu. Eines Morgens flog er noch vor Tagesanbruch zunächst 30 Kilometer hinter der Front entlang, um dann in weitem Bogen zurück zum Flugplatz der Deutschen bei Thiaucourt zu gelangen. Über dem gegnerischen Flugplatz drosselte er seinen Motor und pirschte sich lautlos heran. Unbemerkt beobachtete er, wie drei Albatrosse starteten. Nachdem er sie eine Zeitlang in Richtung Front verfolgt hatte, warf er sich plötzlich auf den letzten von ihnen. „Als ich auf 50 Meter herangekommen war, sah ich, wie meine Leuchtspurgeschosse in die Rückenlehne des Pilotensitzes schlugen", schrieb er später. „Der verängstigte Boche hatte den Fehler begangen, unter mir wegtauchen zu wollen, statt mich auszumanövrieren. Für diese Fehlentscheidung zahlte er mit seinem Leben." Aber beinahe hätte diese Attacke auch Rickenbacker selbst das Leben gekostet. Als er nach dem Angriff abdrehte, hörte er ein Krachen, „das sich wie die zerberstenden Mauern von Jericho anhörte". Die obere rechte Tragfläche seiner Nieuport war weggeknickt, und er mußte zusehen, wie ihre Bespannung wegflog. Nur ein paar Tage zuvor war James Norman Hall dasselbe passiert, er war abgestürzt und gefangengenommen worden. Rickenbacker hatte mehr Glück. Er besann sich auf seine Rennfahrerkünste, brachte mit großem Geschick das Flugzeug wieder ins Gleichgewicht und flog es behutsam zurück nach Toul, wo die Maschine zuerst „das Dach des Hangars der alten 94. streifte" und dann auf das Feld aufschlug.

Zum Ruhme des Empire

Von den Tausenden von Fliegern, die unter dem Union Jack im Ersten Weltkrieg ihren Dienst leisteten, erhielten nur 19 die höchste militärische Auszeichnung, das Viktoriakreuz. In einigen Fällen wurde es für eine einzige Tat vergeben, in anderen für wiederholt bewiesene Tapferkeit vor dem Feinde. Alle 19 sind hier abgebildet, mit dem Datum, an dem sie ausgezeichnet wurden. Vier erhielten den Orden posthum; fünf andere überlebten den Krieg ebenfalls nicht.

Die mit dem Viktoriakreuz Ausgezeichneten kamen aus allen Teilen des Empire. Unter ihnen befanden sich drei Kanadier, ein Südafrikaner, ein Australier und ein Ire. Ihr Alter lag zwischen 19 und 32 Jahren, und auch ihre gesellschaftliche Herkunft unterschied sich stark. Einige von ihnen entstammten wohlhabenden Familien und hatten einen Hochschulabschluß; andere besaßen wenig und hatten nur eine geringe Schulbildung. Was sie verband, war, wie ein Offizier schrieb, „der Mut von Löwen".

WILLIAM RHODES-MOORHOUSE wurde im Mai 1915 als erstem Flieger posthum das Viktoriakreuz verliehen.

R. A. J. WARNEFORD, Juni 1915; im selben Monat gefallen.

JOHN LIDDELL, Aug. 1915; starb noch im selben Monat.

LANOE HAWKER, Aug. 1915; fiel im Nov. 1916.

GILBERT INSALL, Dez. 1915.

RICHARD BELL-DAVIES, Dez. 1915.

LIONEL REES, Aug. 1916.

WILLIAM LEEFE ROBINSON, Sept. 1916.

THOMAS MOTTERSHEAD, Feb. 1917 (posthum).

FRANK McNAMARA, Juni 1917.

ALBERT BALL, Juni 1917 (posthum).

WILLIAM BISHOP, Aug. 1917.

JAMES McCUDDEN, März 1918; im Juli 1918 gefallen.

ALAN McLEOD, Mai 1918; im Nov. 1918 gestorben.

ALAN JERRARD, Mai 1918.

FERDINAND WEST, Nov. 1918.

WILLIAM G. BARKER, Nov. 1918.

ANDREW BEAUCHAMP PROCTOR, Nov. 1918.

EDWARD MANNOCK, Juli 1919 (posthum).

Bis zum 30. Mai hatte Rickenbacker, der stets in großer Höhe flog und sich seine Opfer sorgfältig aussuchte, seinen fünften Sieg erzielt. Aber sein letzter Gegner ging so weit hinter den deutschen Linien nieder, daß die Bestätigung lange auf sich warten ließ. Am nächsten Tag verbuchte Doug Campbell durch den Abschuß eines Rumpler-Zweisitzers seinen fünften Sieg. Die Rumpler fiel auf alliiertes Gebiet, und der Sieg wurde rasch bestätigt. Doug Campbell wurde offiziell das erste As unter den neuangekommenen Amerikanern.

Zwei Wochen später wurde von der französischen 8. Armee auch Rickenbackers fünfter Sieg bestätigt. Die USA – und die 94. Staffel – hatten jetzt zwei Asse. Aber die Staffel mit dem spielerisch-streitlustigen Hut-im-Ring-Emblem war nicht in der richtigen Stimmung, um diese Erfolge zu feiern: Ihr bester Flieger war tot. Raoul Lufbery hatte jetzt – einschließlich derjenigen, die er mit der Lafayette-Staffel erzielt hatte – insgesamt 17 Siege erreicht. Eines Tages stieg er allein auf, um in der Nähe des Flugplatzes von Toul eine Albatros abzufangen, auf die ein unerfahrener amerikanischer Pilot aus großer Entfernung seine ganze Munition abgeschossen hatte. Nach dem Angriff drehte Lufbery ab, offensichtlich um eine Ladehemmung seines Maschinengewehrs zu beheben. Als er wieder zum Angriff überging, sah man, wie sein Flugzeug schwankte, zu qualmen anfing, schließlich in Flammen aufging und in Richtung des kleinen Dorfes Maron vollkommen außer Kontrolle geriet. Als das Flugzeug noch ungefähr 100 Meter über der Erde war, fiel oder sprang Lufbery aus dem Cockpit und landete auf einem Holzzaun. „Es ist unglaublich", schrieb voller Wut Billy Mitchell, der den Vorfall von Anfang an beobachtet hatte, „mit einem Fallschirm hätte er sich leicht retten können." Aber selbst der Verlust ihres besten Fliegers genügte nicht, um die US-Regierung zu bewegen, das noch unvollkommene Gerät zur Lebensrettung zu liefern.

Als die Bombenangriffe zunahmen, verstärkte auch die bodenständige Luftabwehr ihre Aktivitäten. Unten links bedient ein italienischer Artillerist ein noch sehr primitives Horchgerät. Es bestand hauptsächlich aus einer großen, flachen Resonanzfläche; die Schallwellen eines herannahenden Flugzeugmotors brachten das Gerät zum Vibrieren. Auf einer schneebedeckten Landstraße (unten) leuchten Angehörige der französischen Heimatluftverteidigung den Himmel mit fahrbaren Scheinwerfern ab.

Lufberys Tod kam zu einer Zeit der Umorganisation und der wachsenden Verantwortung für amerikanische Flieger in Frankreich. Ende Mai trennte man die Fliegertruppe von der Nachrichtenabteilung, dem Signal Corps, ab und machte sie als United States Air Service zu einem eigenständigen Verband, dessen Führung Brigadegeneral Mason Patrick übertragen wurde. Die 94. Staffel wurde zusammen mit der 95., 27. und 194. Staffel zur 1. Pursuit Group, der Jagdgruppe, zusammengefaßt. Drei Aufklärungsstaffeln waren regelmäßig im Einsatz; und eine Bomberstaffel, die 96., war im Entstehen. Alle diese Einheiten sollten als Erste Brigade der Luftstreitkräfte unter Oberst Mitchell vereinigt und im kritischen Abschnitt Château-Thierry eingesetzt werden.

Doch der Verlust prominenter Piloten und das Absinken der Kampfmoral als Folge davon lasteten schwer auf den noch sehr jungen Luftstreitkräften der Vereinigten Staaten. Nur wenige Tage nachdem er ein As geworden war, wurde Doug Campbell so schwer verwundet, daß er bis Kriegsende nicht wieder eingesetzt werden konnte. Rickenbacker, der den Platz von James Norman Hall als Kettenführer der 94. Staffel eingenommen hatte, litt unter heftigen Ohrenschmerzen, die von einer Infektion herrührten und die ihn wochenlang dienstunfähig machten.

Ende Juni wurden die Amerikaner, wie geplant, an die Marne verlegt – 70 Flugzeuge der Jagdgruppe an einem Tag, unmittelbar gefolgt von den Aufklärungsstaffeln. „Die besten Einheiten der deutschen Luftstreitkräfte standen uns gegenüber", schrieb Oberst Mitchell. Er meinte damit die vor kurzem noch von Richthofen geführte „rotnasige Jagdeinheit" und zwei andere Jagdstaffeln, die Mitchell für genauso gut hielt. Mitchells französischer Partner beharrte darauf, daß die amerikanischen Flugzeuge für Schutzaufgaben entlang der Front eingesetzt würden. Mitchell widersetzte sich zwar zunächst dieser in Mißkredit geratenen Taktik, fügte sich aber am

In einer britischen Flakstellung in der Nähe der französischen Stadt Armentières ist Alarm ausgelöst worden. Die Geschütze feuerten sechs Kilogramm schwere Geschosse bis zu einer Schußhöhe von etwa 6000 Metern.

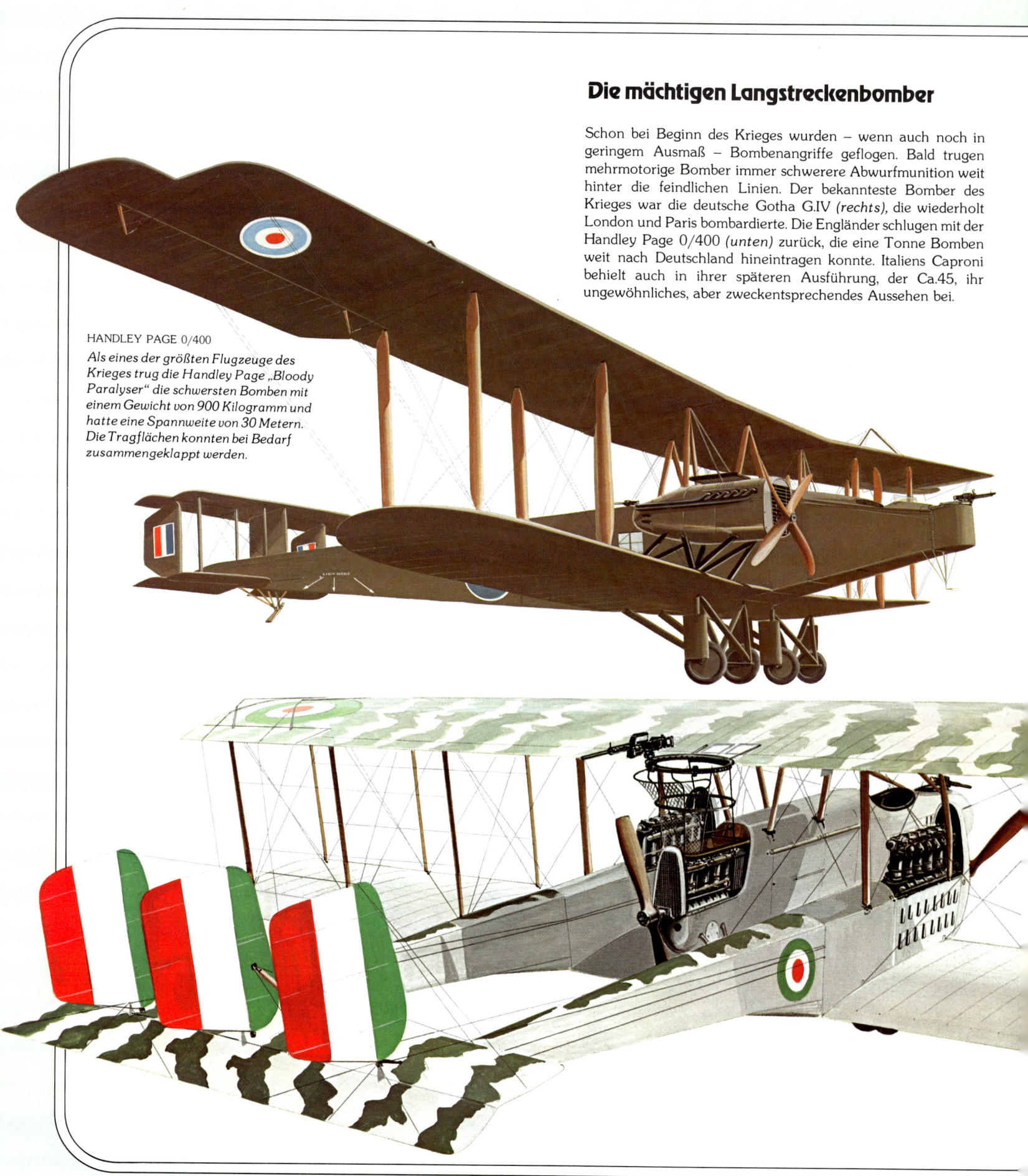

Die mächtigen Langstreckenbomber

Schon bei Beginn des Krieges wurden – wenn auch noch in geringem Ausmaß – Bombenangriffe geflogen. Bald trugen mehrmotorige Bomber immer schwerere Abwurfmunition weit hinter die feindlichen Linien. Der bekannteste Bomber des Krieges war die deutsche Gotha G.IV *(rechts),* die wiederholt London und Paris bombardierte. Die Engländer schlugen mit der Handley Page 0/400 *(unten)* zurück, die eine Tonne Bomben weit nach Deutschland hineintragen konnte. Italiens Caproni behielt auch in ihrer späteren Ausführung, der Ca.45, ihr ungewöhnliches, aber zweckentsprechendes Aussehen bei.

HANDLEY PAGE 0/400
Als eines der größten Flugzeuge des Krieges trug die Handley Page „Bloody Paralyser" die schwersten Bomben mit einem Gewicht von 900 Kilogramm und hatte eine Spannweite von 30 Metern. Die Tragflächen konnten bei Bedarf zusammengeklappt werden.

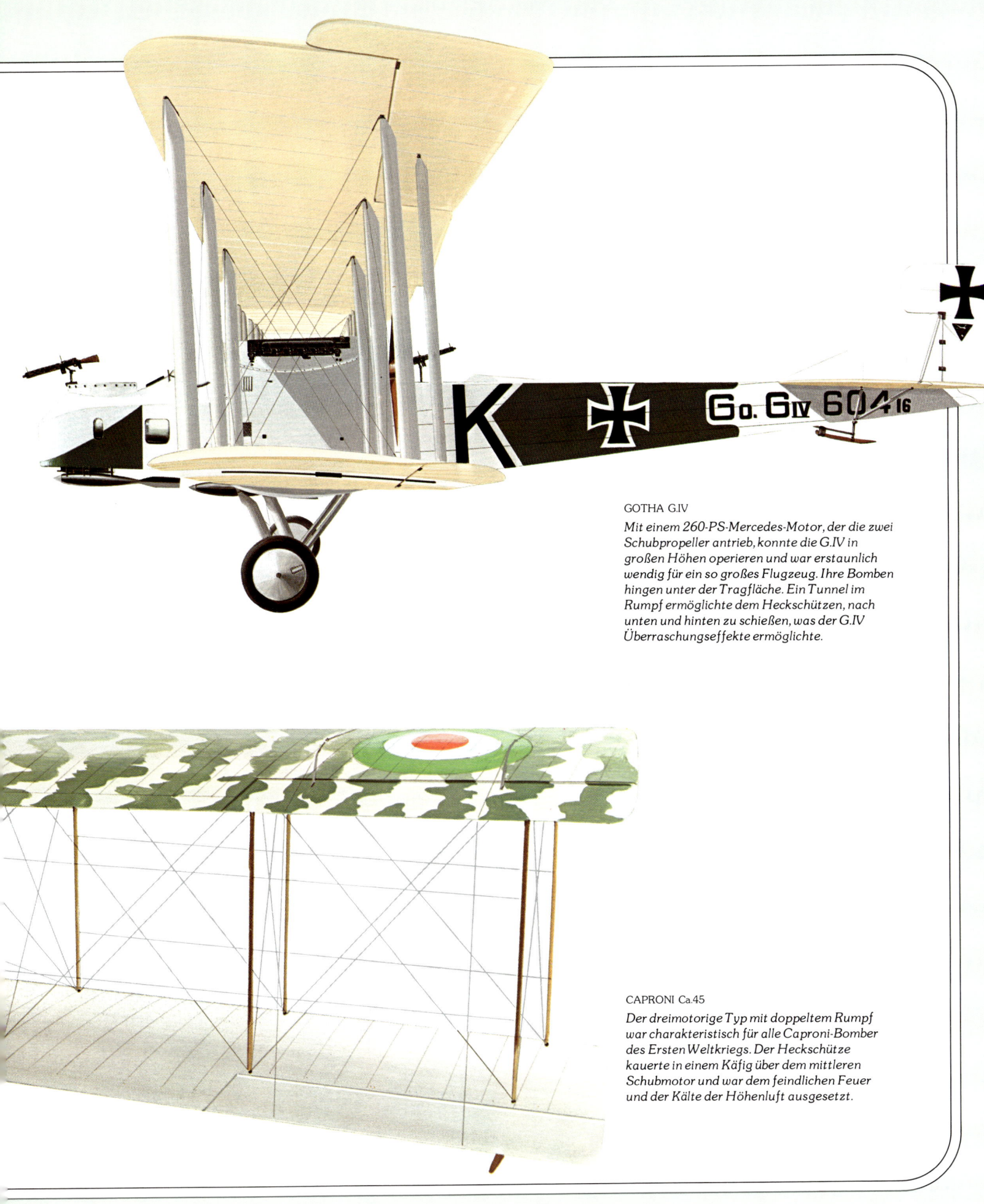

GOTHA G.IV

Mit einem 260-PS-Mercedes-Motor, der die zwei Schubpropeller antrieb, konnte die G.IV in großen Höhen operieren und war erstaunlich wendig für ein so großes Flugzeug. Ihre Bomben hingen unter der Tragfläche. Ein Tunnel im Rumpf ermöglichte dem Heckschützen, nach unten und hinten zu schießen, was der G.IV Überraschungseffekte ermöglichte.

CAPRONI Ca.45

Der dreimotorige Typ mit doppeltem Rumpf war charakteristisch für alle Caproni-Bomber des Ersten Weltkriegs. Der Heckschütze kauerte in einem Käfig über dem mittleren Schubmotor und war dem feindlichen Feuer und der Kälte der Höhenluft ausgesetzt.

Ende dieser Entscheidung, da er einsah, daß es für die amerikanischen fünf oder sechs Flugzeuge, die in der Regel auf Erkundungsflug gingen, „reinen Selbstmord" bedeutete, wenn sie sich mit Formationen von 20 bis 30 deutschen Flugzeugen einließen. „In wenigen Tagen haben wir viele gute Männer verloren", schrieb Mitchell. Einer der Toten war Harold Tittmann, der einige Wochen zuvor zur 94. Staffel gestoßen war. Er verlor ein Bein nach einer Bruchlandung, bei der er zehn Meter weit aus seinem Flugzeug geschleudert wurde.

Die Amerikaner erfüllten ihren Aufklärungsauftrag jetzt in der Nacht ebenso wie am Tage. Da aber ihre Zahl – und ihre Erfahrung – gering blieb, spielte sich im Sommer 1918 der Luftkrieg in der Hauptsache als Zermürbungskrieg zwischen den bisherigen Kontrahenten ab. Im Juni vernichteten die Deutschen, die jetzt Anthony Fokkers neuestes und bestes Flugzeug, die außerordentlich wendige D.VII, benutzten, 487 alliierte Flugzeuge und verloren selbst nur 150. Britischen und französischen Fabriken gelang es zwar, die Verluste an Maschinen mehr als wettzumachen; die unproportional hohen Verluste an Menschen konnten dagegen nicht ausgeglichen werden.

Abgesehen von René Fonck, gab es bis Juni keinen einzigen überlebenden Piloten mit 40 und mehr Siegen, der nicht für die RAF flog. Unter diesen erfolgreichen Piloten befanden sich Billy Bishop und Edward „Mick" Mannock, jener Telephonarbeiter, der 1914 von den Türken interniert worden war. Bishop hatte sich neun Monate lang nicht an der Front aufgehalten, sondern eine Anwerbungsreise durch Kanada unternommen, war Artillerie-Ausbilder in England gewesen und erst im Mai nach Frankreich zurückgekehrt, um das Kommando der 85. Staffel zu übernehmen. Er hatte sich kaum in Frankreich zurückgemeldet, als er die Nachricht erhielt, daß Kanada seinen herausragendsten Lufthelden doch nicht aufs Spiel setzen wolle; ihm wurde befohlen, endgültig in die Heimat zurückzukehren. Bishop setzte alles daran, um in der kurzen ihm noch zur Verfügung stehenden Kampfzeit etwas Besonderes zu vollbringen. Zwischen dem 27. Mai und dem 18. Juni schoß er in seiner S.E.5a 20 deutsche Flugzeuge ab und erhöhte damit die Gesamtzahl seiner Abschüsse auf 67. Am 19. Juni fegte er noch einmal fünf Deutsche vom Himmel. In weniger als 37 Stunden Flugzeit hatte er 25 Flugzeuge heruntergeholt. Dann fuhr Bishop wie befohlen nach Hause.

Von all den jungen Männern, die über der Westfront flogen, war Mick Mannock womöglich der Komplizierteste. Sein Vater hatte Micks Mutter und die vier Geschwister verlassen, als Mick 13 Jahre alt war. Durch einen sich ständig verschlimmernden Astigmatismus war Micks eines Auge bereits völlig erblindet. Seit seiner Kindheit gärte in ihm die Unzufriedenheit mit der Klassengesellschaft und der traditionellen britischen Politik. Als Erwachsener hatte er sich zu einem radikalen Sozialisten entwickelt, und die Offiziere der britischen Luftstreitkräfte haßte er fast genauso wie die Deutschen.

Trotzdem war Mannock zu größter Loyalität und Zuneigung fähig, und diese Gefühle kamen auch seinen Fliegerkameraden zugute. Manchmal spielte er auf seiner Geige für sie. Bei anderen Gelegenheiten balgte er sich fröhlich mit seinen Gefährten beim *mess rags,* einer Art Rugby-Match, das im Haus veranstaltet und bei dem ein Kissen anstatt eines Balles benutzt wurde. Und jedesmal, wenn einer seiner Freunde abgestürzt war, ergriff ihn tiefe Trauer. Er zog sich in sein Zimmer zurück, weinte und murmelte den Namen des Toten wieder und wieder vor sich hin.

Die meisterhafte Aufnahme von den Überresten des Dorfes Vaux (rechts) stammt von dem amerikanischen Photographen Edward Steichen (oben in seinem Fliegeranzug abgebildet). Steichen war Chef der Bildabteilung der amerikanischen Luftstreitkräfte, als er im Jahre 1918 diese – durch aus der Luft geleitetes Artilleriefeuer verursachte – Verwüstung festhielt.

Mannock litt unter einer tiefsitzenden Angst vor Feuer. Er trug ständig einen Armeerevolver bei sich und schwor: „Ich bringe mich damit um, sobald ich Flammen sehe." Während der ersten Zeit an der Front hinderte ihn diese Angst fast am Fliegen. Übelkeit stieg vor jedem Einsatz in ihm hoch, und einmal, als sein Maschinengewehr Ladehemmung hatte und der Motor kurz aussetzte, landete er „mit schlotternden Knien und völlig zerrütteten Nerven". Bei seinem ersten Abschuß hatte es sich um einen Ballon gehandelt. Trotz stundenlanger Schießübungen entkam ihm jedoch sein zweites Opfer. Einige seiner Staffelkameraden deuteten an, daß er – mit den Worten seines Staffelführers – „kalte Füße bekommen habe". Als man ihn auf seine Ängstlichkeit ansprach, gab Mannock zu: „Ich habe mich sehr gefürchtet." Aber er schwor: „Nun, da ich mich selbst überwunden habe, werde ich auch die Hunnen besiegen." Damit gab sich der Kommandeur zufrieden, und Mannock konnte bei den Luftstreitkräften bleiben.

Durch seine außerordentliche Willenskraft wurde Mannock schließlich doch noch ein hervorragender Jäger. Die vielen stundenlangen Schießübungen, die er absolvierte, verliehen ihm eine Treffsicherheit, die die Blindheit seines einen Auges mehr als wettmachte. Vielleicht aus dem Wunsch, zu beweisen, daß er seine Angst besiegt hatte, flog er mit der Nase seines Flugzeugs bis dicht an seine Opfer heran. Über einen Sieg berichtete

165

Bilder – zu gut, um echt zu sein

Als diese ungewöhnlichen Bilder 1932 zuerst veröffentlicht wurden, entzündete sich ein Streit, der beinahe so heftig war die die Luftkämpfe, die auf ihnen zu sehen sind.

Historiker, Photoexperten und ehemalige Weltkriegspiloten – von denen einige durchaus der Meinung waren, daß Luftkämpfe so aussahen – konnten den Streit nicht entscheiden, ob diese Bilder echt oder gefälscht waren. Frau Gladys Cockburn-Lange, die Witwe eines britischen Fliegers, veröffentlichte sie, weigerte sich jedoch, den Photographen zu nennen oder sonst jemanden, der die Bilder hätte identifizieren können. Ein angeblich vom Photographen verfaßtes anonymes Tagebuch, in dem beschrieben wird, wie die Bilder aufgenommen worden sind, heize die Diskussion weiter an.

Kritiker meinten, die Photos seien zu scharf, als daß sie von einer Kamera, die – wie das Tagebuch behauptet – auf ein schwankendes, vibrierendes Flugzeug montiert war, stammen könnten. Andere wiesen darauf hin, daß die damaligen Kameras nicht die nötige Tiefenschärfe besaßen, um mit einer einzigen Aufnahme 14 in einem Luftkampf verwickelte Flugzeuge zu erfassen (unten ganz rechts).

1979 untersuchten Experten im Time-Life-Photolabor Photoabzüge der Sammlung. Ihr Ergebnis: Die Photos sind nicht echt.

er mit bewußt kühler Gelassenheit: „Ich war nur zehn Meter von ihm entfernt, über ihm, so daß ich ihn nicht verfehlen konnte. Ein wunderschön buntes Insekt – rot, blau, grün und gelb. Ich verpaßte ihm 60 Schuß, es blieb nicht viel von ihm übrig."

Als ob er seine eigenen Ängste austreiben wollte, bezeichnete Mannock Flugzeuge, die er in Brand setzte, genüßlich als *flamerinoes* (Fackelchen). Nachdem er sich eines seiner Opfer angesehen hatte, sagte er, auf seine Schläfe weisend: „Hier waren drei saubere, kleine Schußlöcher."

Aufgrund seiner Erfolge wurde Mannock im März 1918 mit der Führung einer Kette betraut, und mit der Verantwortung wuchs in ihm ein Gefühl der Fürsorge heran, die man fast väterlich nennen konnte. So wie es Boelcke und Richthofen auch getan hatten, bereitete er die Neuankömmlinge gründlich auf ihre Aufgaben vor, begleitete sie auf ihren ersten Einsatzflügen und zeigte ihnen die Überlebens- und Erfolgstaktiken. „Richte deine Maschinengewehre selbst aus", riet er. „Der Waffenschmied muß nicht kämpfen." Gutes Fliegen allein besiegt den Feind nicht, warnte er, „du mußt schießen lernen". Mannock ging sogar so weit, die Opfer für seine noch unsicheren jungen Piloten – wie ein fachmännischer Jäger das Wild – vor deren Waffen zu treiben. Denn niemand wußte besser als Mannock, wie angstvoll ein junger Flieger sein konnte.

Mannocks Mitgefühl und Fürsorge erstreckte sich dagegen nicht auf die Feinde seines Landes. „Er besaß kein Stück Ritterlichkeit, und der einzige gute Hunne war für ihn der tote Hunne", sagte einer seiner Staffelkameraden. Als Richthofens Tod bekanntgegeben wurde und die üblichen Trinksprüche auf den toten Gegner ausgebracht wurden, verließ Mannock angewidert das Kasino.

Aber seine Erfolge – und seine Ängste – forderten ihren Tribut. Als Mannock im Juni 1918 nach 59 bestätigten Abschüssen Urlaub nahm und dazu in die Heimat zurückkehrte, erschraken seine Freunde über sein ausgezehrtes Aussehen (dabei war er gerade erst 31 Jahre alt geworden), seine ständige Abgespanntheit und sein pausenloses Reden über die Schrecken des Krieges. Er litt unter einem ständig wiederkehrenden Traum, in dem er in einem brennenden Flugzeug abstürzte und aus dem er häufig schreiend erwachte. Trotz seiner schlechten Verfassung kehrte er im Juli als Chef der 85. Staffel zurück.

Irgendwie gelang es Mannock weiterzumachen. Er war ein erfolgreicher Staffelführer und erhöhte bis zum 22. Juli die Zahl seiner eigenen Abschüsse auf 72. „Ich habe Bishop eingeholt", erzählte er einem Freund mit nur mäßiger Freude. „Sie werden dir den roten Teppich nach dem Krieg ausrollen, Mick", sagte der Freund. Mannock antwortete: „Für mich wird es kein ‚nach dem Krieg' geben."

Einige Tage später stand Mannock im Morgengrauen auf; er wollte mit einem jungen Piloten mit Namen Inglis auf Jagd gehen. Beim Einsteigen in sein Flugzeug neigte er den Kopf, um dem Morgengezwitscher eines Vogels zu lauschen. „Er ist, wie ich, voller Lebensfreude", sagte Mannock mit einem schiefen Lächeln zu Inglis und flog los. In Richtung Osten bemerkte er eine zweisitzige L.V.G. über deutschem Gebiet. Er wackelte mit den Tragflächen, und Inglis folgte ihm im steilen Sturzflug. Mannocks Maschinengewehre beharkten die L.V.G., die in Flammen aufging. Es war sein 73. Sieg, und er war damit das erfolgreichste britische As. Aber Mannock hatte eine seiner eigenen Regeln gebrochen, indem er „dem Hunnen zuweit in die Tiefe gefolgt war". Die Deutschen überschütteten ihn mit einem Geschoßhagel

Hermann Göring, der hier mit seinen Medaillen und anderen Auszeichnungen abgebildet ist, übernahm zwei Monate nach Manfred von Richthofens Tod die Führung des „Fliegenden Zirkus" und erzielte persönlich 22 Luftsiege. Am 1. März 1935 wurde er Oberbefehlshaber der wiedererstarkenden deutschen Luftwaffe.

ihrer Flak. Plötzlich schoß aus der rechten Seite von Mannocks Flugzeug eine gelbe Flamme empor.

Wie Mannock ums Leben kam – ob er seinen Revolver zog, um sich zu erschießen, wie er für solche Situationen angedroht hatte –, wird niemand mit Bestimmtheit sagen können; denn das Wrack seines Flugzeugs war für die Alliierten nicht auffindbar. Nachdem plötzlich die linke Tragfläche gebrochen war, stürzte das Flugzeug auf den Boden und explodierte. Inglis' Flugzeug war auch getroffen worden, aber ihm gelang es, gerade noch hinter den britischen Linien notzulanden. Eine Rettungsmannschaft fand ihn weinend in seinem Cockpit kauernd.

Mitte Juli griff die ausgezehrte deutsche Armee an der Marne noch einmal an. Es sollte der letzte verzweifelte Versuch sein, die französischen und amerikanischen Divisionen zurückzudrängen. Aber der Versuch mißlang; die Franzosen und Amerikaner starteten eine Gegenoffensive und trieben die Deutschen über den Fluß zurück. Am 8. August ergriffen die Alliierten endlich die Initiative und begannen eine Großoffensive bei Amiens an der Somme. Bis Sonnenuntergang wurden die Deutschen 13 Kilometer zurückgeworfen; für General Ludendorff war es ein „schwarzer Tag" in der deutschen Kriegsgeschichte. Aber für die Flieger der Jagdgeschwader war es alles andere als das. Sie kämpften, wie sie es bis zum letzten Tag des Krieges tun würden – wie Männer, die es nicht wahrhaben wollten, daß sie den Krieg verlieren sollten.

Am ersten Tag der Amiens-Offensive schossen die Deutschen 62 alliierte Flugzeuge ab; bis zum vierten Tag hatten sie 144 Feindflugzeuge vom Himmel heruntergeholt und nur 30 ihrer eigenen Flugzeuge verloren. Die Fokker D.VII, die die Deutschen flogen, verfügten über eine überragende Steigleistung. Wenn sie von unten angriffen, schien es, da sie kaum überzogen, als ob sie in der Luft aufrecht mit der Nase nach oben stehenbleiben und ihre Opfer mit Blei überschütten konnten.

Trotz des Verlustes von Richthofen und anderen Assen und trotz der Schwierigkeit, fähigen Pilotenersatz zu bekommen und auszubilden, hatten die besten Flieger Deutschlands ein Selbstbewußtsein entwickelt, wie es nur Erfahrung und Erfolg zustande bringen konnte. Im JG 1 wetteiferten Ernst Udet und sein Kamerad Erich Loewenhardt um den Spitzenplatz unter den deutschen Fliegern. Udet hatte 51 und Loewenhardt 53 Abschüsse erzielt, als Loewenhardt bei einem Zusammenstoß in der Luft ums Leben kam.

Das Kommando des „Fliegenden Zirkus" hatte im Juli Hermann Göring erhalten, der ebenso wie sein Vorgänger ein hervorragender Lufttaktiker war, der aber nicht viel von der Handlungsfreiheit hielt, die Richthofen seinen Staffelführern zugebilligt hatte. Doch Göring erwies sich als tüchtiger Führer in schwierigen Zeiten. Wie die anderen Geschwaderkommandeure spornte er den Kampfwillen seiner Flieger an, während Deutschlands Armeen unter dem anhaltenden alliierten Ansturm auf immer breiterer Front zurückgehen mußten.

Als er über das Schlachtfeld flog, berichtete Ernst Udet, konnte er sehen, „wie unsere fluchtartig die Stellung räumen, die Maschinengewehre mit sich schleppend". Obwohl die Zahl ihrer Gegner doppelt so hoch war, weigerten sich die deutschen Piloten beharrlich, dem Feind den Luftraum zu überlassen. Im Spätsommer wurde das Benzin rationiert (ein Flugzeug konnte täglich nur noch 180 Liter erhalten), und die Munition ging zur Neige. Immer wenn ein alliiertes Flugzeug nahe einem deutschen Flugplatz niederging, erinnerte sich Udet, „stürzten wir uns über die Maschine her und schlachteten sie aus. Denn solche Meßinstrumente, von Nickel blitzend und schillernd von gelbem Messing, gibt es bei uns schon lange nicht mehr."

Der „Fliegende Zirkus" wurde nach Norden an die Somme verlegt. Unterwegs landeten die Piloten, um von einem Flugplatzkommandanten, dessen Vorräte nicht einmal für seine eigenen Maschinen ausreichten, neuen Treibstoff zu erbitten. Während sie noch verhandelten, beschoß eine britische Maschine die stehenden Fokker. Wütend startete Udet, flog direkt auf den britischen Piloten zu und schoß ihn mit einer Garbe von zehn Schuß ab. Dann kehrte er im Gleitflug – mit stehendem Propeller und ohne Benzin – auf den Flugplatz zurück.

Mitte September begann die amerikanische 1. Armee, die eine Stärke von mehr als einer halben Million Soldaten hatte, die seit langem bestehende deutsche Frontausbuchtung bei St.-Mihiel an der südöstlichen Flanke von Verdun einzunehmen. Eine gewaltige Anzahl alliierter Flugzeuge sollte den koordinierten Angriff der Armee unterstützen. Die Idee zu diesem umfassenden operativen Plan ging von Oberst Billy Mitchell aus, der jetzt das unmittelbare Kommando über 49 Staffeln hatte, deren Besatzung etwa zur Hälfte aus amerikanischen und zur anderen Hälfte aus französischen Piloten bestand. Zusätzlich hatte er das zeitweilige Kommando über 40 französische Staffeln und die Unterstützung von neun britischen Staffeln, die eine neue Lufteinheit, die Independent Force der RAF, bildeten. Zusammen befehligte Mitchell rund 1500 Flugzeuge – die größte Luftstreitkraft, die die Welt bisher gesehen hat, wie er schrieb.

Die Schlacht begann am 12. September mit dem üblichen Artillerietrommelfeuer. Gleichzeitig überflogen 500 Jagdflugzeuge und Zweisitzer die deutschen Stellungen und schossen und bombten auf sie herab, während zwei andere Verbände von jeweils 500 Flugzeugen über den Zentren der Frontausbuchtung in abwechselnden Wellen operierten und der deutschen Nachhut schwere Verluste zufügten. Etwa 300 deutsche Flugzeuge unternahmen den Gegenstoß, sie konnten sich jedoch gegenüber der Luftarmada der Alliierten nicht behaupten. Mitchell schrieb stolz, daß am ersten Tag „jede Operation erfolgreich durchgeführt wurde". Eddie Rickenbacker, der wieder genesen war und eine der Spads 13 flog, mit denen die 94. Staffel ausgerüstet worden war, hatte den gleichen Eindruck: „Das ganze Land war von fliehenden Hunnen übersät", sagte er.

Die Front war zurückgedrängt worden, und mehr als 15 000 Deutsche ergaben sich. Rickenbacker erzielte durch den Abschuß zweier Fokker seinen sechsten und siebten Sieg. Zwei Wochen später wurde er Chef der 94. Staffel. Zu diesem späten Zeitpunkt des Krieges brauchte die einst unermüdliche und ehrgeizige Hut-im-Ring-Staffel dringend einen starken Führer. Trotz ihres Anteils am St.-Mihiel-Sieg hatte sie sich noch nicht von den Schlägen im Mai und Juni erholt. Nur Rickenbacker, Reed Chambers und ein anderer Pilot waren von dem ursprünglichen Verband, der im Frühjahr gebildet worden war, übriggeblieben.

Rickenbackers erste Handlung war eine typisch amerikanische. Er rief seine Piloten zu einer altmodischen *pep rally,* einer Art Aufmunterungstreffen, zusammen. Die 94. Staffel habe ihre Vorrangstellung unter den zwölf amerikanischen Jagdstaffeln, die jetzt an der Front kämpften, verloren, stellte er beklagend fest, und er ermahnte die Piloten, ihren Sonderplatz zurückzuerobern. Die Zusammenkunft zeigte genau die Wirkung, die Rickenbacker gewollt hatte. „Er brachte wieder eine Mannschaft auf die

Leutnant Frank Luke jr. steht hier entspannt gegen die Tragfläche seiner Spad 13 gelehnt. Das Photo ist kurz vor seinem Tod am 29. September 1918 entstanden. In den 18 Tagen davor war er fünfmal mit einer so beschädigten Maschine vom Einsatz zurückgekehrt, daß es praktisch jedesmal Totalschaden war.

Der amerikanische General Billy Mitchell (Mitte), ein nachdrücklicher Befürworter des strategischen Luftkriegs mit Großbombern, meinte, daß seine Vorgesetzten die US-Luftstreitkräfte mit der gleichen Begabung führten, „wie ein Schwein sie zum Schlittschuhlaufen hat". An seiner Seite stehen hier zwei erfahrene Offiziere, der US-Oberst Thomas Milling (links) und der französische Major Paul Armengaud.

Beine", berichtete Chambers. Als nächstes sprach Rickenbacker mit den Bordmechanikern, den Männern, deren Mühen so oft übersehen wurden, von denen das Leben der Flieger jedoch so entscheidend abhing. Sie wußten, daß er im Grunde seines Herzens einer der Ihren war, einer, der in der Lage war, wie jemand sagte, „mehr Touren und Leistung aus einem Motor herauszuholen als sonst jemand in der Staffel". Offensichtlich war Rickenbacker reifer geworden. „Als er aufhörte, den Krieg ganz für sich allein zu gewinnen", sagte Chambers, „entwickelte er sich zum besten Führer, den ich je gesehen habe."

Als nächstes versuchte Rickenbacker, das Wiedererstarken der 94. Staffel abzusichern, indem er die besten amerikanischen Piloten in Frankreich für seine Staffel anwarb. Aber die Ereignisse holten ihn ein. Frank Luke von der 27. Staffel hatte 14 Siege, davon elf über deutsche Artillerie-Beobachtungsballons, erzielt. Da die Ballons von Batterien von Flugabwehrgeschützen und Raketen beschützt wurden, waren viele Piloten bemüht, ihnen aus dem Wege zu gehen. Nicht so Frank Luke. Er kam aus den Kupferbergwerken von Phoenix in Arizona und griff nach der Aussage von Rickenbacker „wie ein Wirbelwind an, voller Tollkühnheit und ohne einen Gedanken an seine eigene Sicherheit zu verschwenden". Im September 1918 schoß er in einem Zeitraum von fünf Tagen acht Ballons ab. An einem Abend gab Luke unter Deckung seines Rottenkameraden und besten Freundes, Joseph Wehner, für Rickenbacker, Mitchell und den Kommandeur der 1. Jagdgruppe, Harold Hartney, eine Sondervorstellung. Luke suchte sich zwei Ballons am dunkler werdenden Horizont aus; dann flog er los und setzte – wie er vorausgesagt hatte – im Abstand von nur vier Minuten beide Ballons in Brand. Lachend kehrte er zum Flugplatz zurück.

Mitte September schoß Luke an einem einzigen Tag zwei weitere Ballons und drei deutsche Flugzeuge ab. Er kam jedoch an diesem Tag ohne seinen Partner Joseph Wehner zurück.

Luke konnte den Verlust seines Freundes nicht verwinden. Er erhöhte seine Siegeszahl auf 17, aber zwischen den Streifzügen grübelte er. Zweimal entfernte er sich ohne Genehmigung, um die Nacht mit Freunden auf einem benachbarten Flugplatz zu verbringen. Als er zurückkam, wurde ihm auf unbestimmte Zeit Startverbot erteilt. Luke setzte sich über den Befehl hinweg und startete in der Spad eines anderen Kameraden, versessen darauf, noch mehr Feinde zu vernichten. Auf einem kleinen, in der Nähe der Front gelegenen Flugplatz landete er, um zu tanken, dann überflog er die Front – verfolgt von einem Arrestbefehl.

Bei Sonnenuntergang flatterte ein an einem Wimpel befestigter Meldebeutel auf die amerikanische Luftschiffer-Befehlszentrale in Souilly herab: Achtet auf drei feindliche Fesselballons, gezeichnet Luke. Während die Amerikaner zusahen, jagte Luke von Dun-sur-Meuse nach Brière Farm und nach Milly und hängte über jeden dieser Orte eine Flammensäule nach der anderen. Dieses Mal war es Frank Luke, der nicht zurückkam. Beim Abschuß des zweiten und dritten Ballons wurde er verwundet, jagte aber weiter, um deutsche Truppen in den Straßen des Dörfchens Murvaux zu beschießen, bevor er mit seinem beschädigten Flugzeug zur Landung gezwungen wurde. Feindliche Soldaten umringten ihn. Aber er weigerte sich aufzugeben. Er zog seinen .45-Kaliber-Revolver und schoß, bis eine deutsche Gewehrkugel ihn niederstreckte.

Am 26. September 1918 begann die Offensive, die den Krieg beendete. Amerikanische Divisionen drangen unter schweren Verlusten in den

Eine seltsame Gefangenschaft

An einem Septembermorgen 1918 startete Leutnant Guy Brown Wiser von der amerikanischen 20. Staffel in seiner D.H.4 von einem französischen Flugplatz aus, um die Eisenbahnstrecke bei Dun-sur-Meuse zu bombardieren. Wiser und sein Beobachter wurden jedoch schon bald in einem Luftkampf besiegt, mußten zu Boden gehen und wurden gefangengenommen.

Anders als die meisten Soldaten, die ihre Gefangenschaft als reinen Alptraum erlebten, empfand Wiser diese Zeit mehr als absurden Spaß. Das mag einerseits auf die Tatsache zurückzuführen sein, daß Wiser ein Flieger war, andererseits daß die Deutschen das Ende des Krieges herannahen sahen. Ein freundlicher deutscher Feldwebel überließ Wiser sogar einen Skizzenblock und Wasserfarben. Wiser nahm die Gelegenheit wahr und verfaßte in Form von Karikaturen, die hier zum erstenmal veröffentlicht werden, einen Bericht über seine Gefangenschaft. Die Bilder und das dazugehörige Tagebuch seien eine „bescheidene Darstellung der Vergnügungen, die uns

die deutsche Regierung bot, als wir ihre Gäste sein durften", kommentierte Wiser trocken.

In den zwei Monaten bis zu seiner Entlassung wurde er ständig von einem Quartier zum nächsten geschoben: Privathäusern, einem Hotel voller Ungeziefer, dem imponierenden Karlsruher Gefängnis und schließlich dem Stall einer bayerischen Burg aus dem 12. Jahrhundert. Dabei begegnete er jenen Menschen, die er in seinen Bildern festhielt. Darunter befanden sich ein französischer Bariton, der mit seinen Darbietungen die Zuhörer vergrämte, und eine Friseuse, die mit Schere und Rasiermesser umging, „als habe sie ihren Beruf an Schafen erlernt".

Während Wiser malte, spielten seine Mitgefangenen Karten und schacherten mit Zigaretten und Rasierklingen. Als ein deutscher Photograph sie aufsuchte, setzten sich die Gefangenen für die Kamera in Positur. Sie kauften Abzüge für ihre Familien, schrieb Wiser, „um den Leuten in der Heimat zu zeigen, wie glücklich und wohlauf wir alle waren".

  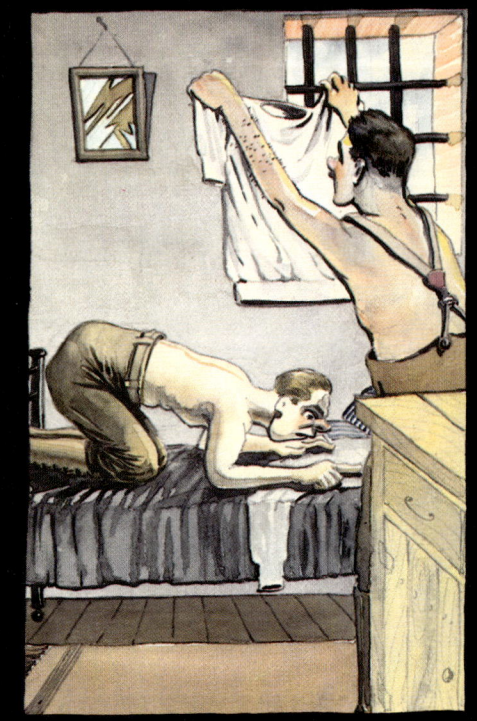

Auf dem Weg zu einem neuen Gefängnis fahren Wiser, ein Mitgefangener und drei deutsche Bewacher durch eine zerstörte Stadt.

„Red Evans bekam einen Haarschnitt von einer Frau verpaßt", schrieb Wiser, die „mit dem Zartgefühl eines Rugbyspielers" arbeitete.

In dem verschmutzten Hôtel d'Angleterre „merkten wir schnell", notierte Wiser, „daß wir das Zimmer mit anderen Gästen teilten".

Während die Gefangenen Karten spielen, kiebitzt ein „angenehmer und freundlicher" Wachtposten und trinkt dabei sein Bier.

Zwei Insassen des Gefängnisses posieren für einen Photographen, der ein „sehr gutes Geschäft" mit den Gefangenen machte.

Ein französischer Gefangener tritt bei einer Talent-Show auf. „Seine Darbietungen", klagte Wiser, „sind einfach nicht auszuhalten."

Das Anstehen nach Zigaretten wurde stets zu einer Drängelei, schrieb Wiser. „Einige Gefangene versuchten es oft ein zweites Mal."

„Alle loben das Amerikanische Rote Kreuz", sagte Wiser. Auf dem Bild oben erhalten Insassen Rote-Kreuz-Verpflegung.

Selbsternannte Köche zanken sich über den Speiseplan. „Besteht einer auf Bohnen, will der andere unbedingt Reis", seufzte Wiser.

Argonner Wald ein. Angriffslustige amerikanische Fliegergruppen flogen tief über die feindlichen Linien hinweg und forderten dadurch die Deutschen zum Kampf heraus. Sie vernichteten 100 Feindflugzeuge und 21 Ballons in nur fünf Tagen. Billy Mitchell setzte die 800 Flugzeuge unter seinem Kommando ein, um Sammelräume, in denen sich der Feind zu Gegenangriffen zusammenzog, zu bombardieren.

Innerhalb einer Woche nach Übernahme seines Kommandos eroberte die 94. Staffel unter Eddie Rickenbacker den Spitzenplatz unter den amerikanischen Staffeln zurück. Rickenbacker selbst schoß drei Flugzeuge ab. Überall schien er gleichzeitig zu sein. In den letzten Kriegswochen, berichtete Chambers, „kämpfte er bis zum Zusammenbruch. Er flog die geforderten Einsätze. Dann gingen wir zurück zum Flugplatz, wir tranken eine Tasse Kaffee und begaben uns in unsere Kisten, um allein zu jagen. Rick flog stets im Sparflug; er schonte die Kiste für den Augenblick, in dem er sie brauchte. Im Kampf jedoch forderte er Höchstleistung und jagte das Flugzeug, bis es fast auseinanderfiel. Die meisten Piloten, die er abschoß, hatten ihn nicht einmal bemerkt. Aus der Sonne heraus, eine kurze Garbe und weg. Das war Rickenbacker."

Solche Taktik brachte Rickenbackers Abschußzahl auf 24, als der Oktober seinem Ende zuging. Am Boden brach inzwischen die Hindenburg-linie zusammen, und die alliierten Streitkräfte rollten über das offene Land in Richtung der deutschen Grenze. Am 30. Oktober erzielte Rickenbacker seine letzten beiden Siege – den allerletzten über einen Ballon – so daß sich seine Gesamtzahl auf 26 erhöhte. Damit war er der beste von allen amerikanischen Piloten. Am nächsten Tag flog er los, um hundert gebündelte Zeitungen für die vorrückenden Landser abzuwerfen. Als die Zeitungen zur Erde flatterten, freuten sich die Yankees über die Neuigkeit, daß die Türkei kapituliert hatte. Österreich sollte am 3. November folgen.

Nach vier Jahren fast vollständiger Pattsituation kam das Ende des Krieges rasch. Unter den Matrosen der deutschen Hochseeflotte in Kiel brach eine Meuterei aus. In München erhoben sich die Kommunisten. Der Kaiser dankte ab, und eine deutsche Waffenstillstandskommission wurde nach Frankreich entsandt.

Immer noch wollten die stolzen Männer der Jagdgeschwader sich nicht geschlagen geben. Sie hatten kaum noch Benzin oder Munition – nichts außer ihrem ungebrochenen Pflichtbewußtsein.

Aber am 10. November mußten schließlich auch sie sich ins Unvermeidli-che fügen. Nachdem ihnen mitgeteilt worden war, daß am nächsten Tag der Waffenstillstand in Kraft treten würde, bereitete jeder deutsche Pilot seine Maschine für den letzten Flug vor. Die alliierten Sieger hatten bestimmt, daß ihnen 1700 Jagdflugzeuge und Bomber ausgeliefert würden; der Rest durfte in die Heimat zurückkehren.

Im Quartier der 94. Staffel nahe Rembercourt erfuhr Rickenbacker durchs Telephon: „Wir haben Waffenruhe vereinbart!" Der Waffenstillstand sollte um 11 Uhr am nächsten Tag beginnen. Im ersten Moment schwieg alles. Dann begann ein Flugabwehrgeschütz zu schießen. Sofort stimmten Maschinengewehre, alle möglichen Handfeuerwaffen – eigene wie erbeu-tete – mit ein, darunter mischte sich übermütiges Rufen und frohes Lachen. Benzinfässer wurden umgekippt und auf dem Flugplatz angezündet; Piloten faßten sich an den Händen und tanzten in ausgelassener Freude um die Feuer, während Leuchtgeschosse, Leuchtkugeln und Raketen den Himmel erhellten. Rickenbacker sah man zusammen mit einem Mechaniker seiner

Manchem Flieger wurde die Wüste zum Verhängnis. Leutnant S. G. Ridley
und sein Mechaniker J. A. Garside mußten am 16. Juni 1916 östlich von
Assuan in Ägypten notlanden. Als sie von einem Suchtrupp vier Tage
später gefunden wurden, waren beide Männer verdurstet.

Begeisterte arabische Reiter jubeln über die Ankunft einer Handley Page 1918 in Umm as Surab. Sie brachte Treibstoff und Ersatzteile für die britischen Flugzeuge, die dem Hauptquartier des Emirs Feisal zur Verfügung gestellt worden waren. Später wurde die Maschine eingesetzt, um Der'a, eine türkische Festung, zu bombardieren.

Obwohl er schwer verwundet worden ist, startet Leutnant Frank
McNamara mit der beschädigten B.E.2c, während Hauptmann
D. W. Rutherford in den Beobachtersitz klettert. Rutherford war
mit der Maschine notgelandet, und McNamaras Flugzeug war
bei dem Versuch, ihm zu Hilfe zu kommen, umgeschlagen. Als sich
türkische Kavallerie näherte, setzte er sein Flugzeug in Brand. Die
Rettung Rutherfords trug NcNamara das Viktoriakreuz ein.

185

Führende Asse der Nationen

Da der Luftkampf im Ersten Weltkrieg vielfach noch auf Einzelleistungen beruhte, war es jeder Nation möglich, die Feindabschüsse ihrer Flieger zahlenmäßig zu erfassen. Zur Bestätigung von Luftsiegen wurden Regeln aufgestellt: Ein Luftsieg galt dann als errungen, wenn das Flugzeug, das Luftschiff oder der Ballon des Gegners abgeschossen oder anderswie zu Boden gezwungen wurde – unabhängig davon, ob der Pilot dabei getötet wurde oder nicht. Obwohl viele Abschüsse unbestätigt blieben, gab es dennoch Tausende von Fliegern, denen mindestens ein anerkannter Abschuß gelang. Diejenigen, die 17 oder mehr erzielten, sind hier aufgeführt.

BELGIEN
37 W. Coppens

DEUTSCHLAND
80 M. von Richthofen
62 E. Udet
53 E. Loewenhardt
48 W. Voss
45 F. Rumey
44 R. Berthold
43 P. Bäumer
41 J. Jacobs
41 B. Loerzer
40 O. Boelcke
40 F. Büchner
40 L. von Richthofen
39 H. Gontermann
39 K. Menckhoff
36 M. Müller
35 J. Buckler
35 G. Dörr
35 E. R. von Schleich
34 J. Veltjens
33 H. Bongartz
33 O. Koennecke
33 K. Wolff
32 T. Osterkamp
32 E. Thuy
31 P. Billik
31 K. Bolle
31 G. Sachsenberg
30 K. Allmenröder
30 K. Degelow
30 H. Kroll
30 J. Mai
30 U. Neckel
30 K. Schaefer
29 H. Frommerz
28 W. Blume
28 W. von Bülow
28 F. von Röth
27 F. Bernert
27 O. Fruhner
27 H. Kirschstein
27 K. Thom
27 A. von Tutschek
27 K. Wüsthoff
26 H. Auffahrt
26 O. von Boenigk

26 E. Dostler
26 A. Laumann
25 O. von Beaulieu-Marconnay
25 R. von Greim
25 G. von Hantelmann
25 M. Näther
25 F. Pütter
24 E. Böhme
23 H. Becker
23 G. Meyer
22 H. Göring
22 H. Klein
22 H. Pippart
22 W. Preuss
22 K. Schlegel
22 R. Windisch
21 H. Adam
21 F. Christiansen
21 F. Friedrichs
21 F. Höln
20 F. Altemeier
20 H. Bethge
20 R. von Eschwege
20 W. Goettsch
20 F. Noltenius
20 W. Reinhard
19 G. Fieseler
19 W. Frankl
19 O. Kissenberth
19 O. Schmidt
18 H. Baldamus
18 F. Hemer
18 O. Hennrich
18 K. Wintgens
17 W. Böning
17 E. Hess
17 F. Ray
17 H. Rolfes
17 J. Schwendemann

FRANKREICH
75 R. Fonck
54 G. Guynemer
45 C. Nungesser
41 G. Madon
35 M. Boyau
34 M. Coiffard
28 J.-P. L. Bourjade
27 A. Pinsard

23 R. Dorme
23 G. Guérin
23 C. M. Haegelen
22 P. Marinovitch
21 A. Heurtaux
20 A. Deullin
19 H. de Slade
19 J. Ehrlich
18 B. de Romanet

GROSSBRITANNIEN
73 E. Mannock
72 W. A. Bishop
60 R. Collishaw
57 J. T. B. McCudden
54 A. W. Beauchamp-Proctor
54 D. R. MacLaren
53 W. G. Barker
47 R. A. Little
46 P. F. Fullard
46 G. E. H. McElroy
44 A. Ball
44 J. Gilmore
41 T. F. Hazell
40 J. I. T. Jones
39 W. G. Claxton
39 R. S. Dallas
37 F. R. McCall
35 H. W. Woollett
34 F. G. Quigley
32 G. H. Bowman
31 A. D. Carter
31 J. L. M. White
30 M. B. Frew
30 S. M. Kinkead
30 A. E. McKeever
29 A. H. Cobby
29 W. L. Jordon
27 J. E. Gurdon
27 R. T. C. Hoidge
27 H. G. E. Luchford
27 G. J. C. Maxwell ·
26 W. C. Campbell
26 W. E. Staton
25 K. L. Caldwell
25 R. J. O. Compston
25 J. Leacroft
25 R. A. Mayberry
24 J. O. Andrews
24 W. E. Shields
23 J. S. T. Fall
23 A. Hepburn
23 D. Latimer
23 E. J. K. McLoughry
23 A. P. F. Rhys Davids
23 S. W. Rosevear
23 H. A. Whistler
22 C. D. Booker
22 W. J. C. K. Cochrane-Patrick
22 R. King
22 McK. Thomson
22 C. J. Venter
21 P. J. Clayson

21 R. P. Minifie
21 G. E. Thompson
20 D. J. Bell
20 T. S. Harrison
20 W. L. Harrison
20 E. C. Johnston
20 C. F. King
20 I. D. R. McDonald
20 C. M. MacEwen
20 G. W. Murlis-Green
20 K. R. Park
20 D. A. Stewart
19 W. Beaver
19 H. B. Bell-Irving
19 C. E. Howell
19 L. F. Jenkins
19 H. W. L. Saunders
19 A. M. Wilkinson
18 L. M. Barlow
18 C. F. Collett
18 A. K. Cowper
18 F. R. Cubbon
18 E. Dickson
18 A. J. Enstone
18 E. V. Reid
18 F. A. Thayre
18 J. L. Trollope
18 W. B. Wood
17 W. M. Alexander
17 J. H. Burden
17 G. E. Gibbons
17 M. A. Newnham
17 E. Swale

ITALIEN
34 F. Baracca
25 S. Scaroni
24 P. R. Piccio
21 F. T. Baracchini
20 F. R. di Calabria
17 M. Cerutti
17 F. Ranza

ÖSTERREICH-UNGARN
40 G. Brumowski
32 J. Arigi
30 F. Linke-Crawford
29 B. Fiala
19 J. Kiss

RUSSLAND
17 A. A. Kazakov

USA
26 E. Rickenbacker
22 W. Lambert
20 F. Gillette
20 J. Malone
18 F. Hale
18 A. Iaccaci
18 F. Luke jr.
17 R. Lufbery

Danksagungen

Das Register dieses Buches wurde von Gale Partoyan erstellt. Ihren Dank sprechen die Herausgeber den Künstlern John Batchelor (S. 64–65, 94–95, 120–121, 154–155, 162–163), Frank Wootton (Vorsatzblatt und Einbanddetail) sowie den Kartographen Frank J. und Clare M. Ford (S. 22 und 87) aus.

Für ihre wertvolle Hilfe bei der Vorbereitung dieser Ausgabe danken die Herausgeber außerdem: **In Belgien:** Antwerpen – Baron Willy Coppens de Houthulst; Brüssel – Gustave Abeels, Historiker; Daniel Brackx; Jean Lorette, Direktor des Armee-Museums; Philippe Van Der Stichelen, Oberbefehlshaber der Belgischen Luftwaffe; Mechelen – Oberstleutnant Terlinden. **In der Bundesrepublik Deutschland:** Babenhausen – Heinz Nowarra; Erlangen – General Karl Bodenschatz; Koblenz – Dr. Matthias Haupt, Bundesarchiv; München – Joseph Pöllitsch; Bruno Schmäling; Rastatt – Ulrich Schiers, Henning Volle, Wehrgeschichtliches Museum; Rösrath Hoffnungsthal – Janusz Piekalkiewicz; Suttgart – Werner Haupt, Bibliothek für Zeitgeschichte; Uetersen – Rudolf Hannemann; Westberlin – Dr. Roland Klemig, Heidi Klein, Bildarchiv Preußischer Kulturbesitz; Axel Schulz, Ullstein Bilderdienst; Wittmund – Peter Nolde. **In Frankreich:** Blérancourt – Reynold Arnould, Direktor, Musée National de la Coopération Franco-Américaine; Chamalières – Louis Chartoire, Association des As; Chatou – Donald C. Bartlett; Foix – Pierre Farré; Paris – Maurice Bellonte; François Blech; Cécile Coutin, Direktorin, Musée des Deux Guerres Mondiales; Charles Juroe; Jean-Claude Lemaire, Foundation du Memorial Escadrille Lafayette; André Bénard, Odile Benoist, Elizabeth Cagnot, Lucette Charpentier, Alain Degardin, Georges Delaleau, Gilbert Deloizy, General Paul Dompnier, stellvertretender Direktor, Yvan Kayser, General Lissarague, Direktor, Stéphane Nicolaou, Oberst Jean-Baptiste Reveilhac, Direktor,

Musée de l'Air; Oberst Marcel Dugué McCarthy, Berater, Oberst Jean Martel, ehemaliger Direktor, Oberstleutnant Marc Neuville, Direktor, Oberst Jacques Weimar, Berater, Oberst Paul Willing, Direktor, Musée de l'Armée; Edmond Petit, Direktor, Musée Air-France; Mahaut Perthuis de Laillevault; Hélène Rabourdin, Les Vieilles Tiges; Christiane Roger, Société Française de Photographie; Denise Rotival; Maurice E. H. Rotival; Ville d'Avray – Adrien Dagnas; Vincennes – General Charles Christienne, Direktor Patrick Facon, Guy Lechoix, Simone Pesquies-Courbier, Capitaine Madeleine Peyruseigt, Monique Pointurier, S.H.A.A. **In Großbritannien:** Harpenden – Alex Imrie; Gloucestershire – Derek G. Arthurs; London – D. M. Condell, J. C. Darracott, Art Department, P. J. Thwaites, Documents Department, and Department of Photographs, Imperial War Museum; A. C. Harold, Research Assistant, D. I. Roberts, Research Assistant, Alison Uppard, Royal Air Force Museum; Norwich – Chaz Bowyer. **In Italien:** Lugo – Guido Baracca; Mailand – Rinaldo d'Ami; Maurizio Pagliano, Ali Italiane; Sandro Taragni; Rom – Hauptmann Giovanni Angelini, Ufficio Storico, Hauptmann Giancarlo Fortuna, Ufficio Propaganda, General Giuseppe Pesce, Inspekteur der Luftwaffe, Stato Maggiore Aeronautica; Gräfin Maria Fede Caproni, Museo Aeronautico Caproni di Taliedo; General Mario Tirelli, Direktor, Museo del Genio. **In Kanada:** Ottawa – A. A. Azar, Fred Halley, H. A. Halliday, Curator of Art, Richard K. Mallott, Curator of Collections, Canadian War Museum; Ginette Chatel, Public Archives; A. J. Short, Assistant Curator, National Museum of Science and Technology. **In den Vereinigten Staaten:** Colorado – Donald J. Barett, USAF Academy; James J. Parks, M. D.; Connecticut – V. Allen Hower; Washington, D. C. – William Heimdahl, Archivist, Lawrence J. Paszek, Senior Editor, Office of Air Force History; Jerry Kearns,

Library of Congress; William Leary, National Archives and Record Service; Dr. Joseph Mehl, Army Center of Military History; Craddock R. Goins, Museum of History and Technology, Dominick Pisano, Catherine D. Scott, C. Glenn Sweeting, National Air and Space Museum; Edgar A. Wischnowski; Hawaii – Hilbert L. Bair; Illinois – Robert N. Church; Kalifornien – George H. Cooke, Aero Historians of World War I; Charles Palm, Hoover Institution, Stanford University; LeRoy Prinz ; Guy Brown Wiser; Massachusetts – Charles Woolley; New Jersey – Peter M. Grosz; Walter Musciano; New York – Gerard H. Hughes; James H. C. Palen jr., Old Rhinebeck Aerodrome; Allen Sanford, Pathé News; New York City – Hilary Knight; Grace Mayer, Museum of Modern Art; Neal O'Connor; Alan Praulx, King Features Syndicate; Ohio – Richard E. Baughman, Royal Frey, Charles Worman, Vivian White, Kathy Cassity, Pete Turner, Joe Skinner, Air Force Museum, Wright-Patterson Air Force Base; A. E. Ferko; Virginia – Dana Bell, USAF Photo Depository; Eric Ludvigsen, Army-Zeitschrift; Wisconsin – Ira Milton Jones, Overseas Flyers of World War I; Steve St. Martin.

Die Herausgeber danken darüber hinaus: Wibo van de Linde, Amsterdam; Pavle Svabic, Belgrad; Carol Pine, Minneapolis, Minnesota; Felix Rosenthal, Moskau; David Good, New Haven, Connecticut; Carlton Proctor, Pensacola, Florida; Beth Cocanougher, Scottsdale, Arizona; Peter Allen, Sydney; Ron Graeff, Syracuse, New York. Besonders nützliche Quellen für Informationen und Zitate waren: Immelmann. *Der Adler von Lille* von Franz Immelmann; *The Great Air War* von Aaron Norman; *Der rote Baron* von Manfred Freiherr von Richthofen; *Boelcke, der Mensch* von Johannes Werner.

Bibliographie

Bücher

American Heritage: *History of World War I.* Simon and Schuster, 1964

Angelucci, Enzo: *World Aircraft, Origins – World War I.* Rand McNally, 1975

Apostolo, Giorgio: *Color Profiles of World War I Combat Planes.* Crescent Books, 1974

Baldwin, Hanson W.: *World War I. An Outline History.* Harper & Row, 1962

Bishop, William A.: *Winged Warfare.* Ace Books, 1967

Bordeaux, Henry: *Georges Guynemer. Knight of the Air.* Arno Press, 1972

Bowyer, Chaz: *Airmen of World War I.* Arms and Armour Press, London 1975

Bowyer, Chaz: *Albert Ball, VC.* William Kimber, London 1977

Bowyer, Chaz: *For Valour. The Air VCs.* William Kimber, London 1978

Chapman, John J.: *Victor Chapman's Letters from France.* Macmillan, 1917

Clark, Alan: *Aces High.* G. P. Putnam's, 1973

Cole, Christopher: *McCudden V. C.* William Kimber, London 1967

Cuneo, John R.: *Winged Mars.* Band I und II. Military Service Publishing Company, 1942

Douglas, Sholto: *Years of Combat.* Collins, London 1963

Drew, George: *Canada's Fighting Airmen.* Maclean Publishing Company, Toronto 1930
Service, 1914–1918. Ian Allan, London 1971

Elliott, Stuart E.: *Wooden Crates & Gallant Pilots.* Dorrance, 1974

Flammer, Philip M.: *Primus Inter Pares: A History of the Lafayette Escadrille.* Dissertation, 1963

Fonck, René: *Ace of Aces.* Doubleday, 1967

Funderburk, Thomas R.: *The Fighters: the Men and Machines of the First Air War.* Grosset & Dunlap, 1965

Garros, Roland: *Memoires.* Hachette, Paris 1966

Goldberg, Alfred (Hrsg): *A History of the United States Air Force, 1907–1957.* Arno Press, 1972

Gorrell, Edgar S.: *The Measure of America's World War Aeronautical Effort.* Norwich University, 1940

Gray, Peter, und Thetford, Owen : *German Aircraft of the First World War.* Putnam, London 1962

Greer, Louise, und Harold, Anthony: *Flying Clothing.* Airlife Publications, London 1979

Gunston, Bill: *Fighters, 1914–1945.* Crescent Books, 1978

Hall, J. N., und Nordhoff, Ch.: *The Lafayette Flying Corps,* Band I und II. Houghton Mifflin, 1920

Hawker, Tyrrel Mann: *Hawker, V.C.* Mitre Press, London 1965

Hegener, Henri: *Fokker – The Man and the Aircraft.* Aero Publishers, 1961

Hudson, James J.: *Hostile Skies.* Syracuse University Press, 1968

Immelmann, Franz: *Immelmann. Der Adler von Lille.* Leipzig 1934

Imrie, Alex: *Pictorial History of the German Army*

Jones, H. A.: *The War in the Air,* Bände II–VI. Clarendon Press, London 1928

Jones, Ira: *King of the Air Fighters.* Ivor Nicholson & Watson, London 1934

Joubert, Philip: *The Fated Sky.* Hutchinson, London, 1952

Jullian, Marcel: *Nungesser. Le Chevalier du Ciel.* Le Livre Contemporain, Paris o. J.

Lamberton, W. M.: *Fighter Aircraft of the 1914–1918 War.* Aero Publishers, 1964

Lamberton, W. M.: *Reconnaissance & Bomber Aircraft of the 1914–1918 War.* Aero Publishers, 1962

Langer, William L. (Hrsg): *An Encyclopedia of World History.* Houghton Mifflin, 1948

Lewis, Cecil: *Sagittarius Rising.* Collier Books, 1963

Liddell Hart, B. H.: *The Real War, 1914– 1918.* Little, Brown, 1930

Lucas, John: *The Big Umbrella.* Elm Tree Books, London 1973

McConnell, James R.: *Flying for France.* Doubleday, Page, 1917

McCudden, James T. B.: *Flying Fury.* Baily Brothers and Swinfen, Folkestone 1973

Mannock, Edward: *The Personal Diary of Major Edward „Mick" Mannock.* Neville Spearman, London 1966

Middlebrook, Martin: *The First Day of the Somme.* W. W. Norton, 1972

Mitchell, William: *Memoirs of World War I.* Greenwood Press, 1960

187

Mortane, Jacques: *Guynemer, the Ace of Aces*. Morrat, Yard & Company, 1918

Musciano, Walter A.: *Eagles of the Black Cross*. Ivan Obolensky, 1965

Navarre, Jean: *Mes Aventures Guerrieres et Autres*. L'Édition Française Illustrée, Paris 1920

Norman, Aaron: *The Great Air War*. Macmillan, 1968

Nowarra, J. H.: *Von Richthofen and the Flying Circus*. Aero Publishers, 1964

Oughton, Frederick: *Ace with One Eye*. Frederick Muller, London 1963

Parsons, Edwin C.: *I Flew with the Lafayette Escadrille*. E. C. Seale, 1937

Raleigh, Walter: *The War in the Air*, Band I. Oxford University Press, London 1922

Read, W. R.: *Diary*. Imperial War Museum, unveröffentlicht, London

Reynolds, Quentin: *They Fought for the Sky*. Rinehart, 1957

Richthofen, Manfred Freiherr von: *Der rote Kampfflieger*. Berlin – Wien 1917

Richthofen, Manfred Freiherr von: *Der rote Baron*.

München 1977

Rickenbacker, Eddie V.: *Fighting the Flying Circus*. Doubleday, 1965

Robertson, Bruce (Hrsg): *Air Aces of the 1914–1918 War*. Aero Publishers, 1964

Robinson, Douglas H.: *Giants in the Sky*. University of Washington Press, 1973

Saunders, Hilary St. George: *Per Ardua. The Rise of British Air Power 1911–1939*. Oxford University Press, 1945

Simkins, Peter: *Air Fighting, 1914–1918*. Imperial War Museum, London 1978

Smith, Myron J., jr.: *World War I in the Air*. Scarecrow Press, 1977

Strange, L. A.: *Recollections of an Airman*. John Hamilton, London 1933

Taylor, A. J. P.: *The First World War*. Capricorn Books, 1963

Taylor, J. W. R.: *C.F.S. Birthplace of Air Power*. Putnam, London 1958

Taylor, J. W. R.: *A History of Aerial Warfare*. Hamlyn, London 1974

Taylor, J. W. R.: *Pictorial History of the R. A. F.* Arco, 1974

Tuchman, Barbara W.: *August 1914*. Bern, München, Wien 1964

Udet, Ernst: *Mein Fliegerleben*. Berlin o. J.

Van Haute, André: *Pictorial History of the French Air Force*, Band I. Ian Allan, London 1974

Werner, Johannes: *Boelcke, der Mensch*. Leipzig 1932

Weyl, A. R.: *Fokker. The Creative Years*. Funk & Wagnalls, 1965

Woodhouse, Jack: *The War in the Air, 1914–1918*. Almark Publishing, London 1974

Zeitschriften

Bruce, J. M.: *Air Enthusiast*, Nr. 9, 1979

Cross & Cockade Journal, Bände II–XVIII, Nr. 1 – 4, 1961–1977, The Society of World War I Aero Historians, Whittier, Kalifornien

Cross & Cockade Journal, Großbritannien, Band VI, Nr. 3, 1975, The Society of World War I Aero Historians, Farnborough, Hampshire, England

Osman, W. H.: *Aeronautical Digest*, Band II, 1923

Quellennachweis der Abbildungen

Die Quellen der Abbildungen in diesem Buch sind unten nachgewiesen. Die Nachweise sind bei Abbildungen von links nach rechts durch Semikolons, von oben nach unten durch Gedankenstriche getrennt.

Vorsatzblatt (und Einbanddetail): Gemälde von Frank Wootton, England.

Seite 6, 7: University of California – Riverside, Keystone Mast Collection, mit Erlaubnis der T. M. Visuals Industries, Inc., New York. 8, 9: Publifoto Notizie, Mailand. 10, 11: Imperial War Museum, London. 12, 13: mit frdl. Genehmigung der Steve St. Martin Collection. 14, 15: Australian War Memorial, Canberra. 16: Imperial War Museum, London. 18: *Ali Italiane*, Rizzoli, Mailand – Giancarlo Costa, Gemälde von Achille Beltrame, mit frdl. Genehmigung von *Domenica del Corriere*, Mailand. 20: Bundesarchiv, Koblenz. 21: Heeresgeschichtliches Museum, Wien – Musée de l'Air, Paris – British Aerospace, Bristol. 22: Karte von Frank J. und Clare M. Ford. 23: *Cross and Cockade Journal*, mit frdl. Genehmigung der Charles Woolley Collection. 25: Eileen Tweedy, mit frdl. Genehmigung des Imperial War Museum, London. 27: David Lees, mit frdl. Genehmigung von Sandro Taragni, Mailand. 29: Imperial War Museum, London. 30: Radio Times Hulton Picture Library, London – Aviation and Space Division, National Museum of Science and Technology, Ottawa. 31, 34: Imperial War Museum, London. 35: Photo Bulloz, mit frdl. Genehmigung des Musée des Deux Guerres Mondiales/B. D. I. C., Universités de Paris. 36: Imperial War Museum, London. 39: Giancarlo Costa, Gemälde von Achille Beltrame, mit frdl. Genehmigung von *Domenica del Corriere*, Mailand. 40: Ben Benschneider, mit frdl. Genehmigung der James J. Parks Collection, ausgenommen Mitte, Erich Lessing von Magnum, mit frdl. Genehmigung des Heeresgeschichtlichen Museums, Wien. 41: Dmitri Kessel, mit frdl. Genehmigung des Musée de l'Armée, Paris; Ben Benschneider, mit frdl. Genehmigung der James J. Parks Collection (2) – David Lees, mit frdl. Genehmigung des Museo Baracca, Lugo. 42: Ben Benschneider, mit frdl. Genehmigung der James J. Parks Collection, ausgenommen Mitte, Derek Bayes, mit frdl. Genehmigung des Royal Air Force Museum, Hendon. 43: Ara Güler, von *Yanki Dergisi*, mit frdl. Genehmigung des

Luftwaffenmuseums der Türkei, Izmir – Erich Lessing von Magnum, mit frdl. Genehmigung des Heeresgeschichtlichen Museums, Wien; Ben Benschneider, mit frdl. Genehmigung der James J. Parks Collection; Erich Lessing von Magnum, mit frdl. Genehmigung des Wehrgeschichtlichen Museums, Rastatt. 44: Henry Groskinsky, mit frdl. Genehmigung des National Air and Space Museum, Smithsonian Institution. 46: mit frdl. Genehmigung der Steve St. Martin Collection. 48: Stato Maggiore Aeronautica, Rom – Royal Air Force Museum, Hendon. 49: Mit frdl. Genehmigung der Alex Imrie Collection, England – Imperial War Museum, London. 51: Mit frdl. Genehmigung der Steve St. Martin Collection. 53: Erich Lessing von Magnum, mit frdl. Genehmigung des Heeresgeschichtlichen Museums, Wien – Giancarlo Costa, Gemälde von Guido Zanoni, mit frdl. Genehmigung des Museo del Risorgimento, Mailand. 54, 55: Eileen Tweedy, mit frdl. Genehmigung des Imperial War Museum, London – Fil Hunter, mit frdl. Genehmigung des National Museum of History and Technology, Smithsonian Institution – Erich Lessing von Magnum, mit frdl. Genehmigung des Wehrgeschichtlichen Museums, Rastatt (2). 57: Eileen Tweedy, mit frdl. Genehmigung des Imperial War Museum, London. 58: Imperial War Museum, London. 60: *Ali Italiane*, Rizzoli, Mailand, mit frdl. Genehmigung des Museo Aeronautico Caproni di Taliedo, Rom – David Lees, mit frdl. Genehmigung von Sandro Taragni, Mailand, ausgenommen Mitte, *Ali Italiane*, Rizzoli, Mailand. 62: Mit frdl. Genehmigung der Steve St. Martin Collection. 64, 65: Zeichnungen von John Batchelor. 67–69: Prints and Photographs Division, Library of Congress. 71: Bundesarchiv, Koblenz; mit frdl. Genehmigung der Steve St. Martin Collection. 72: Musée de l'Air, Paris. 73: Bundesarchiv, Koblenz – Imperial War Museum, London. 74: Mit frdl. Genehmigung der Steve St. Martin Collection – National Archives, 111-SC-16822. 75: U.S. Air Force Photo Depository – mit frdl. Genehmigung von A. E. Ferko. 76: Gemälde von Achille Beltrame, mit frdl. Genehmigung von *Domenica del Corriere*, Mailand. 79: Imperial War Museum, London. 81: Musée de l'Air, Paris. 82: Imperial War Museum, London; H. Roger–Viollet, Paris – The Bettmann Archive; mit frdl. Genehmigung der Steve St.

Martin Collection. 84, 85: Photo Bibliothèque Nationale, Paris. 87: Karte von Frank J. und Clare M. Ford. 88, 89: Edition de *L'Illustration*, Paris. 90: E. C. P. Armées, Ivry-sur-Seine – Imperial War Museum, London. 91–93: Imperial War Museum, London. 94, 95: Zeichnungen von John Batchelor. 97: mit frdl. Genehmigung des National Air and Space Museum, Smithsonian Institution. 98, 99: Mit frdl. Genehmigung von Sava Mikic und dem Museum für Jugoslawische Luftfahrt, Zemun. 100, 101: Imperial War Museum, London. 102: Musée de l'Air, Paris – Ben Benschneider, mit frdl. Genehmigung der L'Escadrille Lafayette Flying Corps Association Collection, United States Air Force Academy Library. 103: National Air and Space Museum, Smithsonian Institution. 104–107: Dmitri Kessel, mit frdl. Genehmigung der Foundation du Mémorial de l'Escadrille Lafayette, Marnes-la-Coquette. 108–111: Imperial War Museum London, 112, 113: Imperial War Museum, London; kleines Bild, A. C. Cooper, mit frdl. Genehmigung des Imperial War Museum, London. 114, 115: Imperial War Museum, London. 116: Bundesarchiv, Koblenz. 118: Arthur L. Newman Collection of Aeronautical Medals, Princeton University Library. 120, 121: Zeichnung von John Batchelor. 122: Erwin Böhm, mit frdl. Genehmigung von Wolfram Eisenlohr, Weinheim – Erich Lessing von Magnum, mit frdl. Genehmigung des Wehrgeschichtlichen Museums, Rastatt. 124: E. C. P. Armées, Ivry-sur-Seine. 126: Bundesarchiv, Koblenz, ausgenommen rechts oben, mit frdl. Genehmigung der Steve St. Martin Collection, und rechts unten, mit frdl. Genehmigung von A. E. Ferko. 127: Mit frdl. Genehmigung JG 71 „Richthofen", Wittmund; Bundesarchiv, Koblenz – mit frdl. Genehmigung von A. E. Ferko – Bundesarchiv, Koblenz; mit frdl. Genehmigung von A. E. Ferko; Musée de l'Air, Paris. 129: Fil Hunter, mit frdl. Genehmigung des National Air and Space Museum, Smithsonian Institution (2); Derek Bayes, mit frdl. Genehmigung der Derek G. Arthur Collection, England – Museo Aeronautico Caproni di Taliedo, Rom – Erich Lessing von Magnum, mit frdl. Genehmigung des Heeresgeschichtlichen Museums, Wien. 130, 131: Zeichnungen nach den Originalen von Jim Alexander. 133: Imperial War Museum, London. 134: National Archives, 165–GK–486. 135: Erich Lessing von Magnum, mit frdl. Genehmigung des Heeresgeschichtlichen Museums, Wien – Deutsches Museum, München. 136: Mit frdl. Genehmigung von B. C. Lombard, Hamburg. 137: Bundesarchiv, Koblenz. 139: Mit frdl. Genehmigung der Steve St. Martin Collection. 140–145: Imperial War Museum, London. 146: Fil Hunter, mit frdl. Genehmigung des National Museum of History and Technology, Smithsonian Institution. 148, 149: United States Air Force Museum – David Lees, mit frdl. Genehmigung von Sandro Taragni, Mailand. 150, 151: Imperial War Museum, London. 153: National Archives, 111–SC–29656. 154, 155: Zeichnungen von John Batchelor. 156: Imperial War Museum, London –

mit frdl. Genehmigung des JG 71 „Richthofen", Wittmund. 157: Mit frdl. Genehmigung A. E. Ferko. 158: Mit frdl. Genehmigung der Chaz Bowyer Collection, England – Imperial War Museum, London; mit frdl. Genehmigung der Chaz Bowyer Collection, England, und Vice Admiral Sir Lancelot Bell–Davies, KBE; mit frdl. Genehmigung der Chaz Bowyer Collection, England. 159: Mit frdl. Genehmigung der Chaz Bowyer Collection, England (2); mit frdl. Genehmigung von Mrs. Frank H. McNamara – Imperial War Museum, London (3) – Imperial War Museum, London, ausgenommen Mitte, Public Archives Canada, Ottawa, C–27808 – Imperial War Museum, London (3). 160: Imperial War

Museum, London; Musée de l'Air, Paris. 161: Imperial War Museum, London. 162, 163: Zeichnungen von John Batchelor. 164: Steichen Archives, The Museum of Modern Art, New York, mit frdl. Genehmigung der Helios Art, Inc., kopiert von Lee Boltin. 166, 167: United States Air Force Museum. 168, 169: Süddeutscher Verlag, Bilderdienst, München. 170: Charles Phillips, mit frdl. Genehmigung des National Air and Space Museum, Smithsonian Institution. 171: U.S. Air Force Photo Depository. 172, 173: Tom Tracy, mit frdl. Genehmigung von Guy Brown Wiser. 175: H. Roger–Viollet, Paris. 176–185: Imperial War Museum, London.

Register

Kursiv gedruckte Seitenzahlen verweisen auf eine Abbildung zu dem betreffenden Stichwort.

A

Abzeichen, *129–131*
„Adler von Lille", 66, 88. *Siehe auch* Immelmann, Max
Albatrosse (deutsche Flugzeuge), 56, 66, 128, 132, *133*, 156, 157, 160; D.I, 65; D.II, *64*, 65, 118, 123; D.III, 65, 123, *136*; Richthofens, 123, 124–125, 134, *136*; Werbung für, *68*
Alliierte Mächte: Luftstützpunkte, 86, *Karte* 87; Seeblockade, 147–148. *Siehe auch* Frankreich; Großbritannien; Vereinigte Staaten
Allmenröder, Karl, 124
American Expeditionary Force (AEF), 147, 148
Amerikanische Armee, 148, 153; Erste, 170; Signal Corps, 27, 161. *Siehe auch* American Expeditionary Force (AEF)
Amerikanische Flieger, 19, 46, 60, 79, 134, 148, 149, 152, *153*, 156–157, 160–161, 170–171, 174–175; Abzeichen *129*; Asse, 152, 160; Ausbildung, 148, 149, 152; Bekleidung, 40, *41*, *42*; Freizeit, *75*; Kriegsgefangenentagebuch, *172–173*; Tod, 24, 102, 104, 160, 164, 171, 175. *Siehe auch* Amerikanische Flugzeuge; Amerikanische Luftstreitkräfte; Amerikanische Staffeln; einzelne Flieger; Lafayette-Staffel
Amerikanische Flugzeuge, 147, 148–149, 152, *155*. *Siehe auch* Amerikanische Flieger; Amerikanische Luftstreitkräfte
Amerikanische Luftstreitkräfte, 27, 104, 161; Anwerbungsplakat, 146; Bildabteilung, 164; Uniformen, 40, *41–42*.
Amerikanisches Rotes Kreuz, 173
Amerikanische Staffeln: Abzeichen, *131*; 1. Pursuit Group, 161; 20., *75*, 172; 22., Flugzeug der, *94*; 27., 161, 171; 50., Flugzeug der, *155*; 94., 152, 156, 157, 160, 161, 170–171, 174; 95., 161; 96., 161; 194., 161. *Siehe auch* Lafayette-Staffel
Amiens, Frankreich, *Karte* 87, 169
Anthoine, General Paul-François, 135
Antwerpen, Belgien, *Karte* 22, 38, *Karte* 87
Anwerbungsplakate, *57*, *146*, *150*
Araber, *176*, *177*, *182–183*
„Archie" (deutsches Flugabwehrfeuer), 52
Argonner Wald, 84, 174
Ärmelkanal, *Karte* 87; Flüge über den, 27, 33
Armengaud, Major Paul, *171*
Armentières, Frankreich, *Karte* 87, *161*
Arras, Frankreich, 66, *Karte* 87, 128, 138
Asse, 19–25, 79–81; Bekleidung, 22, *40–43*, 80. *Siehe auch* Amerikanische Flieger; Britische Flieger; Deutsche Flieger; Französische Flieger
Aufklärung, 32, 33, 34–35, 36–37, 45, 47, 50, 62, 93,

147; und Artilleriebeobachtung, 32, 38, 45, 47, 50. *Siehe auch* Photographie
Australisches Fliegerkorps, 3. Staffel, *142–143*
Australische Soldaten, 139, *140–145*
Aviatiks (deutsche Flugzeuge), *39*, 85; Werbung für, *68*
Avros (britische Flugzeuge), 38, *151*

B

Balkankriege (1912–1913), 47
Ball, Hauptmann Albert, 42, 93, 96, 122, 128, 132, *159*; der letzte Flug, 132, *133*; zitiert, 19, 96, 98
Ballons. *Siehe* Beobachtungsballons; Britische Ballons; Deutsche Ballons
Barès, Major Edouard, 47
Barker, Major William George, 23–24, *159*
Bäumer, Paul, *126*
Bekleidung, 22, *40–43*
Belfort, Frankreich, 38, 63
Belgien, *Karte* 22, 25, 26, 32–33, 50, 51, 57, *58*, 59, 81, *Karte* 87, 122; flandrische Gräber, 157
Belgische Flieger, *23*; und Unfälle, 46
Belgische Staffeln, Abzeichen, *131*
Bell-Davies, Richard, *158*
Beobachter, 33, 39, 66, 79, 90
Beobachtungsballons, *90–91*, 92, 93, 165, 171, 174
Berlin, Deutschland, 20, 27, 56, 119, 135, 140
Bertangles, Frankreich, *Karte* 87, Richthofens Begräbnis in, *140–145*
Berthold, Rudolf, *126*; Abzeichen, *64*
B.E.2c (britischer Flugzeugtyp), *184–185*
B.E.2e (britischer Flugzeugtyp), *154–155*
Biarritz, Frankreich, 17, 84
Biddle, Charles, zitiert, 134
Birmingham, U.S.S. (amerikanischer Kreuzer), 108
Bishop, William „Billy", 19, 23, 132–133, *159*, 164, 168; zitiert, 17, 72, 132, 133, 134
„Blauer Max" (Pour le mérite, preußischer Orden), 18, 19, *44*, *46*, *67*, *71*, 79, *116*, 117, 123, 124, *126*, *127*, *137*
Blériot, Louis, 27; Flugzeuge von, *8–9*, 28, 85
„Blutiger April" (1917), 125, 128, 136
Boches (Deutsche), 57, 70, 85, 135, 157
Bodensee, 38
Boelcke, Hauptmann Oswald, 62–63, 65, *71*, 79, 93, 117, 118–119, 122, 123, *126*, 128, 134, 136, 168; Gedenkmünze, 66, *118*; Regeln, *118*; Startverbot, 88, 92; Tod, *118*, 122; zitiert, 19, 62, 63, 66, 71, 78, 88, 118
Böhme, Erwin, 122
Bolling, Major Raynal, Bericht von, 148, 149
Bombardieren im Tiefflug, 170. *Siehe auch* Bombenangriffe
Bombe, 32; deutsche, *57*; erste, 27

Bombenangriffe, 38–39, 51, *53*, 56, *57*, *62*, 70, *76*, 92–93, 134, 147, 170, *178–179*
Bomber, *162–163*
Bott, Hauptmann Alan, Gefangennahme des, *176–177*
Bourjade, Léon, 82
Boyau, Maurice, 83
Boyelles, Frankreich, 91
Breguets (französische Flugzeuge), 28; 14.B2, *94–95*
„Brieftauben" (deutsche Spezialbombereinheit bei Ostende), 38–39, 122
Brieftauben (Vögel), 34
Bristols (britische Flugzeuge), *10–11*, 70; F.2B, 134, *178–179*; Kastendrachen, *21*; Scout, 57, 78, 93
Britische Admiralität, 108; und RNAS, 28
Britische Armee, 137; Fliegerbataillon 20; Leicester-Infanterie, 93; Vierte, 79, 88, 93, 102
Britische Ballons, 91
Britische Flieger, *16*, 23, 33, 35, 37, 38, 47, 50, 51, 57, 63, 70, 77, 79, 92, 93, 96, 99, 123, 125, 138–139, *156*, 164–165, 170, *176–177*, *184–185*; Abzeichen, 129; Asse, 168, 169; Bekleidung, *41*, *42*, *43*; Freizeit, *73*, *74*, 88; Schulung, 28, *29–31*, *92–93*, 168; Tod, *14–15*, 24, 57, *114–115*, 123, 132, 134, 138, *158*, *159*, 170, 175; Viktoriakreuz-Träger, *158–159*. *Siehe auch* Britische Flugzeuge; einzelne Flieger; Royal Air Force (RAF); Royal Flying Corps (RFC); Royal Naval Air Service (RNAS)
Britische Flugzeuge, *10–11*, 17, *21*, 37–38, 45, 51, 57, 59, 63, 70, 77, 78, 88, 92–93, 119, 123, 125, 128, 132, *133*, *136*, 138–139, *154–155*, *156*, 164, *176–185*; Bomber, *162–163*; und Flugzeugträger, *108–115*; und Frauen, *150–151*; auf japanischer Lithographie, *100–101*. *Siehe auch* Bristols; Britische Flieger; Britische Staffeln; Royal Air Force (RAF); Royal Flying Corps (RFC); Royal Naval Air Service (RNAS); Sopwiths
Britische Marine, Flugzeugträger, *108–115*
Britische Marineflieger. *Siehe* Royal Naval Air Service (RNAS)
Britische Staffeln, 59, 124–125, 134; 24., 88, 123; 85., 164, 165, 168. *Siehe auch* Britische Flugzeuge
British Empire, 25. *Siehe auch* Großbritannien; Kanadische Flieger
British Expeditionary Force (BEF), 33, 34
Brocard, Hauptmann Felix, 85, 86, 102–103; zitiert, 103
Brown, Hauptmann A. Roy, *139*; Flugzeug von, *154*; zitiert, 139
Bruchlandungen und Unfälle, *14–15*, 24, 29, 33, 45, 46, 56, 57, 62, 63, 70, 84, 86, 88, *91*, *97*, 102, 103, *114–115*, 122, 123, 132, *133*, 135–136, 138–139, 157, 160–161, 164, 168–169, 170, *176–177*
Brumowski, Godwin, Flugzeug von, *65*
Brüssel, Belgien, *Karte* 22, 33, *Karte* 87

Büchner, Franz, 126, *127*
Bullard, Eugene, 22
„Bullet" (Morane-Saulnier-Eindecker), 79

C

Cachy, Frankreich, *Karte 87*, 88, 99
Cambrai, Frankreich, *Karte 87*, 92, 96
Campbell, Douglas, 152, 156, 160
Caproni Ca.45 (italienischer Bomber), *162–163*
Caudrons (französische Flugzeuge), 47
Cazaux, Frankreich, 156
Chambers, Reed, 156, 170; zitiert, 153, 156, 170–171, 174
Chapman, Victor, 18, 99; zitiert, 46, 102
Château-Thierry, Frankreich, *Karte 87, 107*, 148
Chaudun, Frankreich, *103*
Churchill, Winston, zitiert, 38
Cigognes, Les. *Siehe* „Störche" (französische Elite-staffel)
Cockburn-Lange, Gladys, Photos, *166–167*
Coiffard, Michel, *83*
Constantinesco, hydraulische Synchronisier-vorrichtung, 54
Croix de Guerre (französisches Kriegs-verdienstkreuz), 84
Curtisses (amerikanische Flugzeuge), JN-4 („Jennies"), 149, 152

D

De Havillands (britisch-amerikanische Flugzeuge): D.H.2, 78, 123; D.H.4 (Liberty-Flugzeug), 148, *155*
Deutsche Armee, 77; Infanterie, 36, 50–51, 93, 138, 147, 148; Kavallerie, 119
Deutsche Ballons, *91*
Deutsche Flieger: Abzeichen, *129;* Asse, *126–127;* Ausbildung, 27, 59, 62, 118–119, 136–137; Ausrü-stung, *134, 135;* Auszeichnungen, *122;* Bekleidung, *40, 42, 43;* „Gefahrengeld", *156;* Tod, 23, 33, 88, 93, 122, 136, 139, *157,* 169, 175; Zeitvertreib, 37, 62, *73–75,* 92. *Siehe auch* „Blauer Max"; Boches; Deutsche Flugzeuge; einzelne Flieger
Deutsche Flugzeuge, *12–13, 20,* 24, 32–33, *36,* 37, 38, *39,* 45, 47, 50, 52, 56, 57, 59, *64–65,* 66, 71, 77, 78, 79, 80, 84, 85, 86, 88, 92, 102–103, 117–118, *120–121,* 123, 132, *133,* 134, 138, 139, 147, 156, 157, 160, 164, 168, 169, 170, 171, 174; Aufklärung, 66; Bomber, 134, 162, *163;* als Kriegstrophäe, *175;* auf japanischer Lithographie, *100–101;* Wasserflug-zeug, *36;* Werbung für, *67–69. Siehe auch* Deutsche Flieger; Deutsche Flugzeugindustrie; einzelne Her-steller; Jagdgeschwader; Jastas
Deutsche Hochseeflotte, Meuterei, 174
Deutsche Luftstreitkräfte, 26, 32, 59, 62, 88, 117, 118; Amerikaprogramm, 147; Boelckes Regeln, 118. *Siehe auch* Deutsche Flieger; Deutsche Flugzeuge
Deutscher Generalstab, 26, 117
Deutsches Kriegsministerium, Luftstreitkräfte. *Siehe* Deutsche Luftstreitkräfte
Deutsche U-Boote, 128
Deutschland, *Karte 22,* Flugplätze, *Karte 87;* und Kriegsausbruch, 25; und Separatfrieden mit Rußland, 138. *Siehe auch* Waffenstillstand (11. Nov. 1918)
Diable Rouge, le („der rote Teufel", Richthofens Flugzeug), *124–125*
Dickson, Hauptmann Bertram, 62; zitiert, 26
Distinguished Service Order (britische Verdienst-medaille), 93, 98, 133
Döberitz, Deutschland, Luftstützpunkt, 61
Doppeldecker, *6–7, 10–11,* 28, 47, 57, 63; Ausbildung in, *30. Siehe auch* Avros; Breguets; Bristols; Britische Flugzeuge; Curtisses; Deutsche Flugzeuge; Farmans; Fokker; Französische Flugzeuge; Morane-Saulniers;

Nieuports; Sopwiths; Spads; Voisins
Douai, Frankreich, 61, 62, *Karte 87*, 88, 125
Douglas, Leutnant Sholto, zitiert, 47, 50
Douhet, Oberst Giulio, 26, 62; zitiert, 26
Dover, England, *Karte 22,* 33, 39, *Karte 87;* Straße von, *Karte 22, Karte 87*
Dreidecker: Fokker, 65, *120–121,* 136, 139; Sopwith, 132
Dünkirchen, Frankreich, *Karte 22,* 38, 57, *Karte 87;* Flughafen in der Nähe von, 52, 56
Dunning, Kommandeur E. H., 108, *112–113, 114–115*
Du Peuty, Major Jean, 77–78; zitiert, 77
Duralumin (Baumaterial), 94
Düsseldorf, Deutschland, 38

E

Ehrenlegion, französische, 59, 63, 66, 86, 133
Eindecker, *39;* Blériot, *8–9;* Fokker, 65, *67;* Morane-Saulnier, *51,* 56, 58, 79, *84–85;* „Parasol", 28, 47; Taube, 20, *21*
Eisenlohr, Leutnant Wolfram, Trophäe des, *122*
Eisernes Kreuz, 61, *157*
„Eiserner Ritter", 126. *Siehe auch* Berthold, Rudolf
Ely, Eugene, 108
England, *Karte 22, Karte 87. Siehe auch* Groß-britannien
Escadrille Américaine (amerikanische Staffel), 98. *Siehe auch* Lafayette-Staffel
Escadrilles, belgische. *Siehe* Belgische Staffeln
Escadrilles, französische. *Siehe* Französische Staffeln; „Störche" (französische Elitestaffel)
Etrich, Igo, Eindecker, entworfen von, *21*
Evans, Red, *172*

F

Falkenhayn, Erich von, 66, 117
Fallschirme, 160; Ablehnung von, 14–15; Ballonbesat-zung und, 90; erste Sprünge, 27
Farman, Henry, Flugzeuge von, 47. *Siehe auch* Farmans (französische Flugzeuge)
Farman, Maurice, Flugzeuge von, 28. *Siehe auch* Farmans (französische Flugzeuge)
Farmans (französische Flugzeuge), 28, 47; Doppel-decker, *21, 23*
Farré, Leutnant Henri: Gemälde von, *97;* zitiert, 97
Féquant, Hauptmann Albert, Tod, *97*
Ferber, Hauptmann Ferdinand, 26; zitiert, 26
Feuer, Angst vor, 46, 165, 168
F.E.2b (britischer Flugzeugtyp), *48,* 78, 88
Fléchettes (Stahlpfeile), 53
„Fliegender Zirkus", 65, 134, 137, 138, 168, 169, 170
Fliegerausbildung, 28, *29–31,* 39, *92–93,* 118, 148–149, 152, 153
Fliegerische Erschöpfung, 98
Flugabwehr, *160, 161. Siehe auch* „Archie"
Flugdauer, 24
Flughäfen, *Karte 87*
Flugmanöver, 29, *31,* 66, *92–93,* 123, 136
Flugwettbewerbe, *20*
Flugzeugindustrie: amerikanische, 148; Anfänge, 27; britische, 20, *151,* 164; deutsche, 20, *67–69,* 123; französische, 20, 27, 164; im Jahr 1915, 47, 59, 60; Werbung der, *67–69. Siehe auch* Amerikanische Flugzeuge; Britische Flugzeuge; Deutsche Flugzeuge; Französische Flugzeuge
Fokker, Anthony „Tony", 27, 59, 61, *62,* 67, 164; zitiert, 61. *Siehe auch* Fokker (deutsche Flugzeuge)
Fokker (deutsche Flugzeuge), 62–63, 65, 66, 70–71, 77, 78, 79, 94, 102, 170; D.VII, *64–65,* 164, 169; Dr.I Dreidecker, *120–121,* 136, 139; E.I, 61, 62, 63; E.III, 70; M.5, 59; M.5k, 61; Werbung, *67*
Fonck, René, 22, 23, *83,* 136, 164; Flugzeug von, *94;*

zitiert, 81, 136
Formationsflug, *10–11,* 77–78, 80, 81, 93, 136, 139; gestaffeltes V, 134
Frankreich, *Karte 22, Karte 87;* Dritte Republik, 36; Flugzeugindustrie, 20, 27, 164; Kriegsausbruch und, 25. *Siehe auch* Stichwörter unter Französisch
Frantz, Feldwebel Joseph, *39*
Franz Ferdinand, Erzherzog, 25
Französische Armee, 47, 78; 8., 160; Infanterie, *21,* 32, *88–89;* Kavallerie, *6–7,* 37; Meuterei in, 137
Französische Flieger, *8–9,* 19, 28, *35,* 37, 39, 45, 47, *51,* 63, 70, 80, *81, 84,* 99, 170; Abzeichen, *129;* Asse, *81–83;* Ausweispapiere, *98–99;* Tod, 24, 51, 63, 84, 97, 135, 175; Uniformen, 40, *41;* Waffen, 35, *53;* Zeitvertreib, 22, *72, 74. Siehe auch* einzelne Flieger; Französische Flugzeuge
Französische Flugzeuge, *21, 23,* 33, 38, *39,* 47, 56, 63, 70, 78, 79, 80, 93, *94–95,* 102–103, 164; Abzeichen, 84, *130. Siehe auch* Französische Flieger; Französi-sche Staffeln; einzelne Hersteller
Französische Fremdenlegion, 18, 46, 99
Französische Luftstreitkräfte, 32, 46–47, 97, 98; ameri-kanische Freiwillige und, 98–100. *Siehe auch* Fran-zösische Flieger; Lafayette-Staffel
Französische Staffeln, 22, 47, 59; Abzeichen, *130;* M.F.5, *21;* M.S.3, 85; bei Verdun, 77–78, 85, 86. *Siehe auch* „Störche" (französische Elitestaffel)
Friedrich der Große, 119; „Blauer Max" und, *44. Siehe auch* „Blauer Max" (Pour le mérite)
Funkgeräte, 37–38
Furious, H.M.S. (britischer Flugzeugträger), *108–115*

G

Galliéni, General Joseph-Simon, zitiert, 37
Garros, Leutnant Roland, *51;* zitiert, 52, 56
Garside, J. A., *180–181*
Garuda-Propeller, Werbung für, *69*
Gebrüder Wright, 24, 27; Doppeldecker, in Deutschland hergestellt, *20;* „Flieger" der, 20, 24
„Geflügeltes Schwert Frankreichs", 84, 103, 135. *Siehe auch* Guynemer, Georges
George V., König (England), 98
Geschwader. *Siehe* Jagdgeschwader (JG)
Giftgas, 26, 56, 138
Gnome-Motor, 61
Göring, Hermann, *168–169*
Gothas (deutsche Flugzeuge), 134; G.IV, 162, *163*
Gros, Dr. Edmund L., 100, 102
Großbritannien: Flugzeugindustrie, 20, 151, 164; Kriegs-ausbruch und, 25, 26. *Siehe auch* Britische Flieger; Britische Flugzeuge; England; London
Guynemer, Georges, 17, 19, 22, 45, 81, *82,* 86, 88, 93, 103, 128; Flugzeug von, *95;* Tod, 135, 136; zitiert, 84, 85–86, 135

H

Halberstadts (deutsche Flugzeuge), Typ D, 123
Hall, James Norman, 157, 161
Handley Pages (britische Flugzeuge), *182–183;* 0/400, *162*
Hansa-Brandenburgs D.I (österreich-ungarische Flug-zeuge), 65
Hartney, Harold, 171
Hawker, Major Lanoe, 88, 93, 96, *158;* Tod, 123; zitiert, 51, 52, 57, 79
Heber, Fritz, 59
Helme und Brillen, *42–43*
Hess, Leutnant Ernst, Ehrenkelch von, *122*
Hindenburg, General, Feldmarschall Paul von, 117, 118
Hindenburglinie (Siegfriedlinie), 125, 128, 132, 137, 174
Hoeppner, General Ernst von, 118; zitiert, 118, 122
Horchgerät, 160

Hotchkiss-Maschinengewehr, 39, 47, 52; MK.I*, 54–55
Hue, Jules, zitiert, 52

I

Immelmann, Max, 22, *46*, 61, 62–63, 70–71, 79, 123;
    Tod, 88; zitiert, 19, 47, 50, 62, 63, 70, 71
Immelmann-Turn, 66
Independent Force, RAF, 170
Inglis (britischer Flieger), 168–169
Insall, Gilbert, *158*
Issoudun, Frankreich, 149, 153, 156
Italien, 25; gegen Türkei, *18*
Italienische Flieger, *53;* Abzeichen, *129;* Bomben-
    abwürfe von, *76;* Uniformen, *41*
Italienische Flugzeuge, *53;* Caproni Ca.45, *162–163;*
    Staffelabzeichen, *130*
Italienische Front, 149
Italienische Luftstreitkräfte, 60
Italienische Postkarten, *27, 60*
Italienisches Luftschiff, *48*

J

Jacobs, Josef, *127*
Jacquet, Fernand, *23*
Jagdgeschwader (JG), 134, 169, 174; JG 1, 134,
    138, 169
Jagdstaffeln. *Siehe* Jastas (deutsche Jagdstaffeln)
Jahnow, Leutnant Reinhold, 33
Japan, 25; Litographie aus, *100–101*
Jastas (deutsche Jagdstaffeln), 117–118, 132, 134, 137,
    161; Jasta Boelcke, 123, 125; Jasta 2, 118–119,
    122, 123; Jasta 5, Flieger der, *73;* Jasta 11, 123,
    125, 128, 132, 134, *136,* 137
„Jennies" (Curtiss JN-4), 149, 152
Jerrard, Alan, *159*
JG. *Siehe* Jagdgeschwader
Joffre, General Joseph, 32, 33, 47; zitiert, 36, 37
Joubert, Marschall Philip, Chef der Luftstreitkräfte,
    zitiert, 34

K

Kanadische Flieger, 17, 23–24, *49,* 72, 120, 128, *139,*
    164; Träger des Viktoriakreuzes, *159. Siehe auch*
    Barker, William George; Bishop, William „Billy";
    McLeod, Alan
Karlsruher Gefängnis (Deutschland), 172, *173*
Kelly Field, Texas, 149
Kitty Hawk, North Carolina, 24
Königlicher Hausorden von Hohenzollern mit
    Schwertern, 66
Kortrijk, Belgien, 51, 56, *Karte* 87, 135; Krankenhaus
    in, *137*
Kriegsgefangene, Tagebuch, *172–173*

L

Lafayette Escadrille. *Siehe* Lafayette-Staffel
Lafayette Flying Corps, 98, 104, *106*
Lafayette-Staffel, 22, 98–100, *102, 103,* 148, 152, 157,
    160; Fahne, *102;* Gedenkstätte, *104–107*
La Guardia, Hauptmann Fiorello H., 60
Le Gallienne, Richard, zitiert, 104
Légion d'Honneur. *Siehe* Ehrenlegion, französische
Letords (französische Flugzeuge), *124*
Lewis, Cecil, zitiert, 92
Lewis, Leutnant D. G., 138; zitiert, 139
Lewis-Maschinengewehr, 47, 50, 86, 96, *124, 154–155;*
    .303 Kaliber, *54–55*
Liberty-Flugzeug (D.H.4), 148, *155*
Liberty-Motoren, 148, 155
Liddell, John, *158*
Lieth-Thomsen, Oberstleutnant Hermann von der, 59,
    118; zitiert, 66

Lille, Frankreich, 66, *Karte* 87
Lloyd George, David, zitiert, 18
Loerzer, Bruno, *127*
Loewenhardt, Erich, *127, 169*
London, England, Luftangriffe auf, *57,* 70, 134, 162
Looping (Flugfigur), 29, 66, *92,* 123
Lothringen, 33, 34
Ludendorff, General Erich, 117, 118, 138, 169;
    zitiert, 148
Luebbe, Heinrich, 59
Lufbery, Major Raoul, 19, 99, 100, 102, *103,* 157; Tod,
    160; zitiert, 152
Luftkämpfe, *12–13,* 22, 59, 120, 132, 137, 139; Photos
    von, *166–167*
Luftschiffe, 28, 32, 38; italienische, *48. Siehe auch*
    Zeppelin
Luft-Verkehrs-Gesellschaft-Flugzeuge. *Siehe auch*
    L.V.G.'s (deutsche Flugzeuge)
Luke, Franz, jr., *170,* 171
Lunéville, Frankreich, *Karte* 87; Flieger in, *35*
Lüttich, Belgien, *Karte* 22, 32, *Karte* 87
Luxemburg, *Karte* 22, *Karte* 87
Luxeuil-les-Bains, Frankreich, *Karte* 87, 100
L.V.G.'s (deutsche Flugzeuge), 56, 100, 102, 168;
    Werbung für, *69*
LZ 37 (Zeppelin), *57, 58*

M

Maas, *Karte* 22, *Karte* 87, 102
McCall, Frederick, *49*
McConnell, James, zitiert, 100, 102
McCudden, James, 154, *159*
McLeod, Alan, *159*
McNamara, Leutnant Frank, *159, 184–185*
Madon, Georges, *82*
Mannock, Edward „Mick", 17, *159,* 164–165, 168; Tod,
    169; zitiert, 19, 165, 168
Marix, Leutnant R. L. G., 38
Marne, *Karte* 22, 36, 37, 47, 80, *Karte* 87, 148, 161, 169
Marseillaise (französische Nationalhymne), 18, *103,* 135
Martinsydes (britische Flugzeuge), 70
Maschinengewehre, 26, *31,* 32, 45, 47, 50, 52, *54–55,*
    56, 57, 59, 70, 78, 93, 96, 103, 128; erstes, *27, 39;*
    Garros-Saulnier-Ausrüstung, 52, 56, 59. *Siehe auch*
    Hotchkiss-Maschinengewehr; Lewis-Maschinen-
    gewehr; Spandau-Maschinengewehr; Vickers-
    Maschinengewehr
Mauser-Selbstladegewehr, 59
May, Wilfred, 139
Mechaniker, 46, 47, 52, 86; amerikanische, 99, 171, 174
Mikitch, Sava, Ausweispapiere, *98–99*
Military Cross (britisches Militärkreuz), 135
Milling, Oberst Thomas, *171*
Mitchell, General William „Billy", 147, 153, 170, *171,*
    174; zitiert, 161, 170
Mittelmächte, 25, *129. Siehe auch* Deutschland; Öster-
    reich-Ungarn; Türkei
Mittelmeer, erster Flug über, 52
Moltke, Graf Helmuth von, 32, 33, 36, 37; zitiert, 26, 118
Morane, Robert und Léon, 27. *Siehe auch* Morane-
    Saulnier-Flugzeuge (französisch)
Morane-Saulnier-Flugzeuge (französisch), 27, 33, *51,* 63,
    79; Eindecker, 56, *84–85;* Fokker und, 59; „Parasol",
    28, 47
Motoren, 24–25; Anwerfen von, *46;* Gnome, 61; Le
    Rhône, 78; Liberty, 148, 155; Mercedes, 118;
    Oberursel, *25, 59, 69,* 120; V-8, 128
Mottershead, Thomas, *159*

N

Naher Osten, Luftkrieg über, *176–185. Siehe auch*
    Türkei; Stichwörter unter Türkisch

Navarre, Jean, 22, 52, 80, *84–85,* 86
Neuve-Chapelle, Frankreich, 50, *Karte* 87
Nieuports (französische Flugzeuge), 47, 80, 84, 86, 118,
    128, 132, *176–177;* amerikanische Flieger und, 99,
    100, 102, 148, 152, 153, 157; Nieuport 10, 47;
    Nieuport 11 „Bébé", 47, 85, 152; Nieuport 16, 93, 96;
    Nieuport 17, 78, 94, *95*
Nikolaus II., Zar (Rußland), 123, 128
Nordafrika, Italien gegen die Türkei in, *18*
Nungesser, Charles, 19, 80, 81, *82,* 84, 86, 93, 99;
    zitiert, 84

O

Oberursel-Umlaufmotor, *25, 59,* 120; Werbung für, *69*
Orly, Flughafen (Paris), 152
Ostende, Belgien, *Karte* 22, 38, 39, 56, *Karte* 87; Strand
    von, *36*
Ostender „Brieftauben" (deutsche Spezialbomber-
    einheit), 38–39, 122
Österreich-Ungarn, 25, 59; Flugzeugindustrie, 20; italie-
    nische Luftangriffe auf, *53, 76,* 77; k.u.k. Flieger-
    schule, *21;* Kapitulation, 174; Kriegsausbruch, 25;
    Österreich-ungarische Flieger, *21;* Abzeichen, *129;*
    Uniformen, *40, 43*
Österreich-ungarische Flugzeuge, 20, *21, 65. Siehe*
    auch Tauben (deutsche Flugzeuge)
Ostfront, 123, 128. *Siehe auch* Russische Front
Oxford, England, Fliegerschule in, *29*

P

Parabellum-Maschinengewehr, 56, 59; MG.13, *54–55*
Paris, Frankreich, 18, *Karte* 22, 25, 36–37, 80, *Karte*
    87; amerikanische Flieger und, 152; deutsche Flug-
    zeuge ausgestellt in, *175;* Luftangriffe auf, 162
Parsons, Edwin, 22; zitiert, 104
Patrick, Brigadegeneral Mason, 27, 161
Pau, Frankreich, 45, 85
Pégoud, Adolphe, 47, 52, 56, *81;* Tod, 63, 80
Pennsylvania U.S.S. (amerikanisches Schlachtschiff),
    108
Pershing, General John J., 138, 147, 153
Pfalz (deutsches Flugzeug), 157
Photographie, *12–13,* 165, *166–167;* Bildaufklärung,
    47, *48–49,* 51, 66, 88
Pinsard, Armand, *83*
Pour le mérite. *Siehe* „Blauer Max"
Preußen, und Kavalleristen, *20*
Prince, Norman, 99, *102*
Princip, Gavrilo, 25
Proctor, Andrew Beauchamp, *159*
Propaganda, 18, *148–149*
Prosecco (österreichischer Flughafen),
    Luftangriff auf, *76*

Q

Quénault, Feldwebel Louis, *39*

R

Rawlinson, Generalleutnant Henry, zitiert, 79
Raymond-Barker, Major Richard, *16,* 138
Rees, Major Lionel W. B., 92–93, *158*
Rhein, *Karte* 22, *Karte* 87
Rhodes-Moorhouse, Leutnant William B., 56–57, *158*
Rhys Davids, Leutnant A. P. F., 136; zitiert, 23
Richthofen, Lothar von, 19, 125, 126, *127,* 128
Richthofen, Rittmeister Manfred von, 18, 19, 22, 23,
    116, 119, 122–125, 126, 128, 132, 134–135, 154,
    161, 168; Albatros D.III von, *136;* Beerdigung von,
    140–145; Fokker Dr.I Dreidecker von, *120–121,*
    136; als Lehrer, 136–137; Opfer von, *16;* Tod,
    120, 139, 147, 168, 169; verwundet, *137;* zitiert, 117,
    118–119, 122, 125, 135, 136, 137, 138, 139. *Siehe*

auch „Fliegender Zirkus"

Rickenbacker, Eddie, 19, 156, *153,* 161, 170–171, 174–175; Flugzeug von, *94;* zitiert, 152, 153, 157, 170, 171

Ridley, Leutnant S. G., *180–181*

Robinson, William Leefe, *159*

Rockwell Kiffin, 99, 100, 102

Rockwell, Paul, 99

Rolle (Flugfigur), 29, 66

Rose, Major Tricornot de, 78

Royal Air Force (RAF): alliierte Flieger und, 164; Entstehung der, 147; Frauen in der, *150–151;* Independent Force der, 170. *Siehe auch* Britische Flugzeuge; Britische Staffeln; Royal Flying Corps (RFC)

Royal Flying Corps (RFC), 7, 20, 28, 33–34, 45, 47, 50, 52, 70, 77, 78, 102, 132; königliche Flugzeugfabrik, 28; RAF und, 147; Uniform, 40, *41;* zentrale Fliegerschule, 28. *Siehe auch* Britische Flieger; Britische Flugzeuge

Royal Naval Air Service (RNAS), 28, 57; und RAF, 147. *Siehe auch* Britische Flieger; Britische Flugzeuge

Rumey, Fritz, *126*

Rumpler (deutsche Flugzeuge), 66, 160; Werbung für, *68*

Russische Front, 92, 117, 122, 123, 128

Rußland, 123, 137; bolschewistische Revolution, 128; Kriegsausbruch und, 25; Separatfrieden mit Deutschland, 138

Rutherford, Hauptmann D. W., *184–185*

S

Saulnier, Raymond, 27; Maschinengewehrvorrichtungen und, 52, 56, 59. *Siehe auch* Morane-Saulnier-Flugzeuge (französisch)

Schießkamera (Übungsgerät), *30*

Schlieffen, Graf Alfred von, 25

Schneider, Franz, 27, 56

Schützengräben, 37, 47, 51, 88, 119, 135, 139

Schweiz, 37, 38

Schwerin, Deutschland, 59, 63, 67. *Siehe auch* Fokker (deutsche Flugzeuge)

Seeblockade (der Alliierten), 147–148

S.E.5 (britischer Flugzeugtyp), 128, 132, *133*

S.5a (britischer Flugzeugtyp), 136, 154, *155, 156,* 164, *178–179*

Serbien: Fliegerausweispapiere, *98–99;* Kriegsausbruch und, 25

Siegestrophäe der Marine (deutsch), *122*

Siegfriedlinie. *Siehe* Hindenburglinie

Simulator (Übungsflugzeug), 152

Société pour l'Aviation et ses Dérivés, 94, 103. *Siehe auch* Spads (französische Flugzeuge)

Soissons, Frankreich, 50, 85, *Karte 87*

Somme, *Karte 22,* 86, *Karte 87,* 88, 99, 117, 138, 170

Somme, Schlacht an der, *88–89,* 92–93, 117, 123, 169

Sopwiths (britische Flugzeuge), *108–109;* Camel, 108, *110,* 133, 137, 138, 139; Dreidecker, 132; F.1, *154;* Pup, *112–113, 114–115;* Tabloid, 38

Spaatz, Major Carl „Tooey", 156

Spads (französische Flugzeuge), 103, 156, 171; Spad 13, *94, 153, 170;* Vereinigte Staaten und, 148

Spandau-Maschinengewehr, 70, 118; LMG.08/15, *54–55*

Sperrefliegen (Verteidigungseinsätze), 70, 78

Stacheldraht, 51, 119

Staffeln. *Siehe* Amerikanische, Belgische, Britische, Französische Staffeln; Jastas (deutsche Jagdstaffeln)

Steichen, Edward, *164;* Photo von, *165*

Steigwende (Chandelle), 29

„Störche" (französische Elitestaffel), 22, 78, 79, 81, 99, 103; Abzeichen der, 78, *130*

Strange, Louis, zitiert, 28, 50

T

Tauben (deutsche Flugzeuge), 33; Eindecker, 20, *21*

Texas, Fliegerausbildung in, 149

Thaw, William, 99, 102

Thénault, Hauptmann Georges, *103;* zitiert, 100, 102

Thomas, Gabriel, *74*

Tittmann, Harold, 164; zitiert, 149, 152

Tondern, Frankreich, Zeppelinflughafen bei, 108

Toul, Frankreich, *74, Karte 87,* 156, 157, 160

Trenchard, General Hugh Montague „Boom", 77–78, *79,* 88; RAF und, 147; zitiert, 77, 79, 102

Trudeln (Flugfigur), 29

Türkei: Abzeichen, *129;* Kapitulation der, 174; Krieg gegen Italien, 18; Kriegsausbruch, 25; Uniformen der Luftstreitkräfte, *40. Siehe auch* Stichwörter unter Türkisch

Türkische Armeen, *176–185;* Kavallerie, *184–185;* Siebte, *178–179*

Türkische Flieger, Bekleidung, *40, 43*

U

Udet, Ernst, 19, 22, 126, *127,* 135; zitiert, 17, 137, 169, 170

Umlaufmotoren. *Siehe auch* Motoren; Oberursel-Umlaufmotor

Unfälle. *Siehe* Bruchlandungen und Unfälle

Uniformen, *40–43*

US-Armee. *Siehe* Amerikanische Armee

U.S. Signal Corps, 27, 161. *Siehe auch* Amerikanische Armee

V

Vanderbilt, William K., 100

Vaux, Frankreich, *165*

Verdun, Frankreich, *Karte 22,* 71, *Karte 87,* 117, 135, 138

Verdun, Schlacht von, 77–78, 79, 80, 84, 86, 123, 147, 170

Vereinigte Staaten: Kriegseintritt, 19, 24, 128, 138, 147, 148–149, 152, 153; Neutralität, 25

Verluste, 175

Versailles, Frankreich, *Karte 87*

Vickers-Maschinengewehr, 103, 134, 139; Modell 1918, *54–55*

Viktoriakreuz, 23, 57, 93, 123, 133, 185; Träger des, *158–159*

Voisins (französische Flugzeuge), 28, 38, 39, 84; Doppeldecker, 97

Vorhalteverfahren, beim Schießen, 29

Voss, Leutnant Werner, 23, 125, *126;* Tod, 136

W

Waffen, 45, 47, *53–55,* 59, 70. *Siehe auch* Bomben; Maschinengewehre

Waffenstillstand (11. Nov. 1918), 147, 174; Bedingungen des, 175; Frontverlauf beim, *Karte 87*

Wappen, *129–131*

Warneford, Leutnant zur See Reginald Alexander John, *158;* Zeppelin abgeschossen von, 57, *58;* zitiert, 57

Wasserflugzeuge, 108; deutsche, 36; Flugzeugträger für, *108–115;* RNAS, 34

Wehner, Joseph, 171

West, Ferdinand, *159*

Westfront: Ballons an der, *90, 91;* erwähnt, 24, 32, 45, 65, 77, 99, 117, 119, 138, 164; Veränderungen, *Karte 87;* Vereinigte Staaten und, 147, 164. *Siehe auch* Hindenburglinie (Siegfriedlinie)

Wiener Neustadt, Österreich, *21*

Wilhelm II., Kaiser, 18, 71, 92, 123; Abdankung, 174

Winslow, Alan, 156

Wintgens, Leutnant Kurt, *62,* 63

Wiser, Leutnant Guy Brown, Kriegsgefangenentagebuch des, *172–173;* zitiert, 172, 173

Wissemann, Kurt, 136

Wolff, Kurt, 124

Women's Royal Air Force (britischer Frauenhilfsdienst), *159–151*

Wootton, Frank, Gemälde von, Vorsatzblatt

Y

Ypern, Frankreich, 56, *Karte 87, 91,* 134

Z

Z VI (Zeppelin), 32

Zeppelin, 20, 32, 33, 38, *57, 58,* 84; Bombenabwurf und, *57, 70. Siehe auch* Luftschiffe

Zeppelin, Graf Ferdinand von, 20

Siehe auch Zeppelin

Druck und Einband: Artes Gráficas, Toledo, S.A.